ATLAS GEOGRÁFICO MELHORAMENTOS

with love,
Fernanda
15/11/08

MELHORAMENTOS

Dados Internacionais de Catalogação na Publicação (CIP)
(Câmara Brasileira do Livro, SP, Brasil)

Atlas Geográfico Melhoramentos. - São Paulo:

Editora Melhoramentos, 2002.

ISBN 85-06-03578-3

1. Atlas 2. Mapas I. Título.

CDD-912

02-5663 -912

Índice para catálogo sistemático:

1. Atlas : Geografia 912
2. Atlas geográficos 912
3. Mapas : Geografia 912

Editor:
Walter Weiszflog

Coordenação editorial:
Marco Antonio Garcia de Souza
Fernando Nuno
(O Guardador de Rebanhos, Editorial)

Cartografia:
Editora Melhoramentos (mapas do Brasil e dos estados brasileiros)
Maps World (mapas temáticos do mundo e do Brasil)
Oxford Cartographers (mapa-múndi e mapas dos continentes)

Consultoria geográfica:
Professora Regina Célia Pedro Noffs (supervisão-geral)
Professor Roberto Antônio Caner
Professora Alexandra M. Figueiredo Airoldi

Editoração eletrônica:
Maps World (Ester Harue Inakake)

Edição de arte:
Mauricio Barreto

Edição de texto e coordenação:
Maria da Anunciação Rodrigues
Silvana Salerno

Revisão e índice:
Shirley Gomes
Paola Morsello
Maria Sylvia de Azevedo
Francisco José Mendonça Couto
Ceci Meira

Capa:
Rex Design

1.ª edição, 8.ª impressão, agosto de 2007
ISBN: 978-85-06-03578-8

Atendimento ao consumidor:
Caixa Postal 11541 – CEP 05049-970 – São Paulo – SP – Brasil

Impresso no Brasil

Sumário

Mundo
Mundo: mapa político 4-5
Mundo: mapa físico 6-7
América do Norte: mapa físico 8
América do Norte: mapa político 9
América Central: mapa físico 10
América Central: mapa político 11
América do Sul: mapa físico 12
América do Sul: mapa político 13
Europa: mapa físico 14
Europa: mapa político 15
África: mapa físico 16
África: mapa político 17
Ásia: mapa físico 18
Ásia: mapa político 19
Oceania 20-21
Ártico e Antártica 22

Mundo, mapas temáticos
Estrutura geológica 23
Relevo submarino / Placas tectônicas 24
Climas e Correntes Marítimas 25
Ventos predominantes e locais / Precipitação / Temperaturas médias em janeiro / Temperaturas médias em julho 26
Mapa de vegetação 27
Desertificação e áreas críticas da diversidade / Problemas ambientais / Potencialidade hídrica / Biomas 28
Densidade demográfica e grandes cidades 29
Migrações / Urbanização 30
Agropecuária e pesca 31
Recursos minerais / Produção industrial 32
Balança comercial / Principais blocos econômicos 33
Áreas de litígios e conflitos 34
Produto nacional bruto 35
Fusos horários 36

Mundo, tabelas
Indicadores sociais / População com acesso à rede de água e esgoto 37

Brasil
Brasil: mapa físico 38-39
Brasil: mapa político 40-41
Região Norte 42-43
Goiás 44
Distrito Federal 45
Mato Grosso e Mato Grosso do Sul 46-47
Maranhão e Piauí 48
Ceará 49
Pernambuco, Paraíba e Rio Grande do Norte 50-51
Alagoas e Sergipe 52
Bahia 53
Minas Gerais 54-55
Rio de Janeiro e Espírito Santo 56-57
São Paulo 58-59
Paraná 60-61
Santa Catarina e Rio Grande do Sul 62-63

Brasil, mapas temáticos
Vegetação original / Biomas / Massas de ar / Tipos de climas 64
Estrutura geológica / Recursos minerais / Tipos de solos / Bacias hidrográficas e fontes de energia 65
Densidade demográfica / Urbanização / Valor da transformação industrial / Distribuição da indústria 66
Atividade agropecuária / Agricultura / Pecuária / Potencial de pesca 67
Portos e hidrovias / Fluxo aéreo / Principais aeroportos 68
Rede rodoviária / Rede ferroviária / Infovias / Corredores de exportação e importação 69
Áreas indígenas 70
Unidades de conservação da natureza 71

Regiões metropolitanas
São Paulo, Baixada Santista e Rio de Janeiro 72
Campinas, Vitória, Curitiba e Porto Alegre 73
Goiânia, Belo Horizonte, Salvador e Recife 74
Fortaleza, Natal, São Luís e Belém 75

Brasil, tabelas
Regiões administrativas (área e população) / Estados (área e população) 76
Capitais dos estados (localização, altitude, população, distância de Brasília) / Regiões metropolitanas 77
Principais unidades de conservação da natureza 78-79
Concentração agrária / Distribuição da população ativa por setores de atividades / Distribuição da renda no Brasil / Taxa de natalidade / Mortalidade infantil / Escolaridade 80

Brasil, gráficos
Rios mais extensos / Bacias hidrográficas / Principais represas / Principais açudes 81
Produção e consumo de energia / Principais reservas minerais / Principais portos (por movimento de carga) 82
Pirâmides etárias da população / População rural e população urbana 83

Países do mundo: bandeiras 84-89
Tabela do Índice de Desenvolvimento Humano (IDH) 89
Brasil: bandeiras 90

Índice de topônimos 91

Legenda Geral

População dos municípios
- mais de 5.000.000 hab.
- de 1.000.000 a 5.000.000 hab.
- de 500.000 a 1.000.000 hab.
- de 200.000 a 500.000 hab.
- de 50.000 a 200.000 hab.
- de 25.000 a 50.000 hab.
- de 10.000 a 25.000 hab.
- menos de 10.000 hab.

Acidentes geográficos
- Regiões alagadas
- Rios
- Rios intermitentes
- Lagos e açudes
- Lago salgado
- Represas
- Picos
- Cataratas

Abreviaturas

Aç.	Açude	La.	Lagoa
Arq.	Arquipélago	Laj.	Lajeado
Arr.	Arroio	Mo.	Morro
B.	Baía	Mte., Mtes.	Monte, Montes
Barr.	Barragem	Pen.	Península
C.	Cabo	P.	Pico
Cap.	Capital	Plan., Plans.	Planície, Planícies
Chap.	Chapada	Plto.	Planalto
Cord.	Cordilheira	Pta.	Ponta
Córr.	Córrego	R.	Rio
Cox.	Coxilha	Rch.	Riacho
Est.	Estado	Repr.	Represa
Estr.	Estreito	Reserv.	Reservatório
G.	Golfo	Rib.	Ribeirão
Gel.	Geleira	S.	São
I., Is.	Ilha, Ilhas	Sa.	Serra
Ig.	Igarapé	Sta., Sto.	Santa, Santo
L.	Lago	Vda.	Vereda

Mundo Político

Projeção de Gall modificada © Oxford Cartographers

Mundo Físico

Mundo Físico

Projeção de Gall modificada © Oxford Cartographers

América do Norte Físico

América do Norte Político

Projeção zenital eqüidistante © Oxford Cartographers

América Central Físico

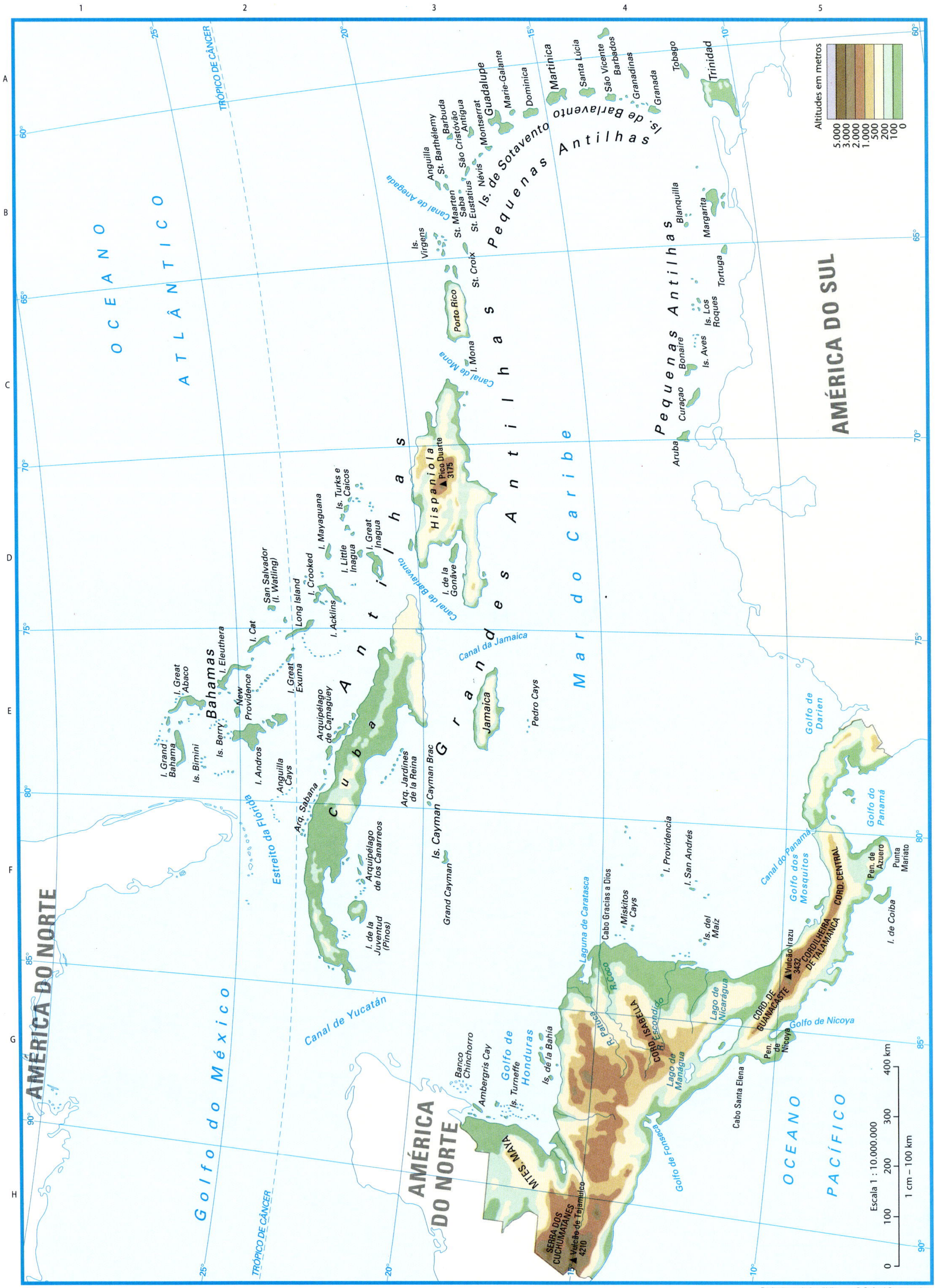

América Central Político

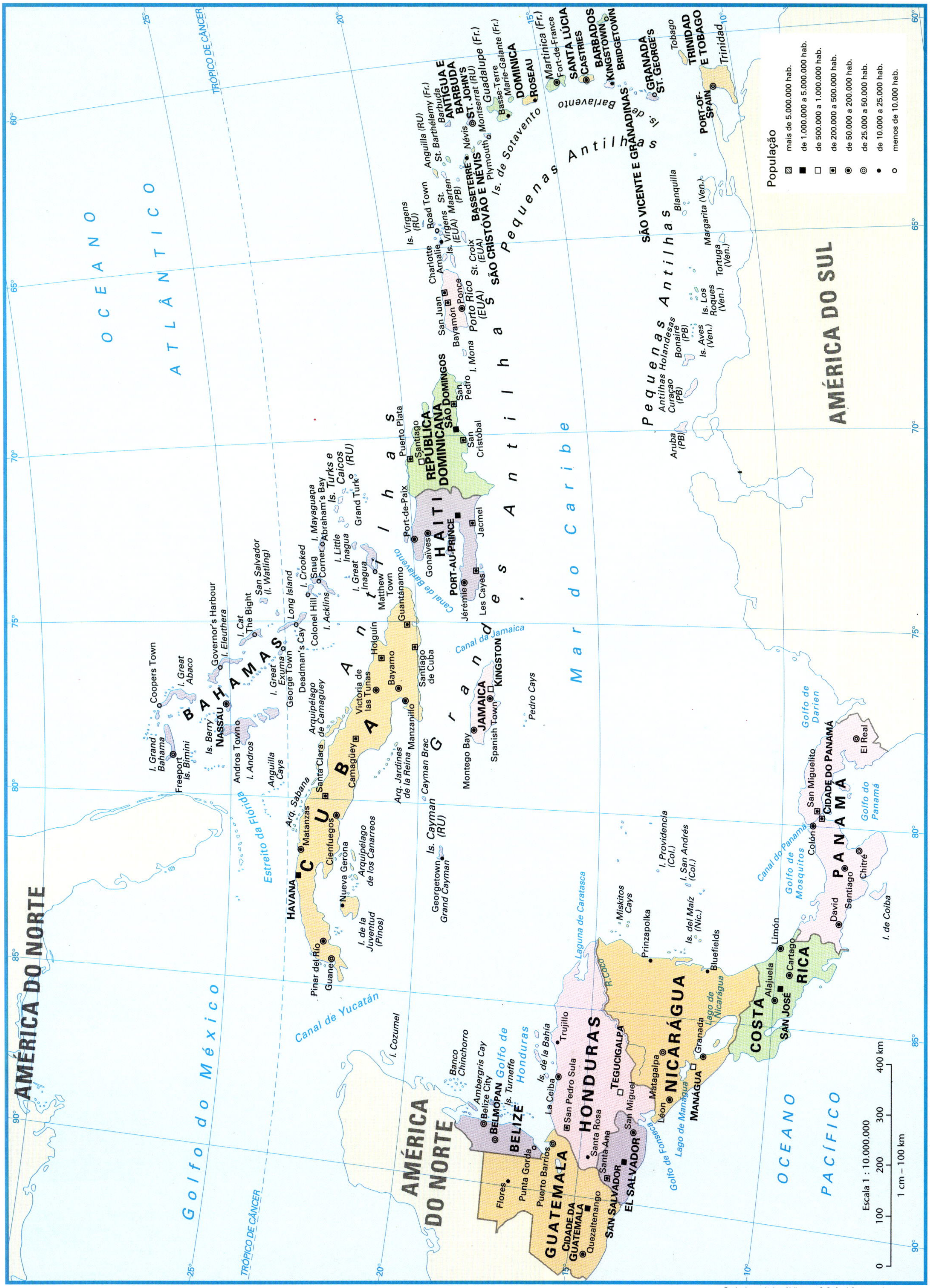

Projeção zenital eqüidistante © Oxford Cartographers

América do Sul Físico

Projeção zenital equivalente © Oxford Cartographers

Mar do Caribe
AMÉRICA CENTRAL
Golfo do Panamá
Golfo da Venezuela
OCEANO ATLÂNTICO
OCEANO PACÍFICO
Santa Marta
Barranquilla
Cartagena
Maracaibo
Valencia
CARACAS
Margarita
Barquisimeto
Barcelona
Cúcuta
San Cristóbal
San Fernando de Apure
Cuidad Guayana
Bucaramanga
VENEZUELA
Ciudad Bolívar
Medellín
GEORGETOWN
PARAMARIBO
Caiena
GUIANA
SURINAME
Guiana Francesa (Fr)
Manizales
BOGOTÁ
Pereira
Buenaventura
Cali
COLÔMBIA
Rio Orinoco
Boa Vista
Popayán
San Lorenzo
Pasto
Esmeraldas
Macapá
Foz do Amazonas
EQUADOR
QUITO
EQUADOR
Ilha de Marajó
Belém
Rio Negro
Rio Amazonas
Guayaquil
Golfo de Guayaquil
Cuenca
Machala
Iquitos
Manaus
Santarém
São Luís
Parnaíba
Rio Solimões
Sobral
Fortaleza
Teresina
Fernando de Noronha (Brasil)
Marabá
Mossoró
Natal
Piura
Campina Grande
João Pessoa
Chiclayo
Rio Marañon
Cruzeiro do Sul
Porto Velho
Recife
Rio Tocantins
Trujillo
Pucallpa
Rio Ucayali
Chimbote
Rio Branco
Rio Araguaia
Palmas
Rio São Francisco
Juazeiro
10° S
PERU
BRASIL
Maceió
Aracaju
Huancayo
Feira de Santana
LIMA
Cuzco
Ica
Salvador
BOLÍVIA
Cuiabá
Juliaca
L. Titicaca
LA PAZ
Cáceres
BRASÍLIA
Ilhéus
Arequipa
Goiânia
Cochabamba
Mollendo
Santa Cruz
Montes Claros
Oruro
Tacna
L. Poopó
Corumbá
Sucre
Teófilo Otoni
Arica
Uberlândia
Campo Grande
Potosí
Uberaba
Belo Horizonte
Iquique
Ribeirão Preto
Vitória
20°
PARAGUAI
Calama
Nova Iguaçu
Campinas
Campos dos Goytacazes
Concepción
São Paulo
São Gonçalo
Antofagasta
Salta
Sorocaba
Rio de Janeiro
Rio Paraná
ASSUNÇÃO
Santos
Trópico de Capricórnio
San Miguel de Tucumán
Rio Paraguai
Curitiba
Foz do Iguaçu
San Félix (Chile)
San Ambrosio (Chile)
Resistencia
Blumenau
Santiago del Estero
Corrientes
Posadas
Catamarca
Florianópolis
Rio Uruguai
Santa Maria
La Serena
Coquimbo
Porto Alegre
Salto
Córdoba
Santa Fe
Paraná
Paysandú
Pelotas
Rosario
Rio Grande
Mendoza
URUGUAI
Viña del Mar
Valparaíso
SANTIAGO
BUENOS AIRES
MONTEVIDÉU
Rancagua
La Plata
Rio da Prata
Is. Juan Fernández (Chile)
CHILE
ARGENTINA
Chillán
Talcahuano
Concepción
Bahía Blanca
Mar del Plata
Los Angeles
Zapala
Temuco
Neuquén
Valdivia
Viedma
Osorno
Golfo San Matías
San Carlos de Bariloche
Puerto Montt
I. de Chiloé
Arquipélago dos Chonos
L. Buenos Aires
Golfo San Jorge
Comodoro Rivadavia
L. Cochrane
I. Wellington
Ilhas Falkland (Malvinas) (RU)
Bahía Grande
Stanley
Rio Gallegos
Estreito de Magalhães
Punta Arenas
Terra do Fogo
Ushuaia
I. de los Estados
Rochedos Shag (RU)
Geórgia do Sul (RU)
Passagem de Drake
Mar de Scotia
População
mais de 5.000.000 hab.
de 1.000.000 a 5.000.000 hab.
de 500.000 a 1.000.000 hab.
de 200.000 a 500.000 hab.
de 50.000 a 200.000 hab.
de 25.000 a 50.000 hab.
de 10.000 a 25.000 hab.
menos de 10.000 hab.
Escala 1 : 20.000.000
0 200 400 600 800 km
1 cm – 200 km

Europa Físico

 A parte européia da Rússia se encontra no mapa Ásia Físico, de modo a permitir a visualização completa desse país, tanto em sua porção asiática como na que fica na Europa.

Projeção ortomórfica cônica © Oxford Cartographers

Europa Político

A parte européia da Rússia se encontra no mapa Ásia: Político, de modo a permitir a visualização completa desse país, tanto em sua porção asiática como na que fica na Europa.

Projeção ortomórfica cônica © Oxford Cartographers

África Físico

Projeção zenital equivalente © Oxford Cartographers

Projeção zenital equivalente © Oxford Cartographers

Ásia Físico

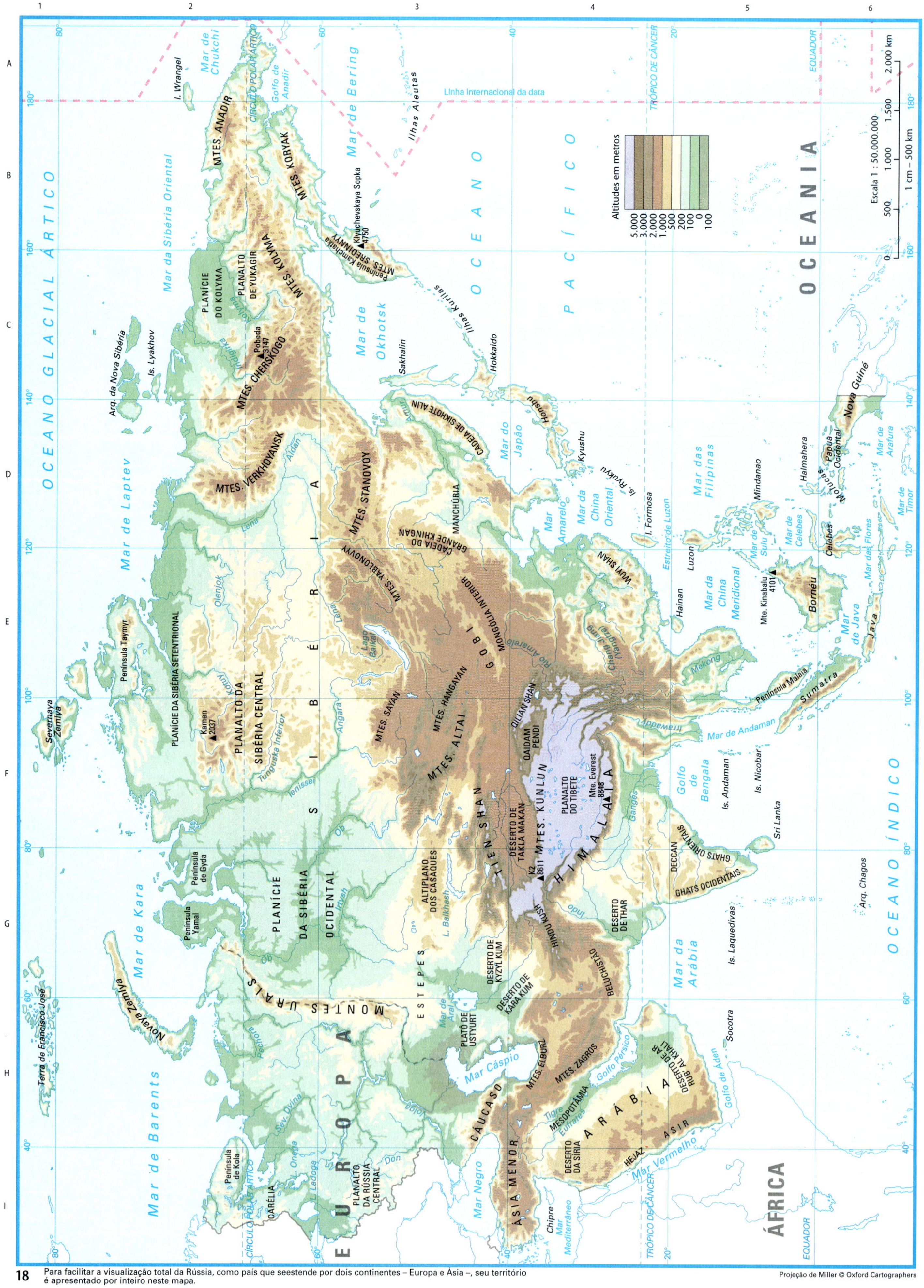

Para facilitar a visualização total da Rússia, como país que seestende por dois continentes – Europa e Ásia –, seu território é apresentado por inteiro neste mapa.

Projeção de Miller © Oxford Cartographers

Ásia Político

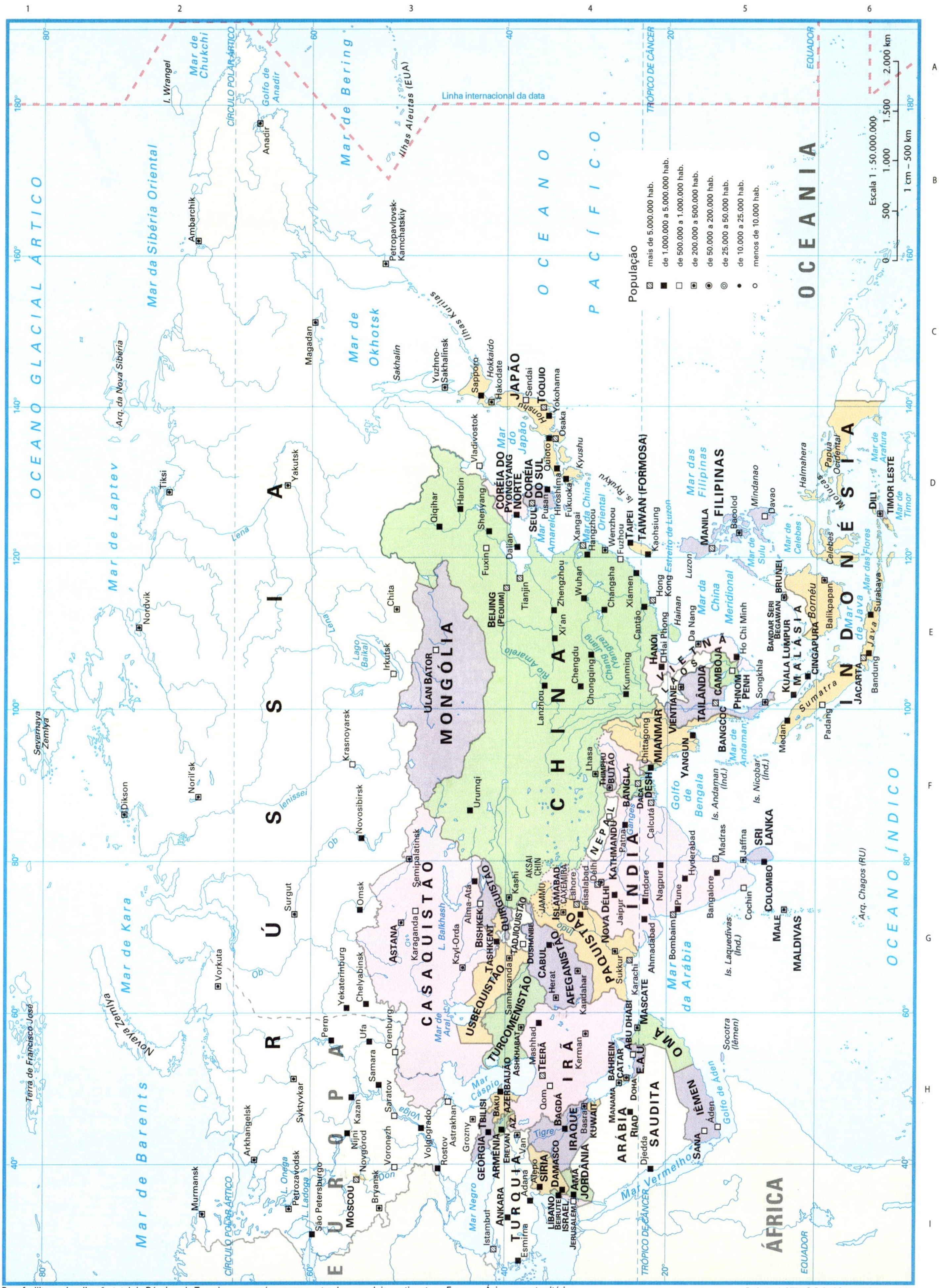

Oceania Físico e Político

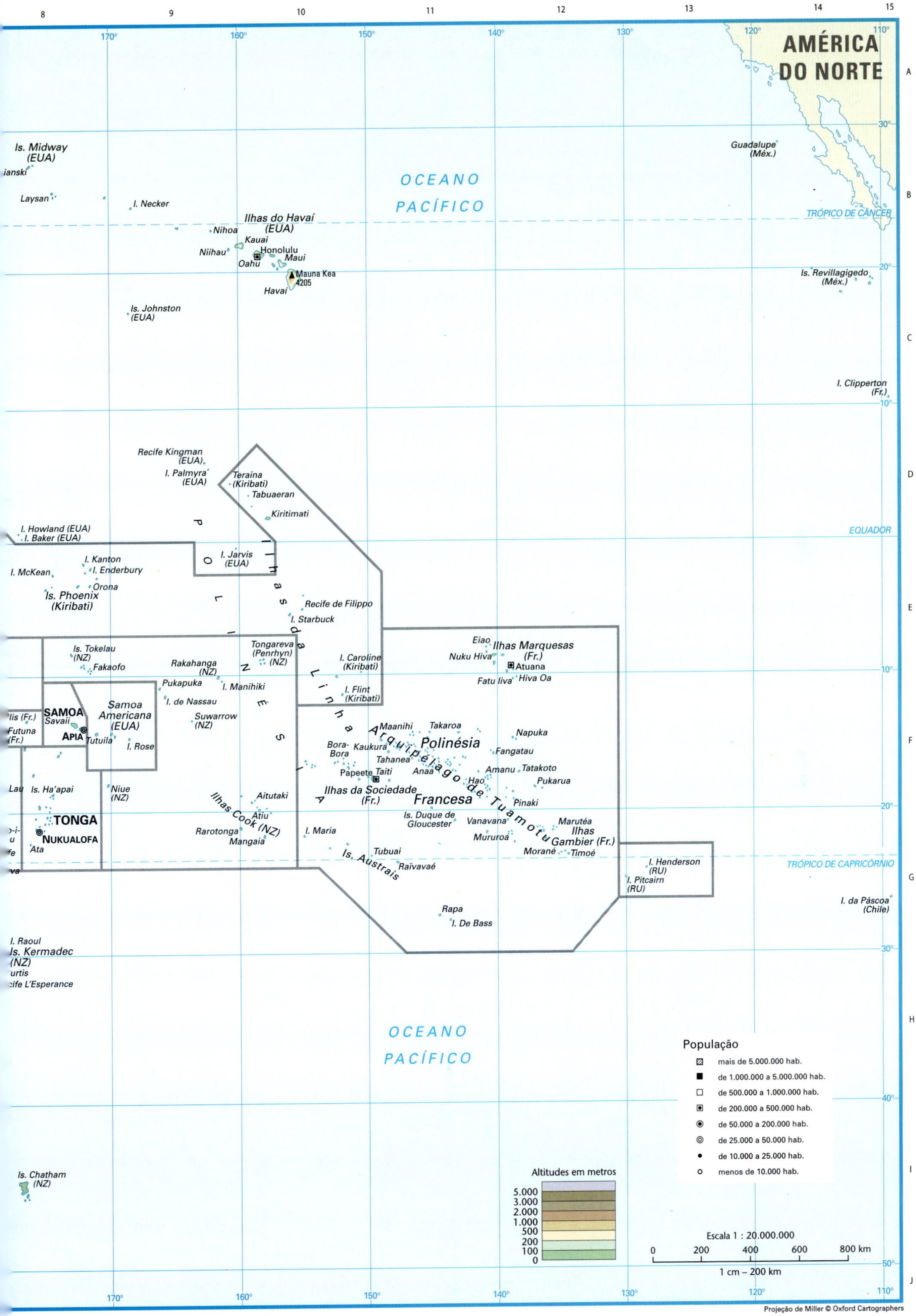

Projeção de Miller © Oxford Cartographers

Ártico e Antártico

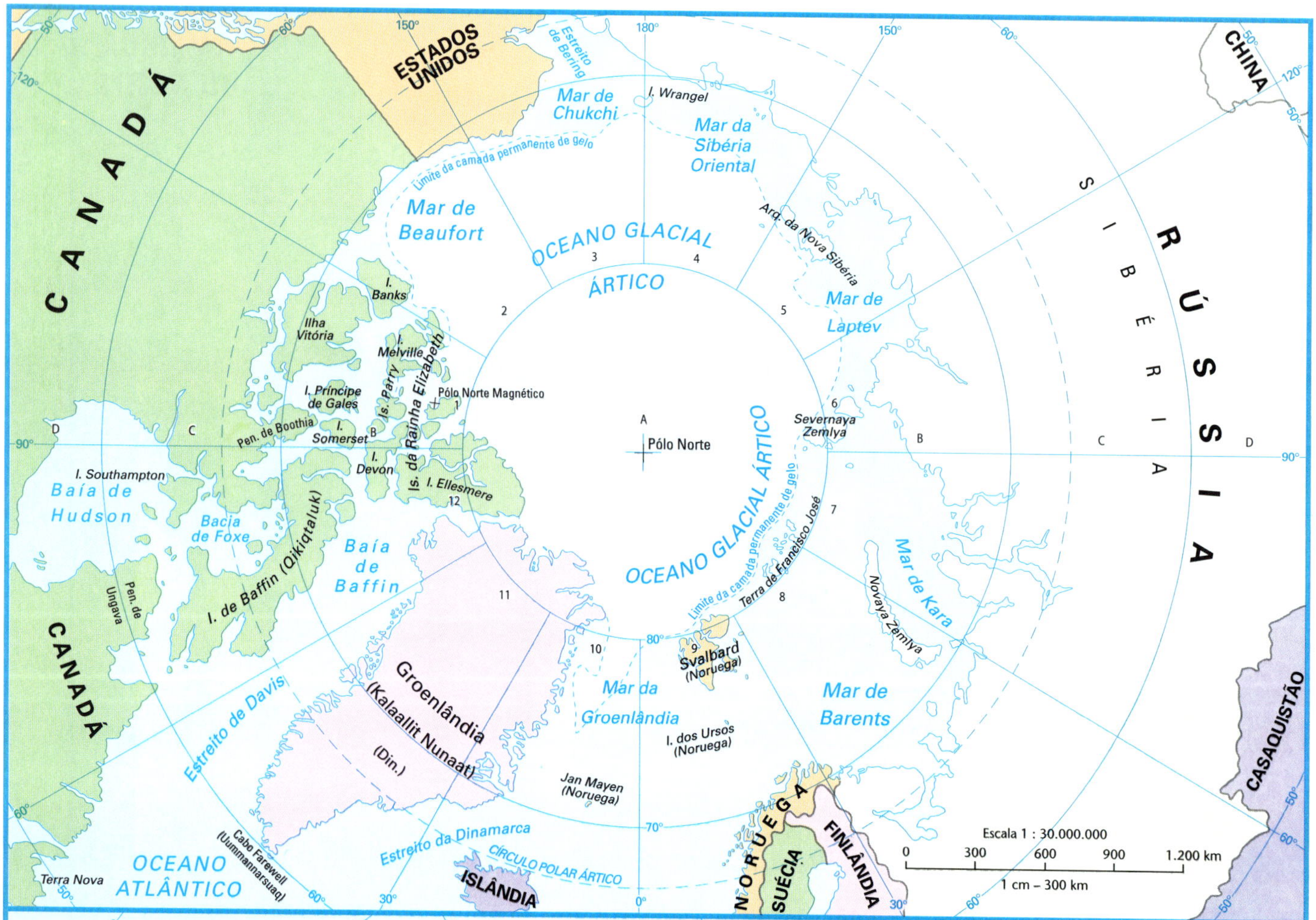

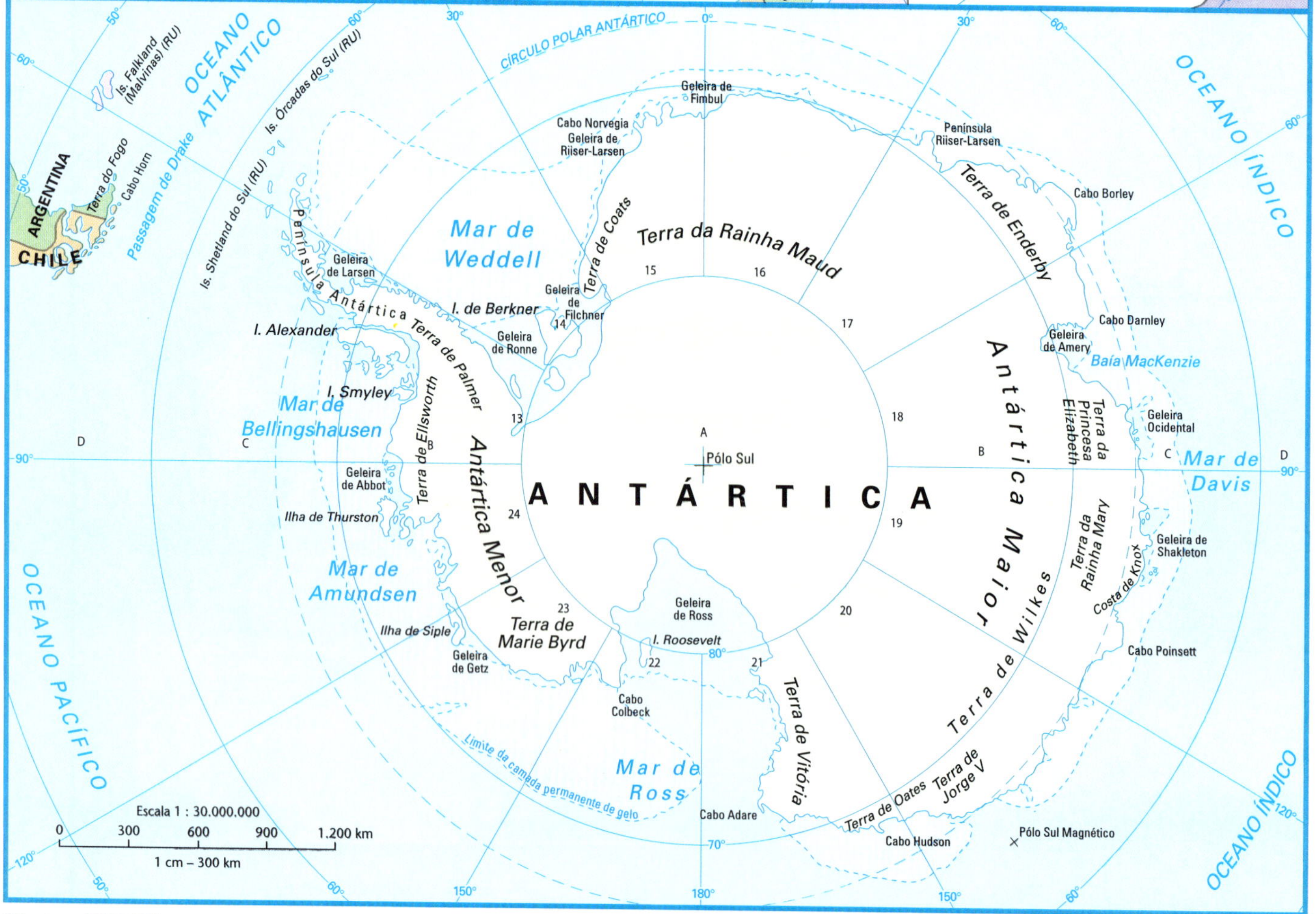

Banquisa

Camada permanente de gelo

Projeção azimutal polar eqüidistante © Oxford Cartographers

Estrutura Geológica

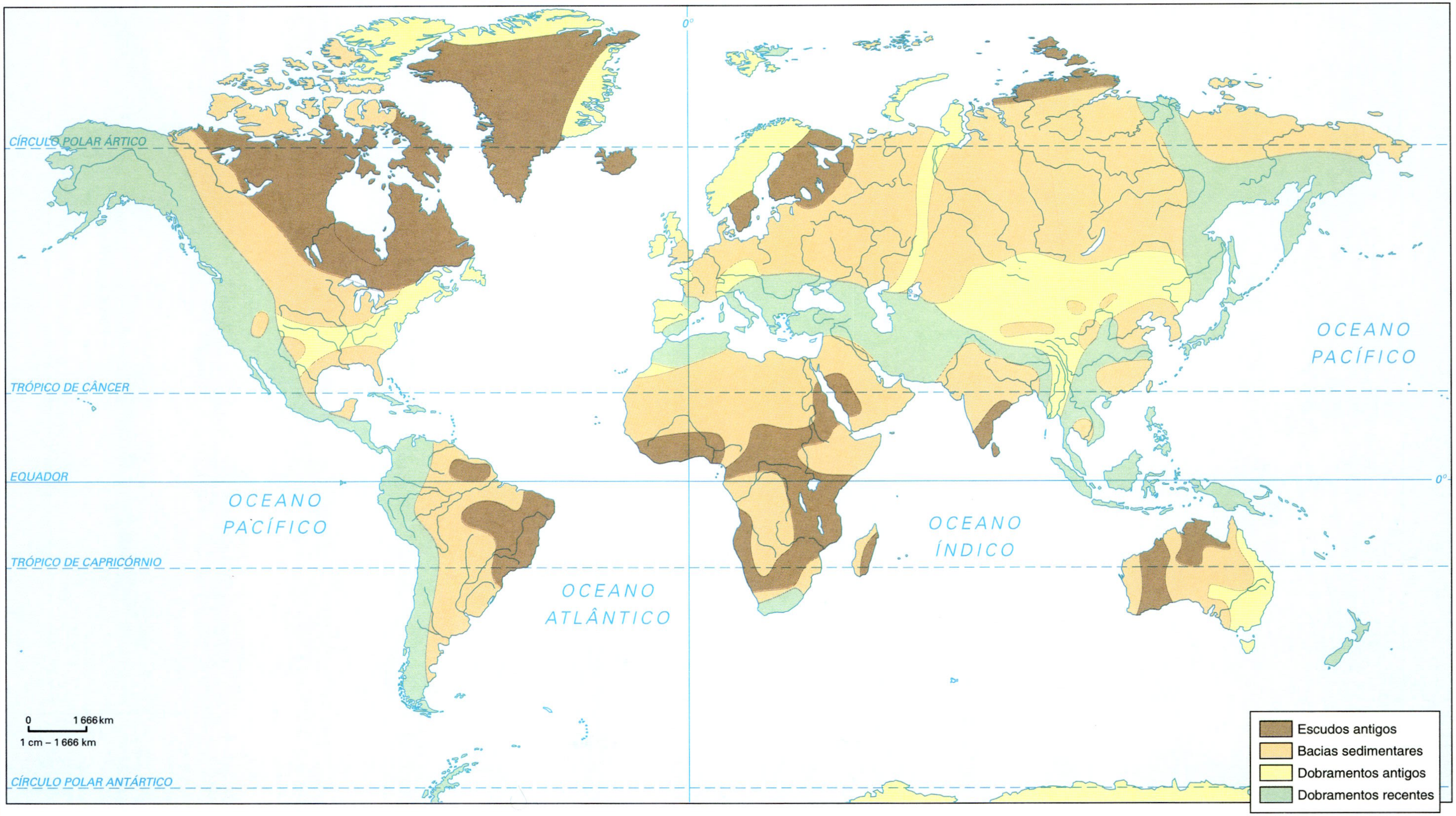

Fonte: Melhoramentos, 2002.

Relevo Submarino

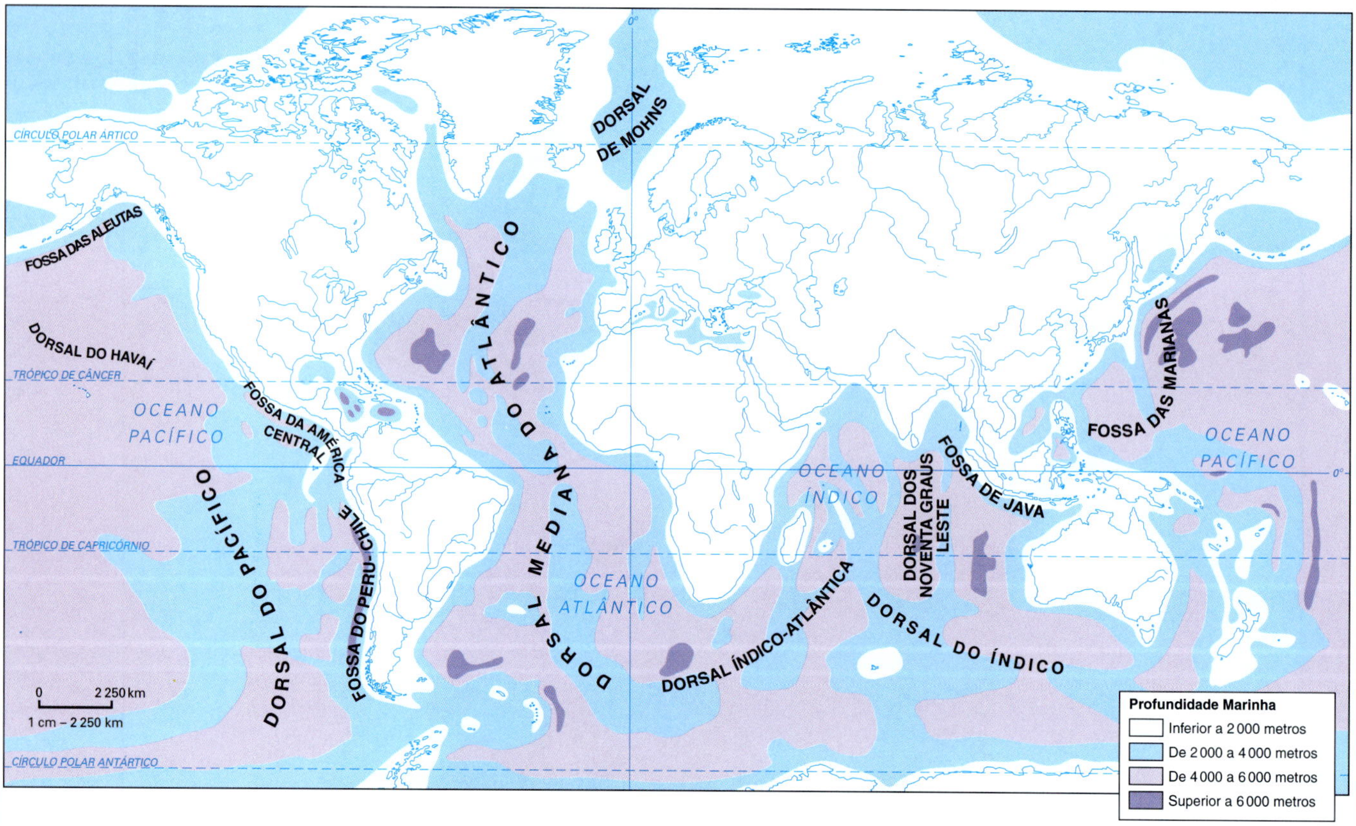

Placas Tectônicas

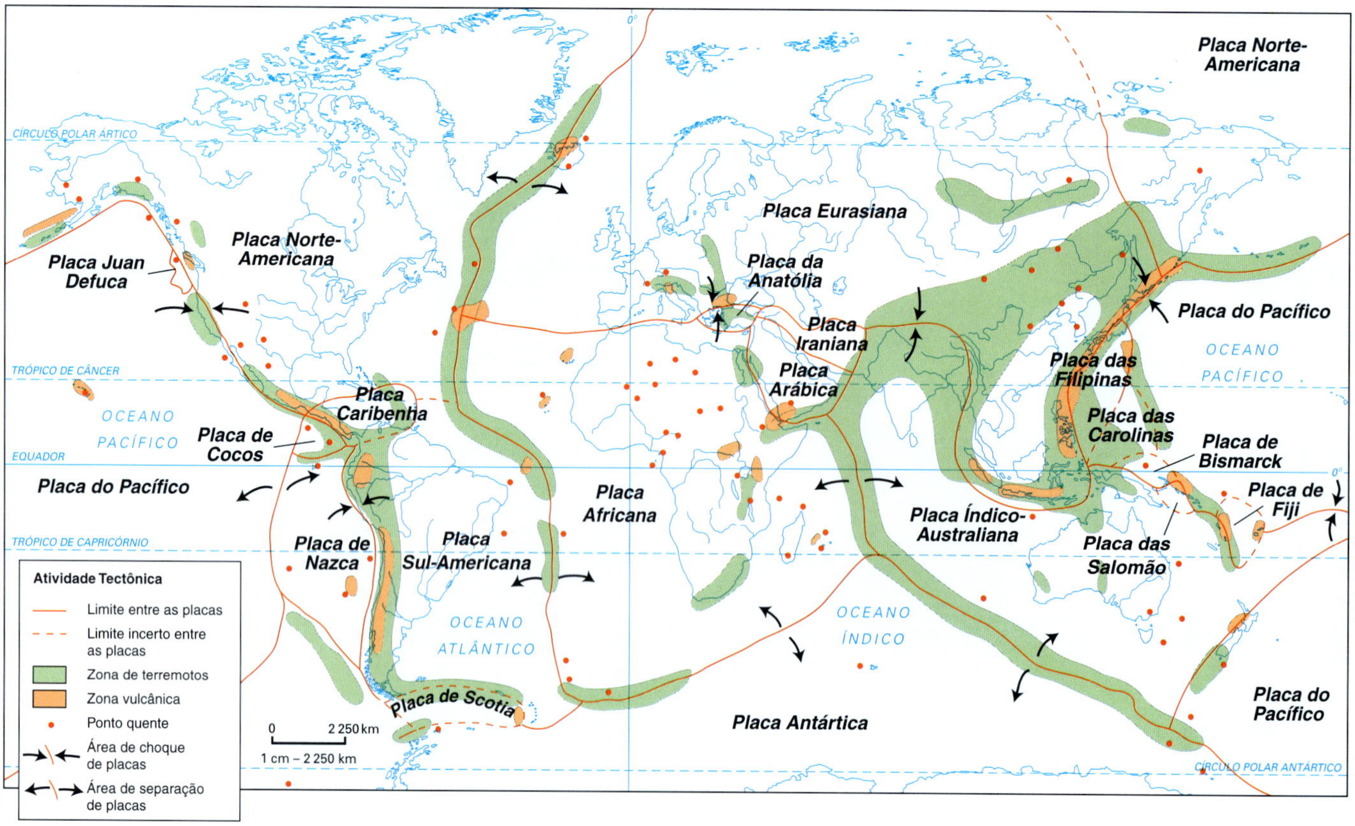

Fonte: Melhoramentos, 2002.

Climas e Correntes Marítimas

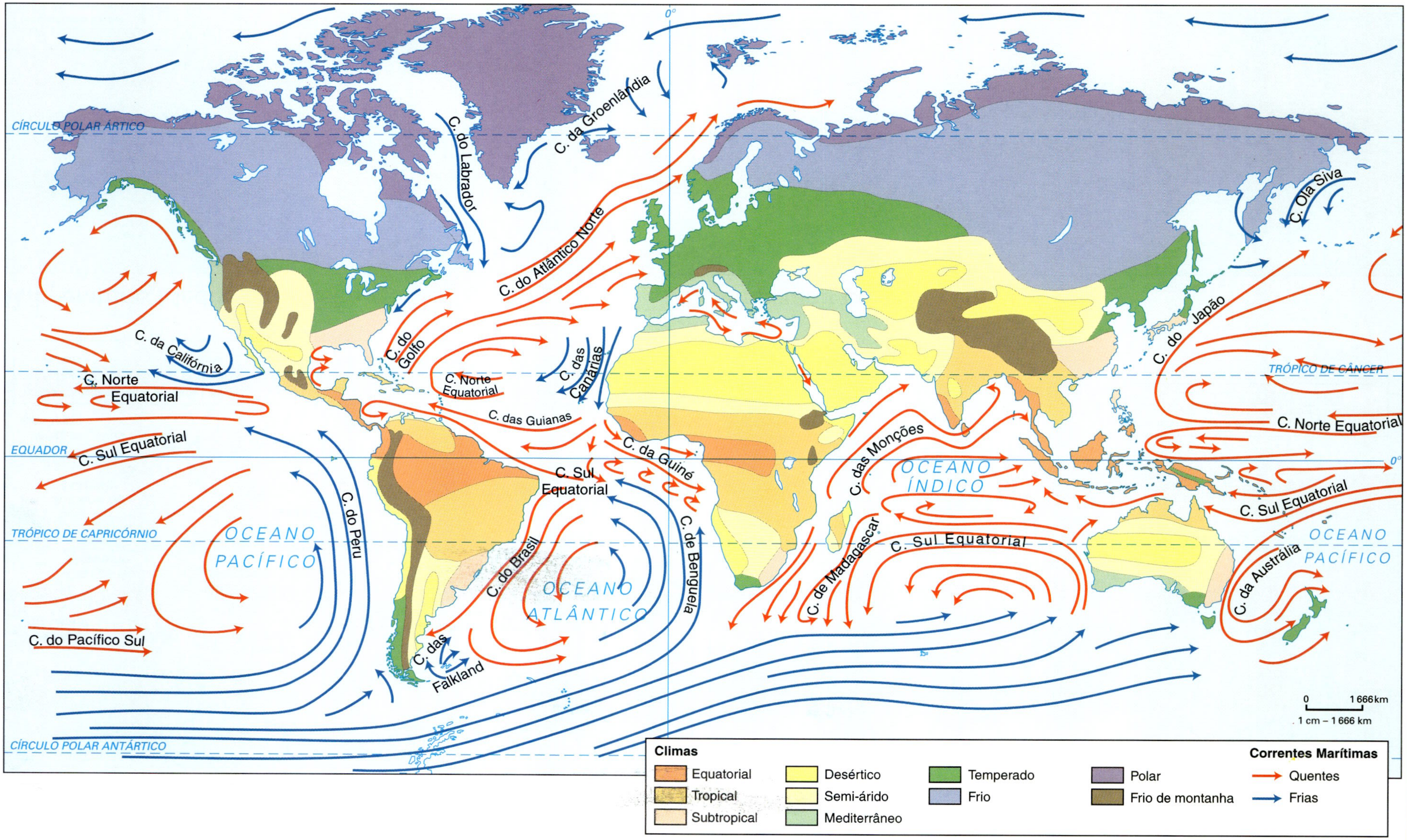

Fonte: Melhoramentos, 2002.

Mundo: Mapas Temáticos

Ventos Predominantes e Locais

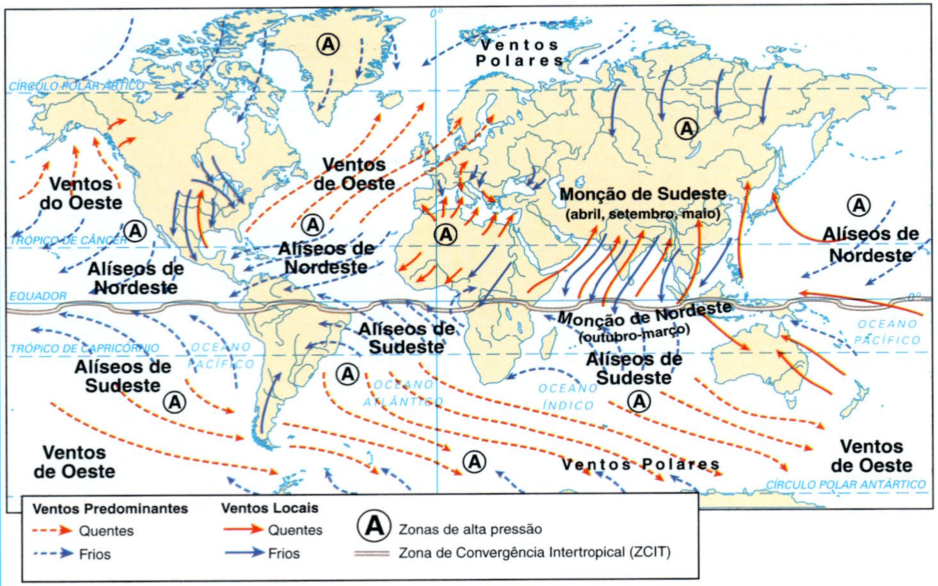

Precipitação

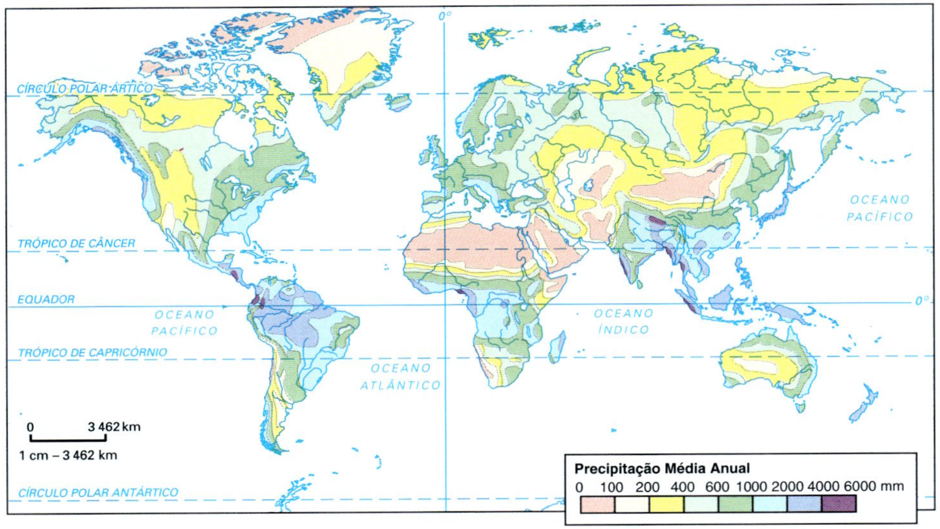

Temperaturas Médias em Janeiro

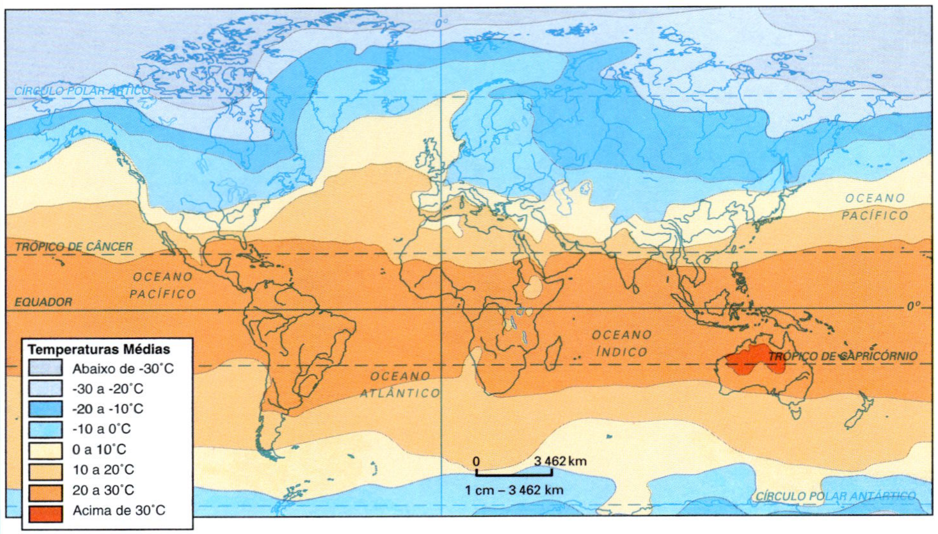

Temperaturas Médias em Julho

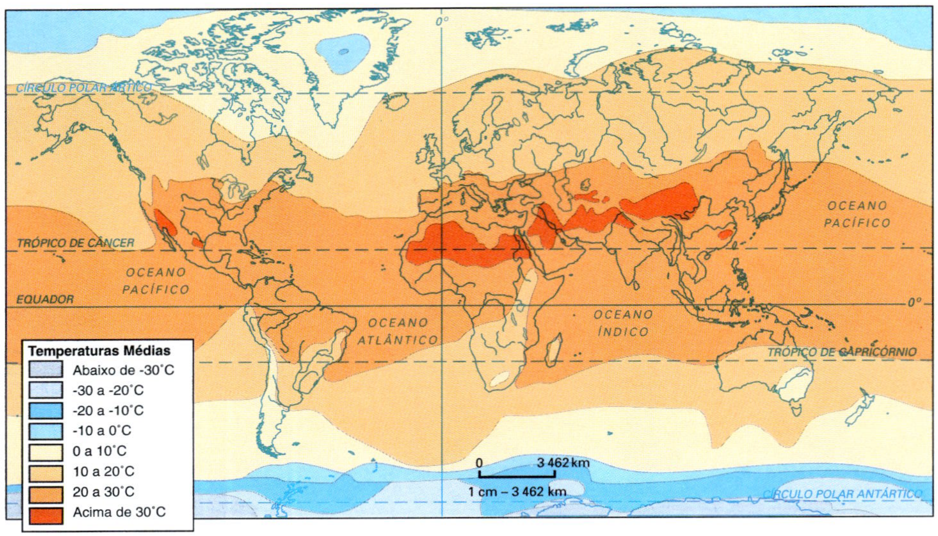

Fonte: Melhoramentos, 2002.

Vegetação

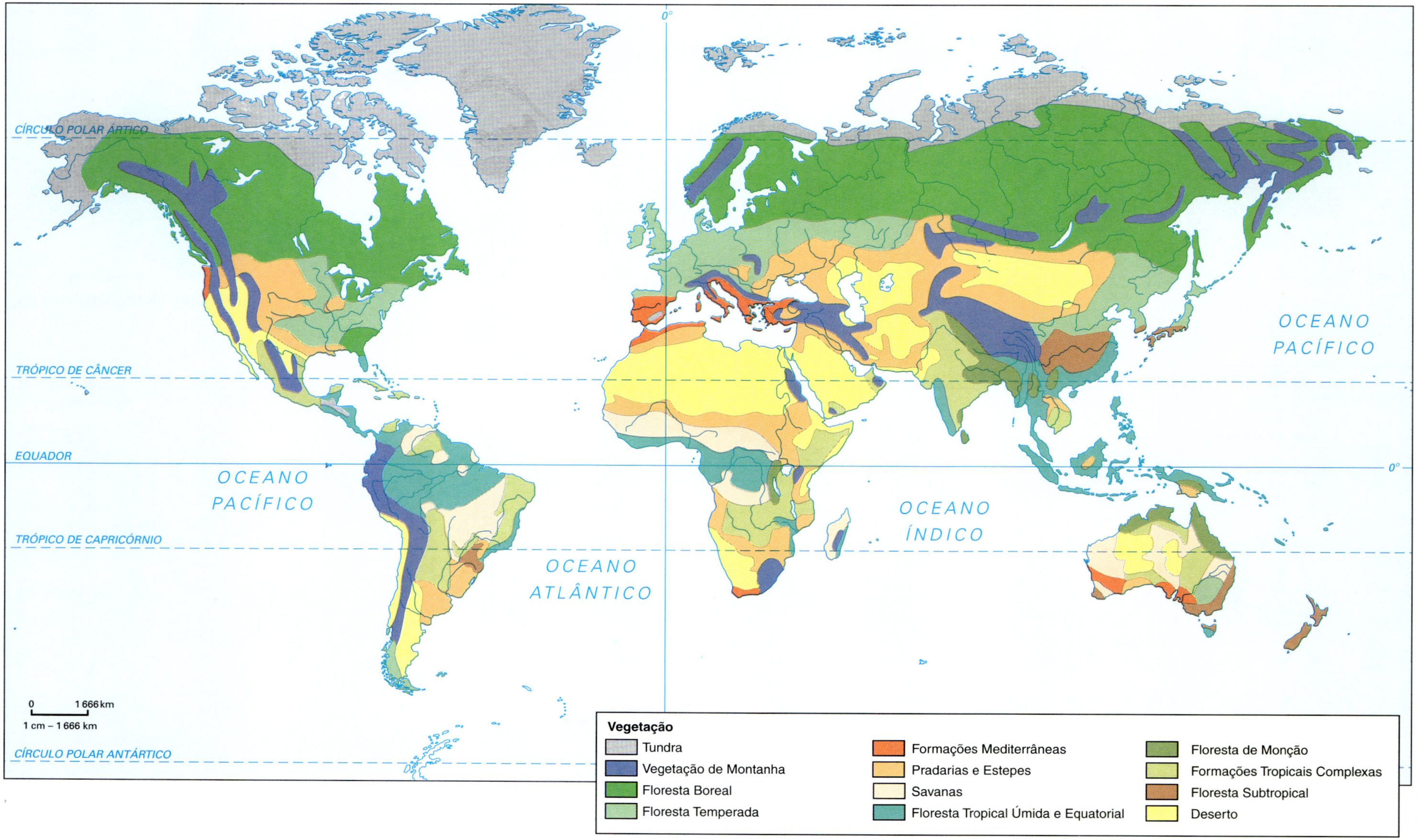

Fonte: Melhoramentos, 2002.

Mundo: Mapas Temáticos

Desertificação e Áreas Críticas da Biodiversidade

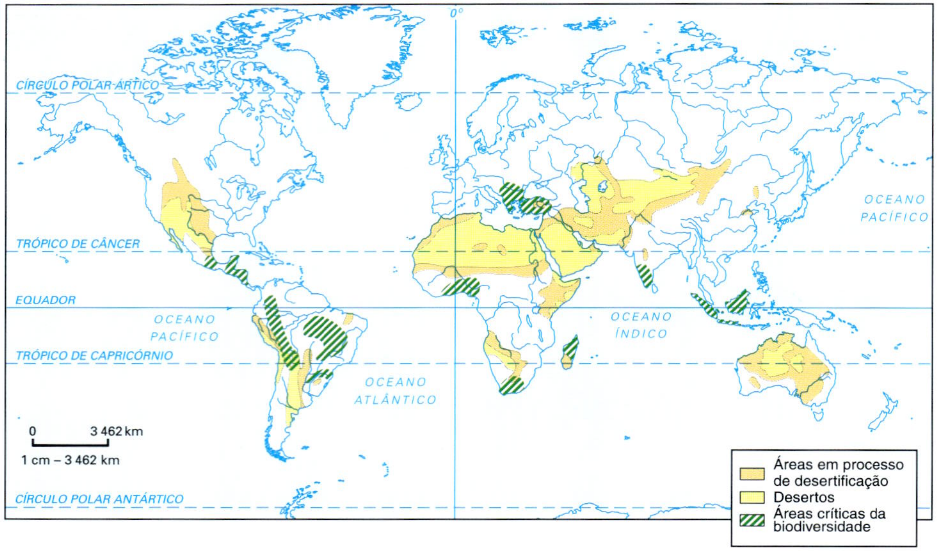

Problemas Ambientais

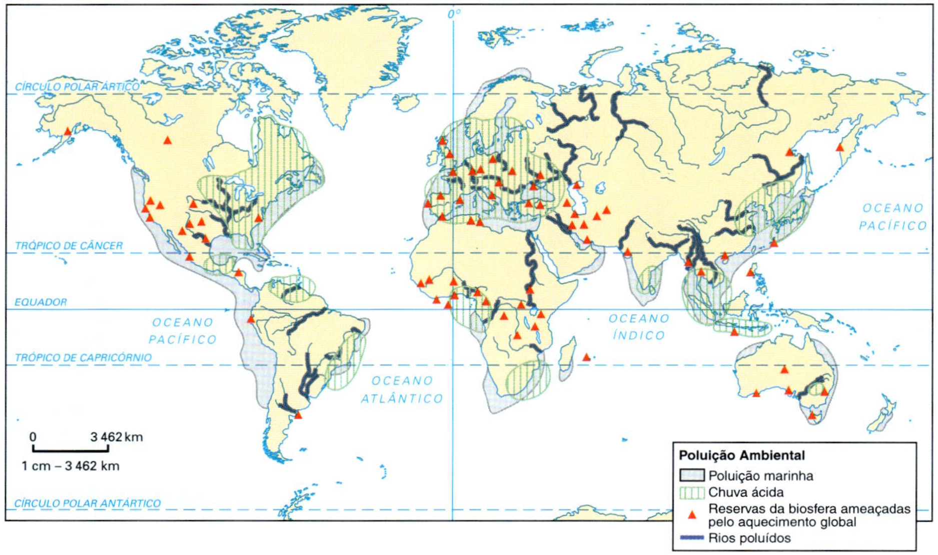

Potencialidade Hídrica

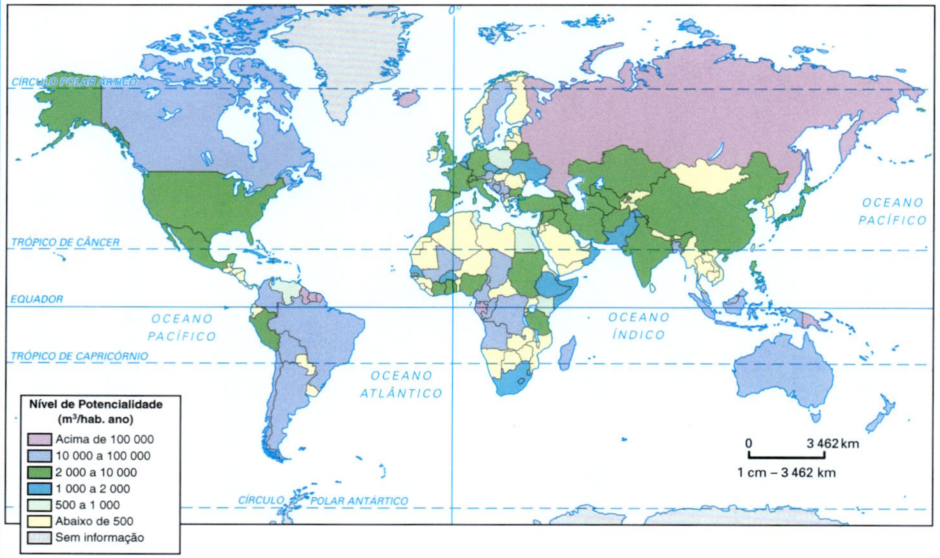

Biomas

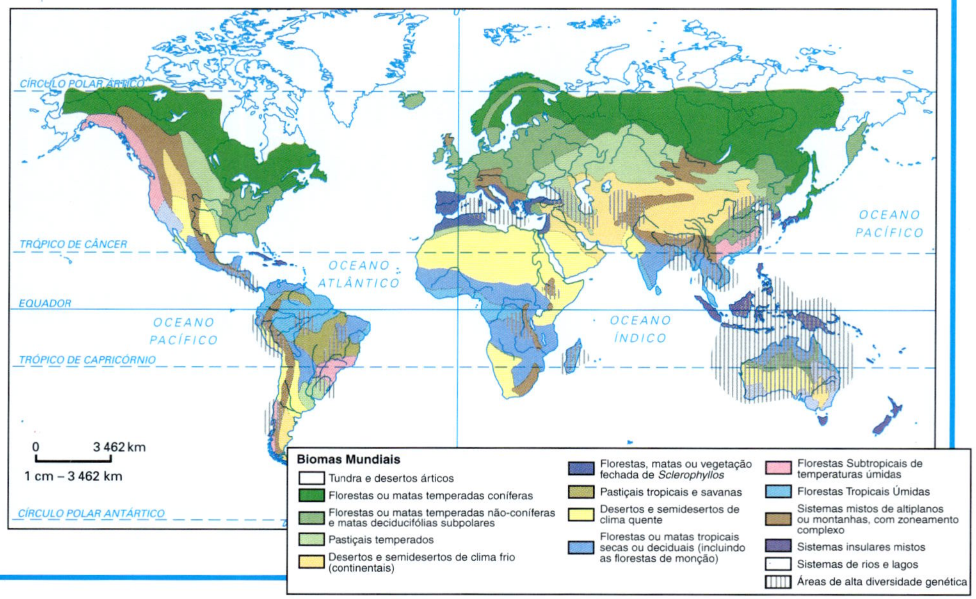

Fonte: Melhoramentos, 2002.

Densidade Demográfica e Grandes Cidades

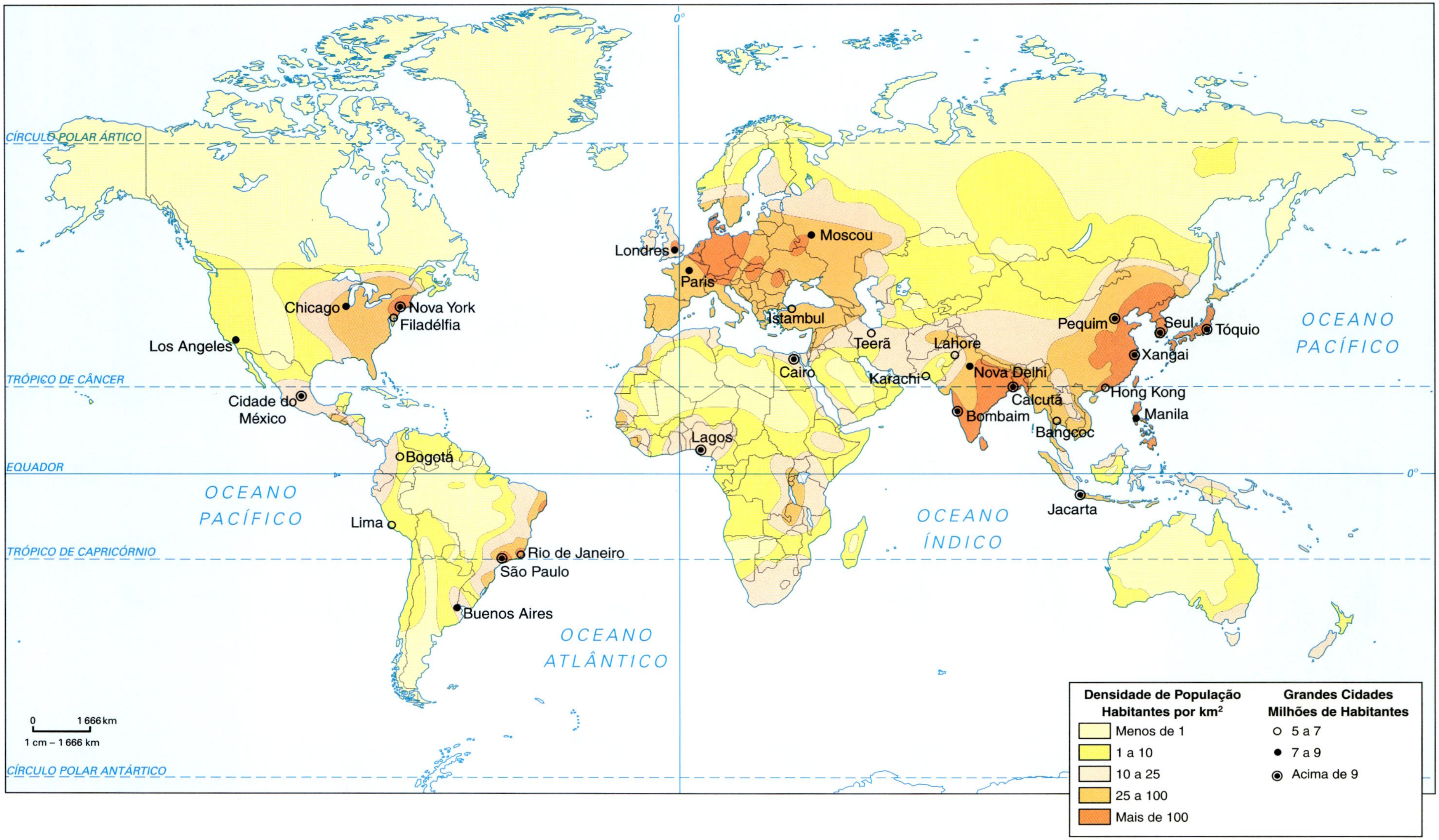

Fonte: Melhoramentos, 2002.

Mundo: Mapas Temáticos

Migrações

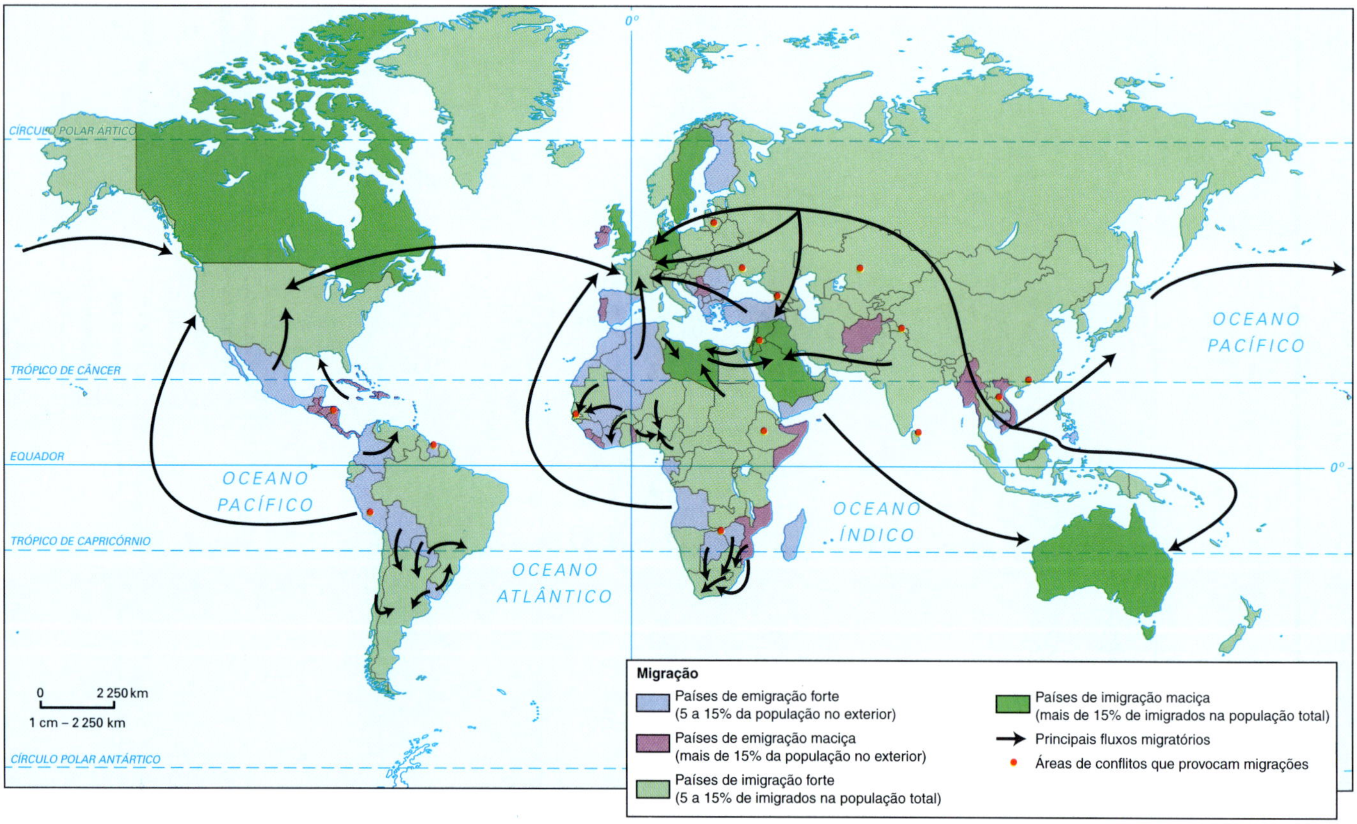

Urbanização

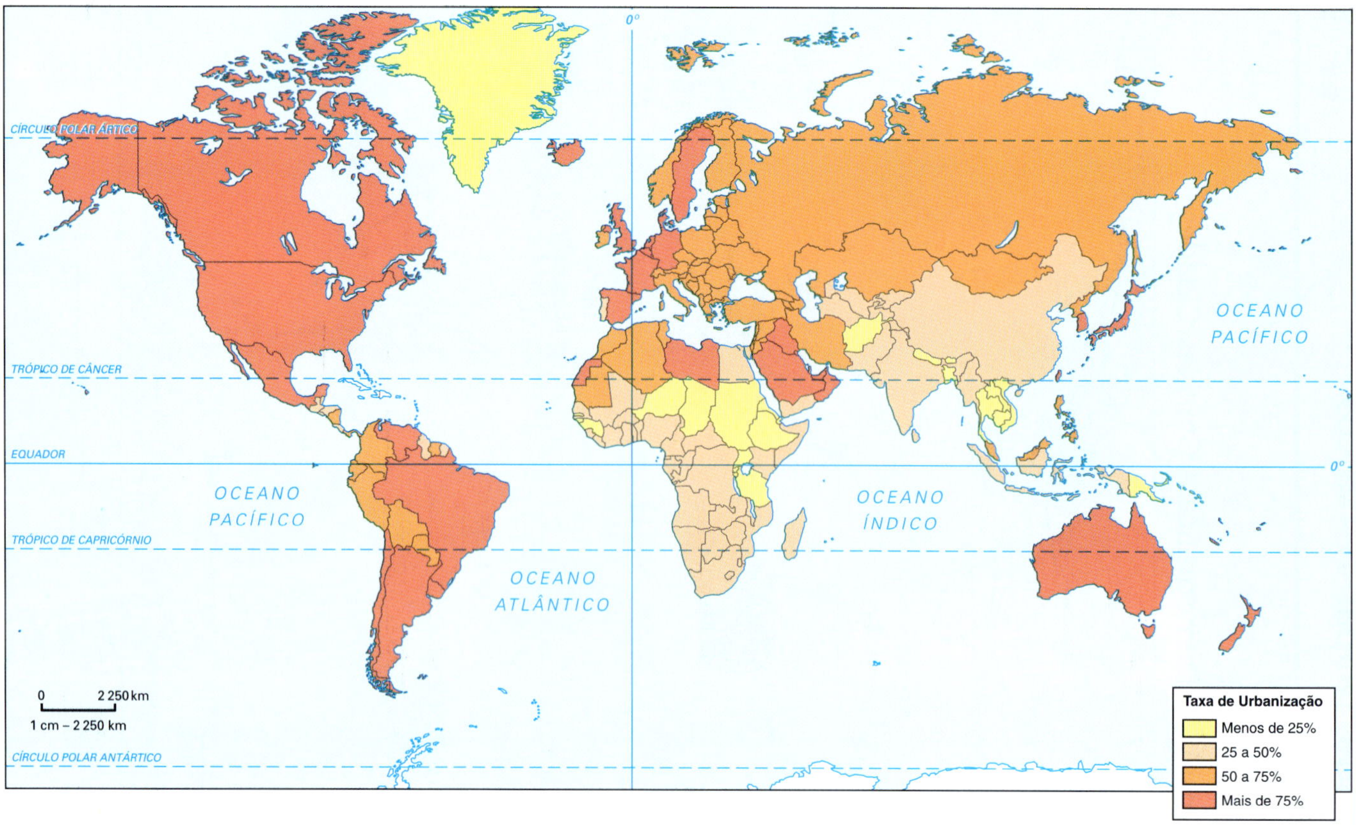

Fonte: Melhoramentos, 2002.

Agropecuária e Pesca

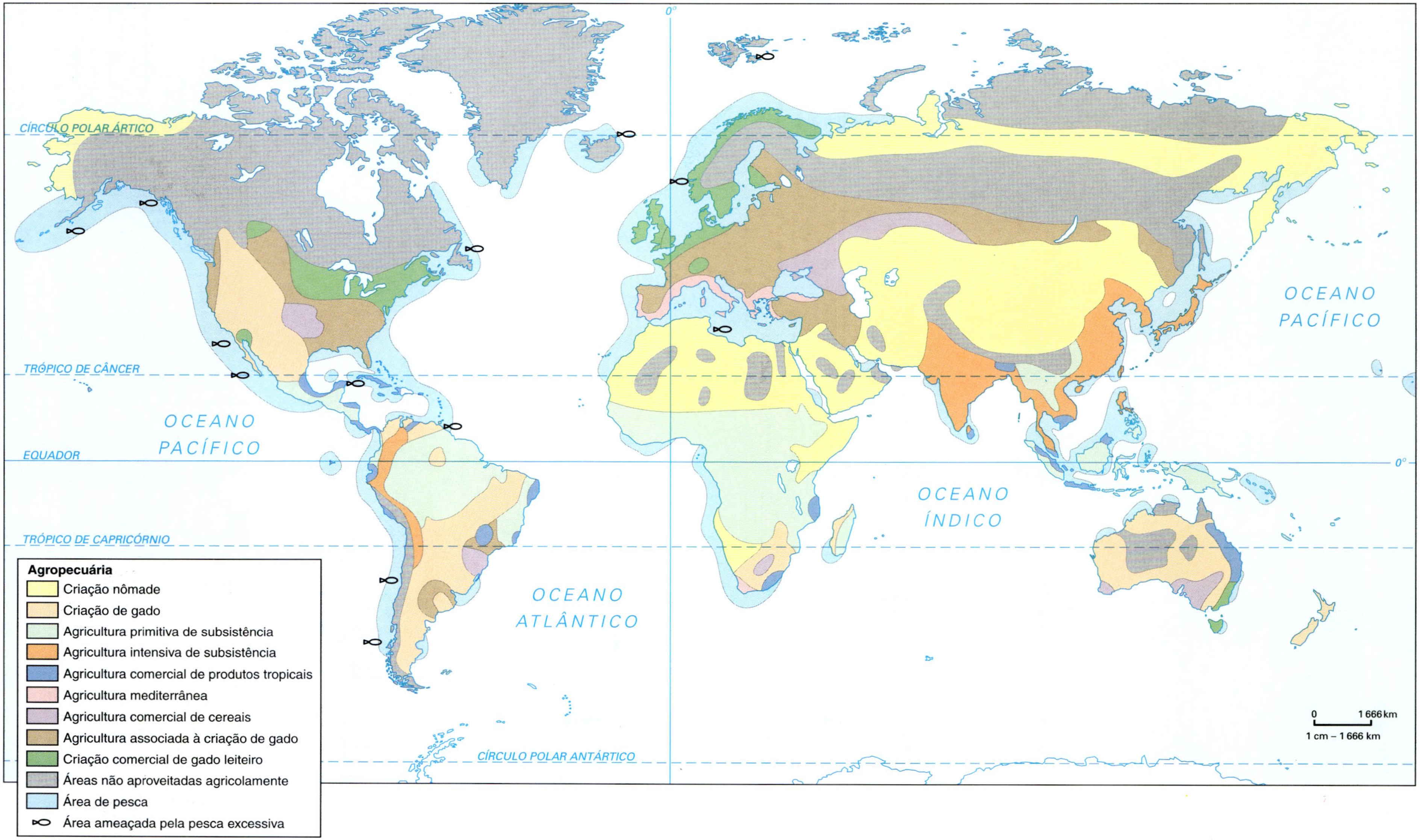

Fonte: Melhoramentos, 2002.

Mundo: Mapas Temáticos

Recursos Minerais

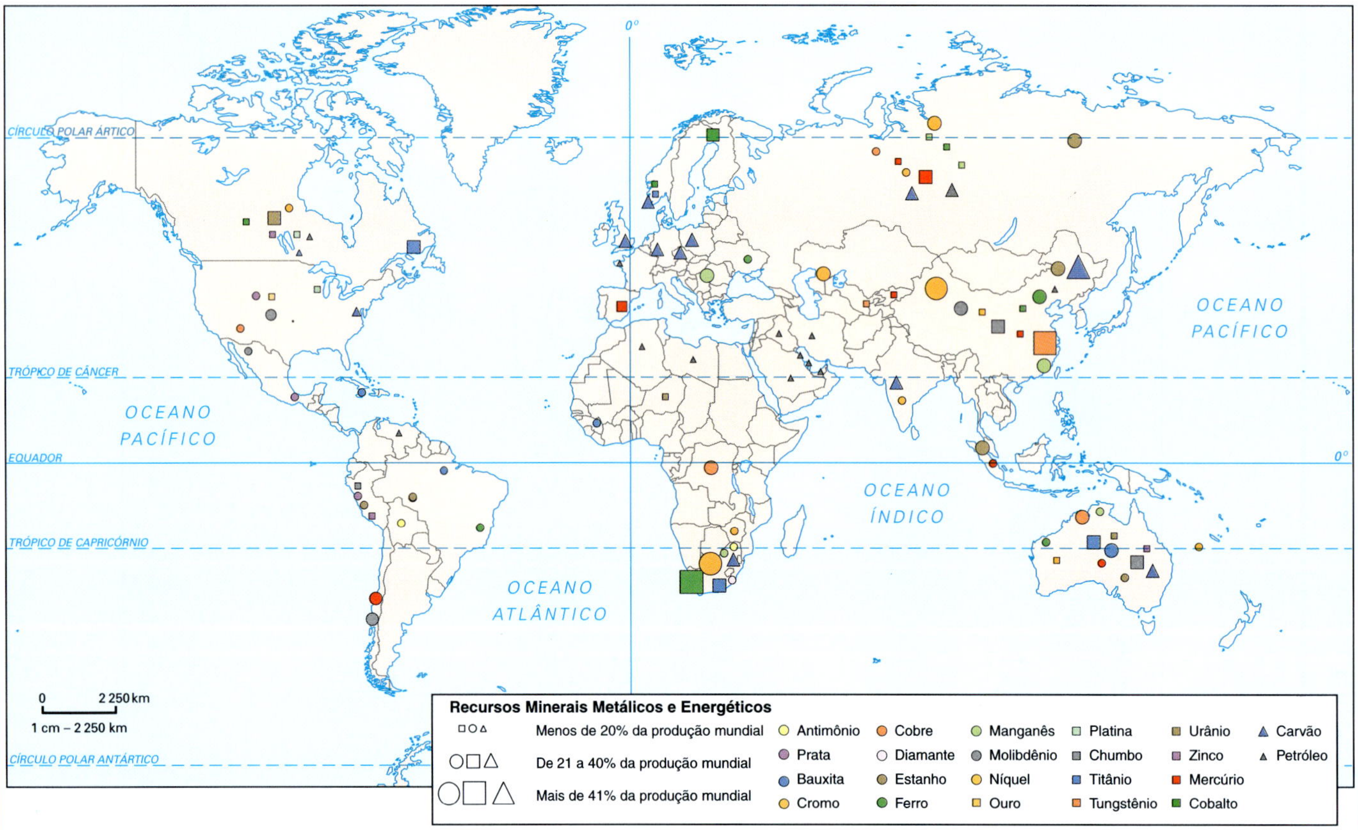

Produção Industrial

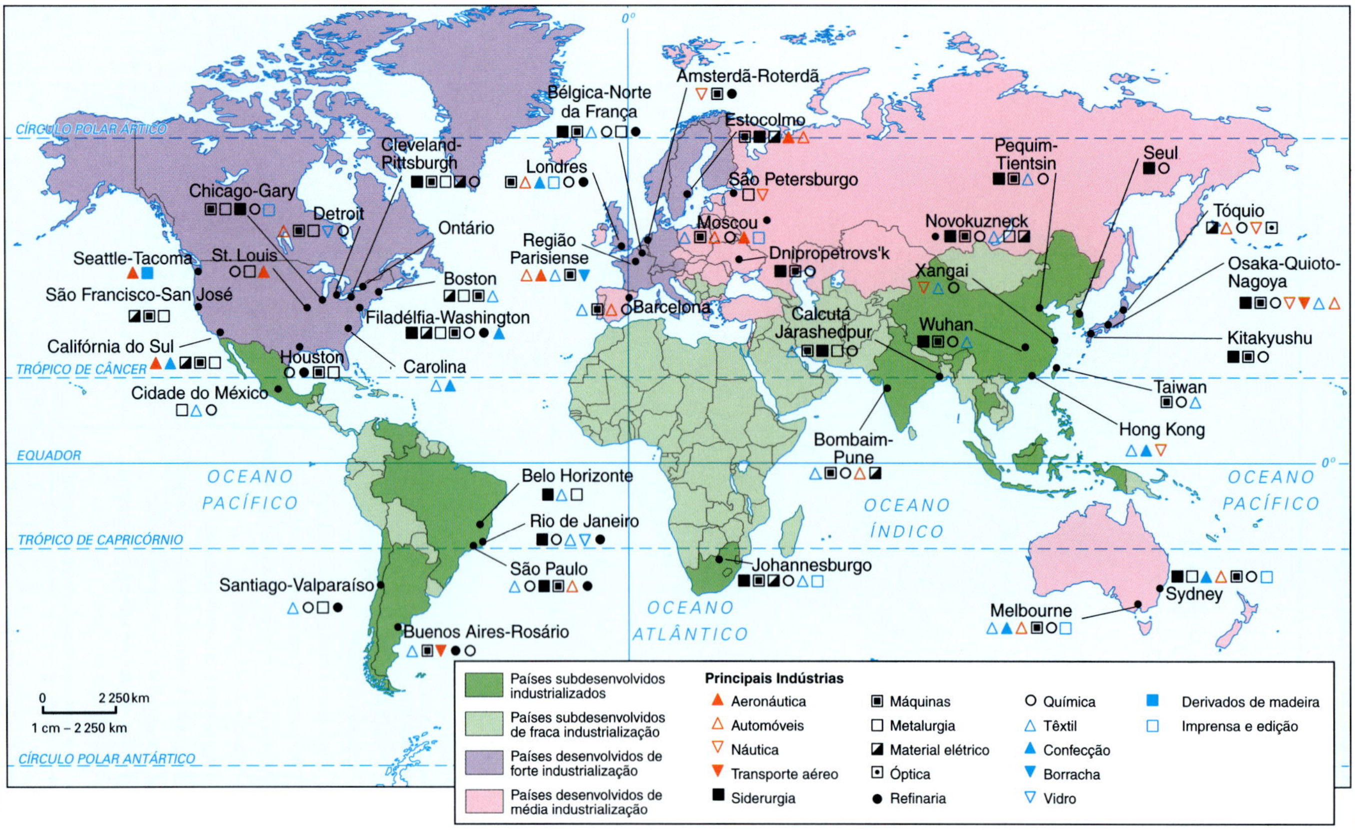

Fonte: Melhoramentos, 2002.

Balança Comercial

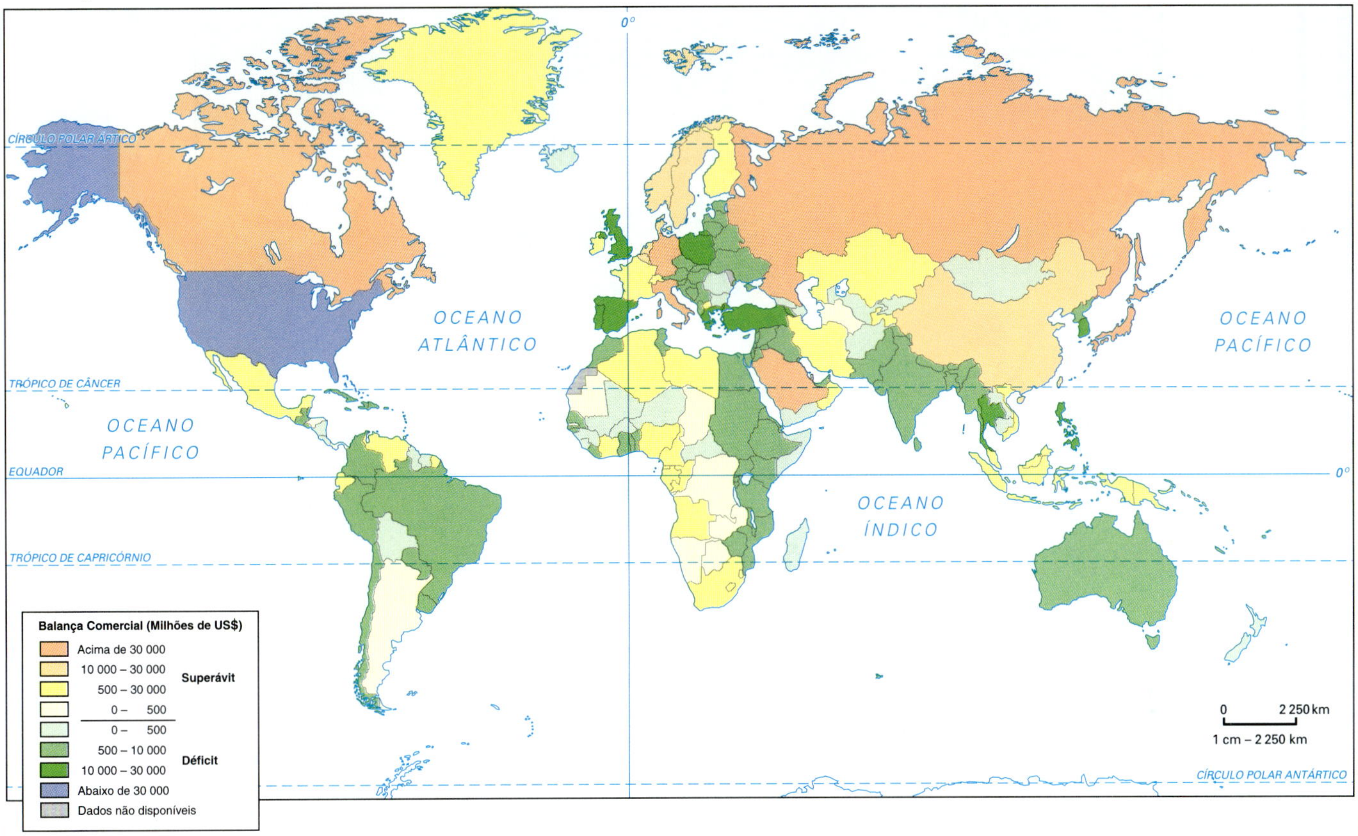

Principais Blocos Econômicos

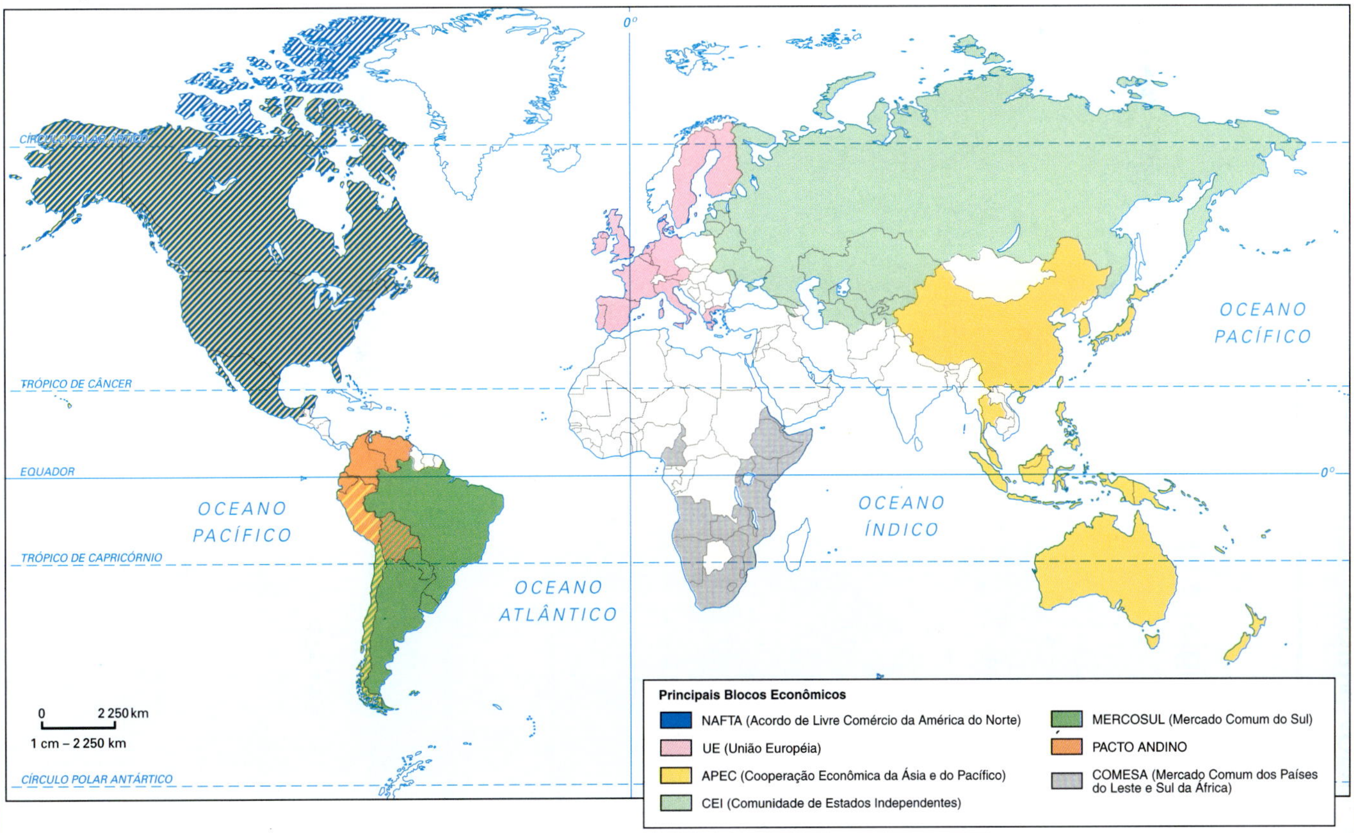

Fonte: Melhoramentos (dados de 2001).

Áreas de Litígios e Conflitos

Fonte: Melhoramentos, 2002.

Produto Nacional Bruto

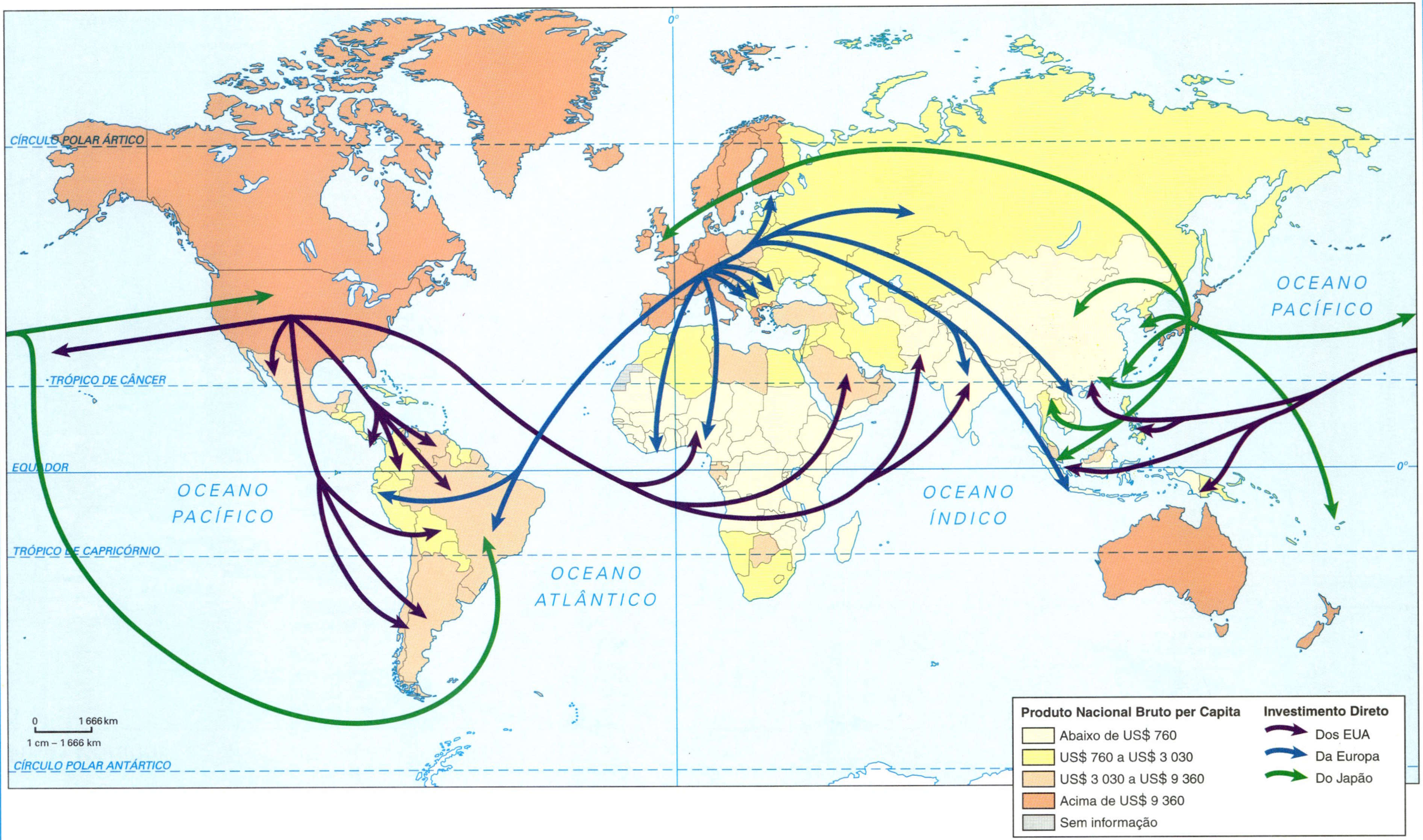

Fonte: Melhoramentos, 2002.

Fusos Horários

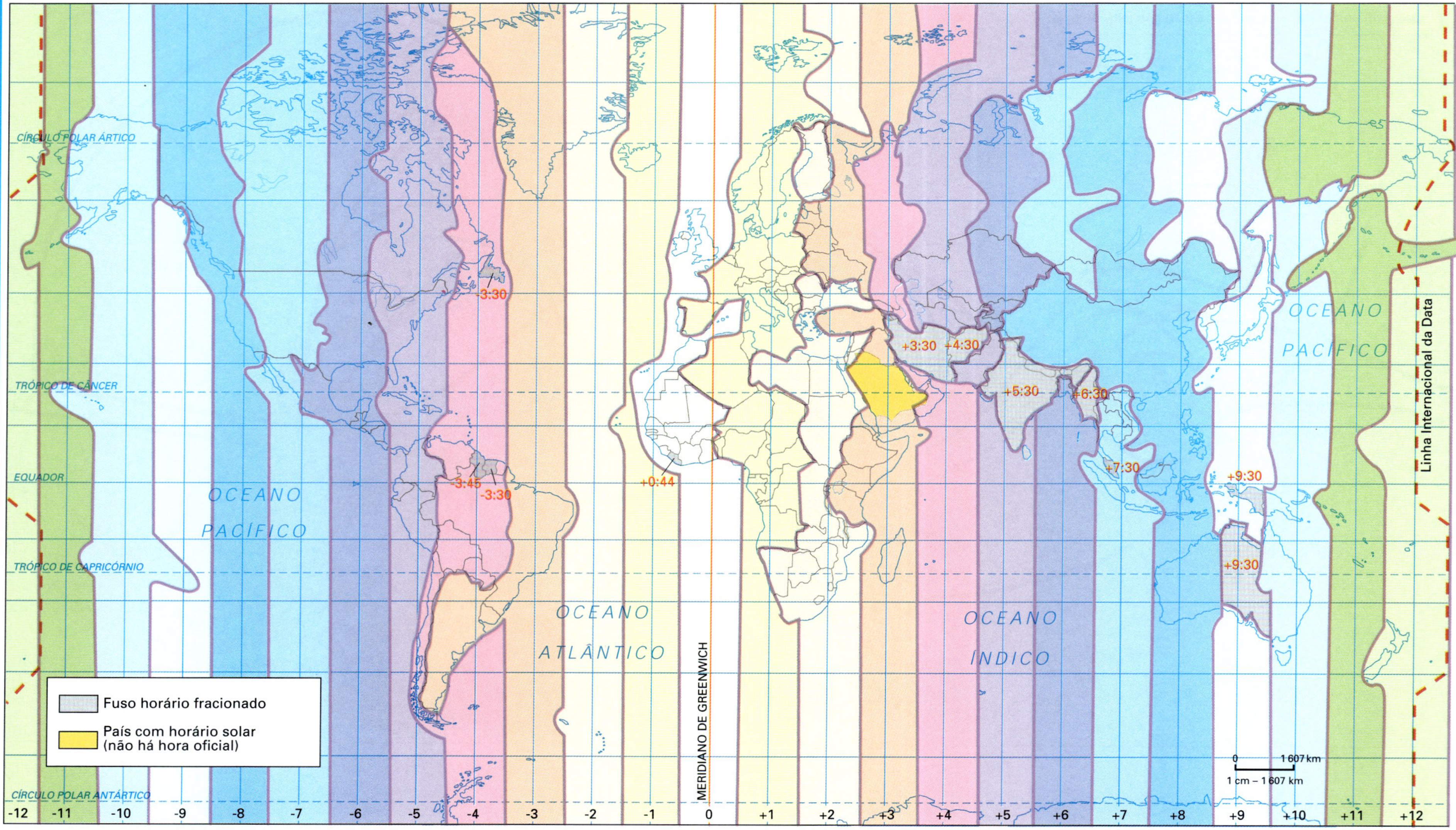

Fonte: Melhoramentos, 2002.

Indicadores sociais – 2000

Continentes	Analfabetismo > de 15 anos (em %)		Conclusão do Ensino Fundamental (em %)		Mortalidade infantil (em ‰)	Expectativa de vida (em anos)		Taxa de natalidade (nascimentos por mil mulheres)
	Masc.	Fem.	Masc.	Fem.		Masc.	Fem.	
África	32	47	52	50	87	50,5	52,1	108
América Latina e Caribe	11	13	68	67	32	67,2	73,6	71
Ásia	15	29	85*	82*	53*	65,8*	69,2*	45
América Anglo-Saxônica	1	1	99	99	7	74,7	80,5	46
Oceania**	1**	1**	99**	99**	24	72	76,9	39
Europa	1	3	96***	96***	9***	69,8***	77,9***	21***

* Exclui países da CEI.
** Somente Austrália.
*** Exclui a Rússia.
Fonte: World Bank. Org/2002.

População com acesso à rede de água e esgoto (por continente)

Continentes	Total da população urbana (em %)		Total da população rural (em %)		Total da população (em %)	
	Água	Esgoto	Água	Esgoto	Água	Esgoto
África	88	84	47	45	62	60
Ámérica Latina e Caribe	93	87	62	49	85	78
Ásia	93	78	75	31	81	48
América Anglo-Saxônica	100	100	100	100	100	100
Europa	99,6	98	87	74	96	92
Oceania	100	100	66	78	90	93

Fonte: PNUD-2000.

Brasil Físico

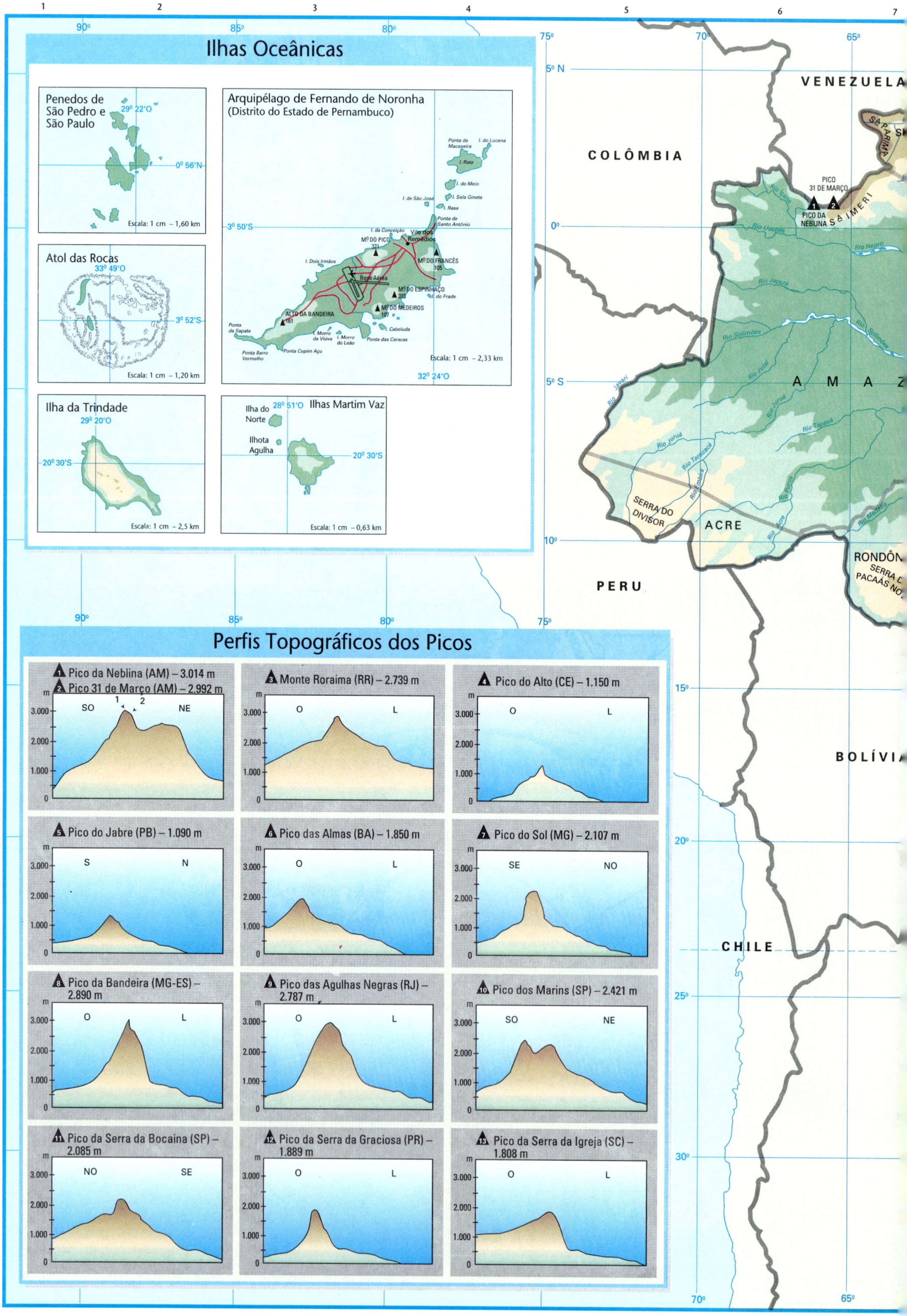

Fonte: Melhoramentos, 2002.

Brasil Político

Brasil – Fusos Horários

DISTRIBUIÇÃO GEOGRÁFICA DA HORA LEGAL – Fusos horários em relação à hora de Greenwich

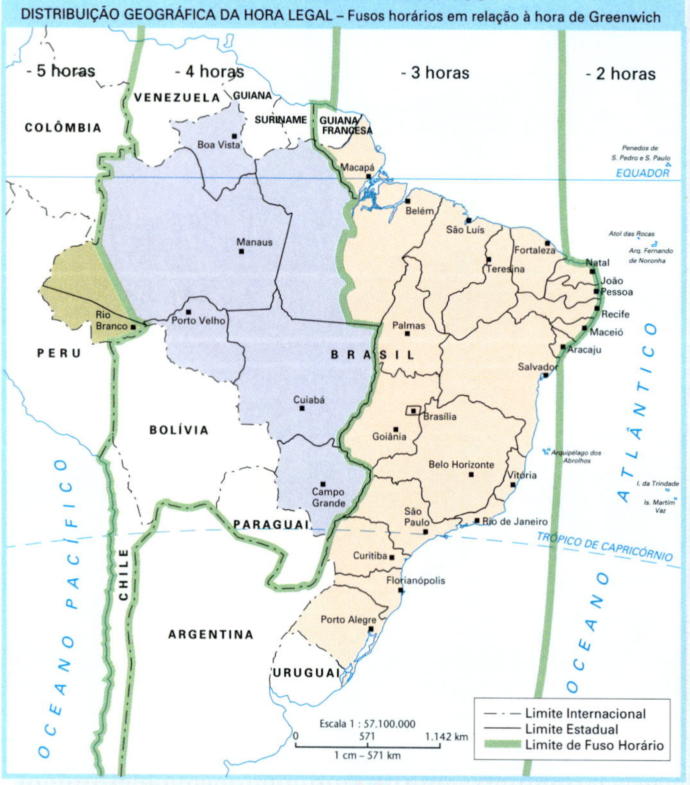

Brasil – Regiões Administrativas

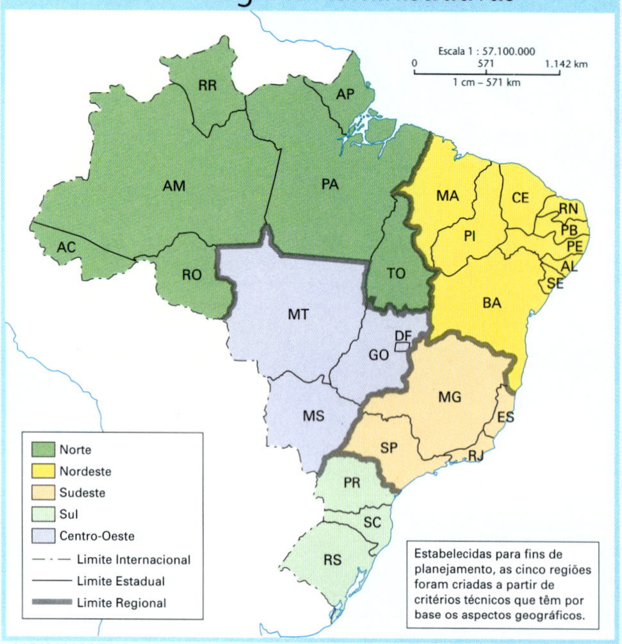

Estabelecidas para fins de planejamento, as cinco regiões foram criadas a partir de critérios técnicos que têm por base os aspectos geográficos.

Brasil – Regiões Geoeconômicas

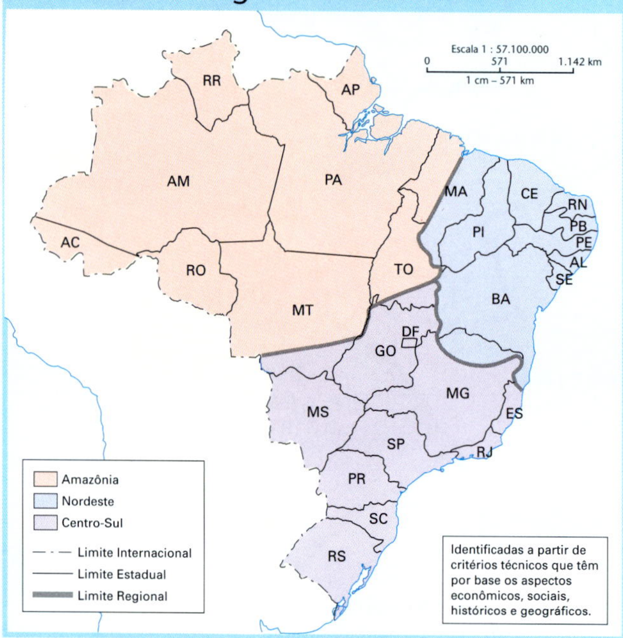

Identificadas a partir de critérios técnicos que têm por base os aspectos econômicos, sociais, históricos e geográficos.

Fonte: Melhoramentos, 2002.

Estados de Amazonas, Acre, Rondônia, Tocantins, Pará, Amapá e Roraima

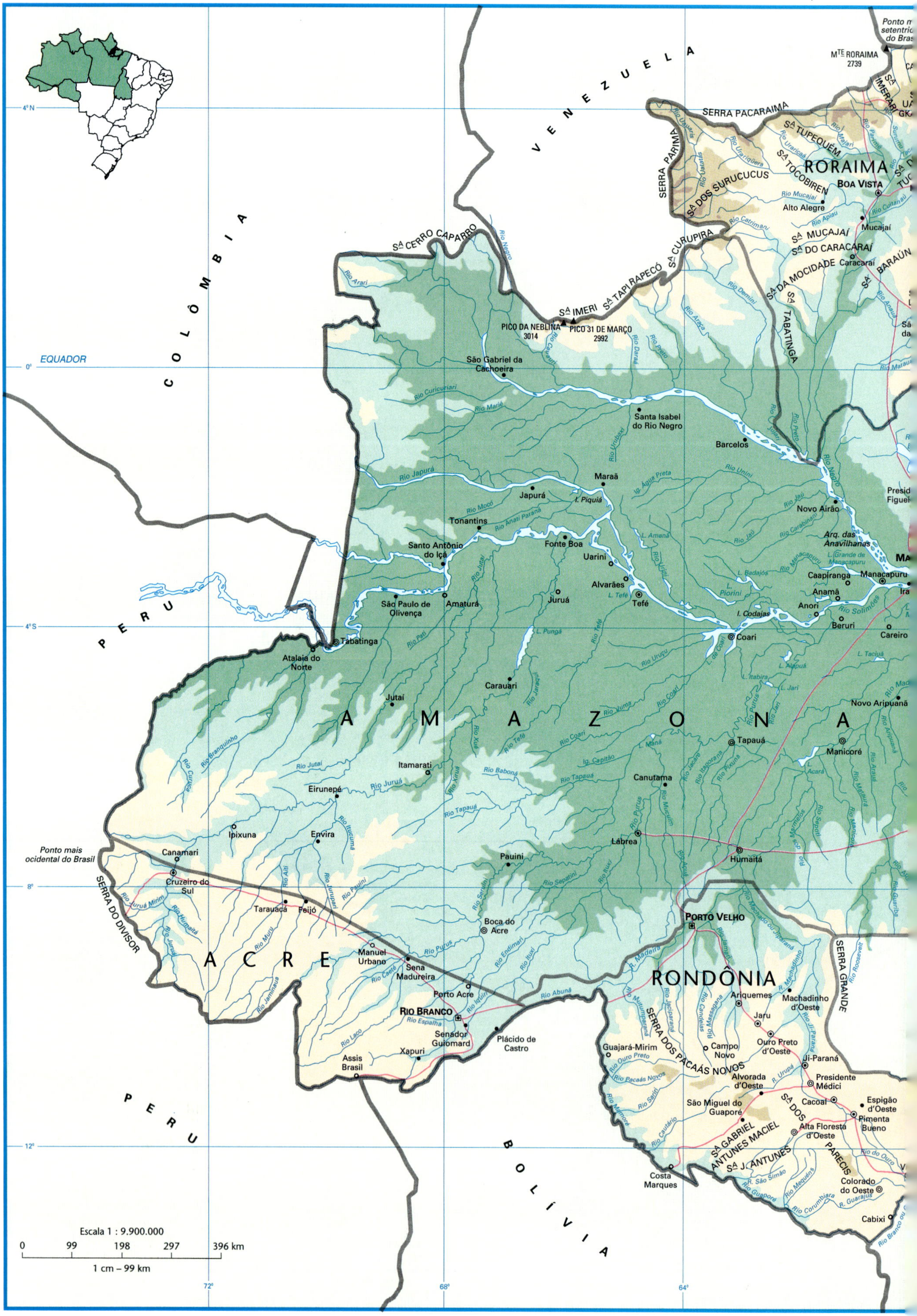

Nota: Nos mapas estaduais estão representadas somente as cidades sedes de municípios.

Fonte: Melhoramentos, 2002.

Estado de Goiás

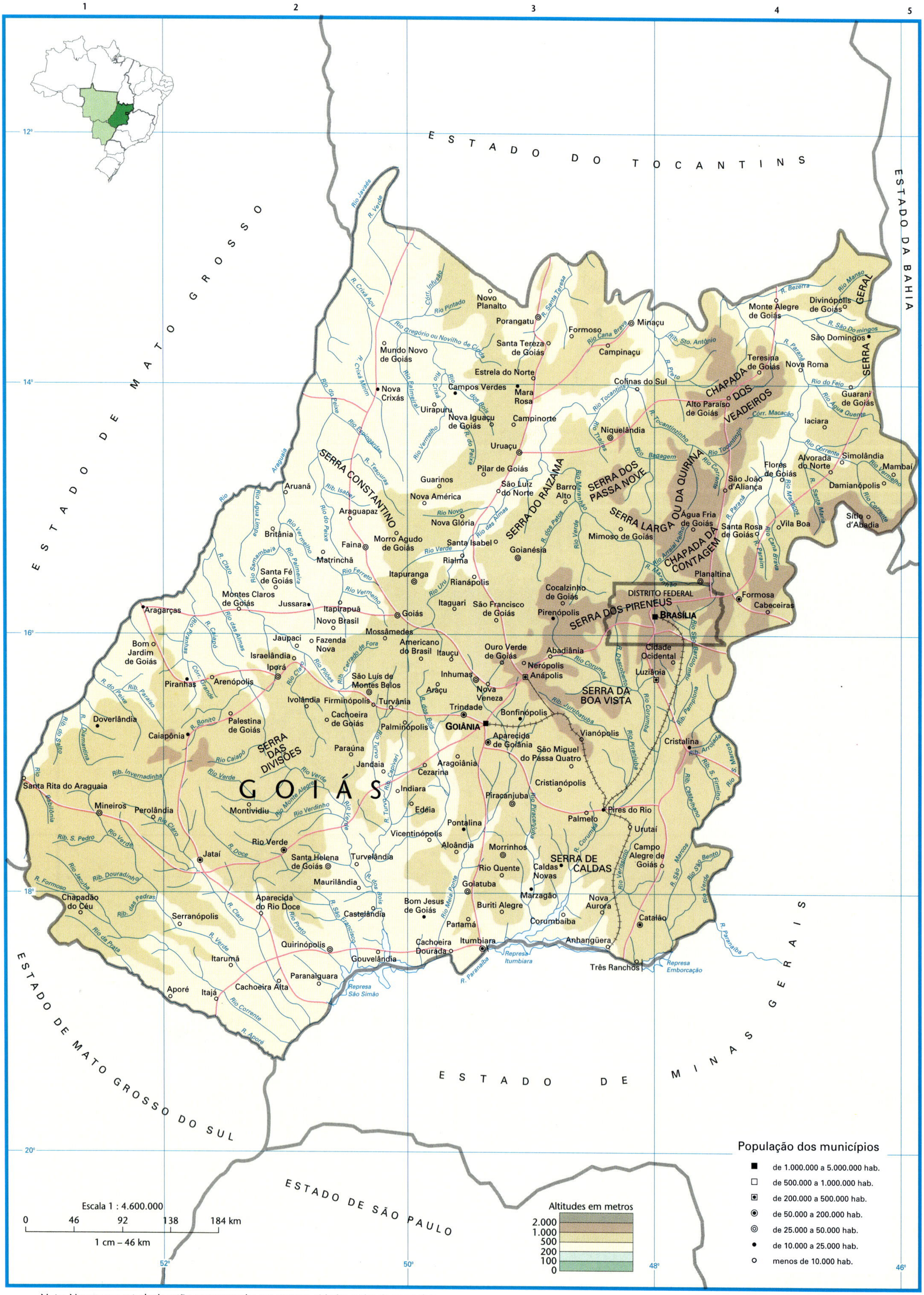

Nota: Nos mapas estaduais estão representadas somente as cidades sedes de municípios.

Fonte: Melhoramentos, 2002.

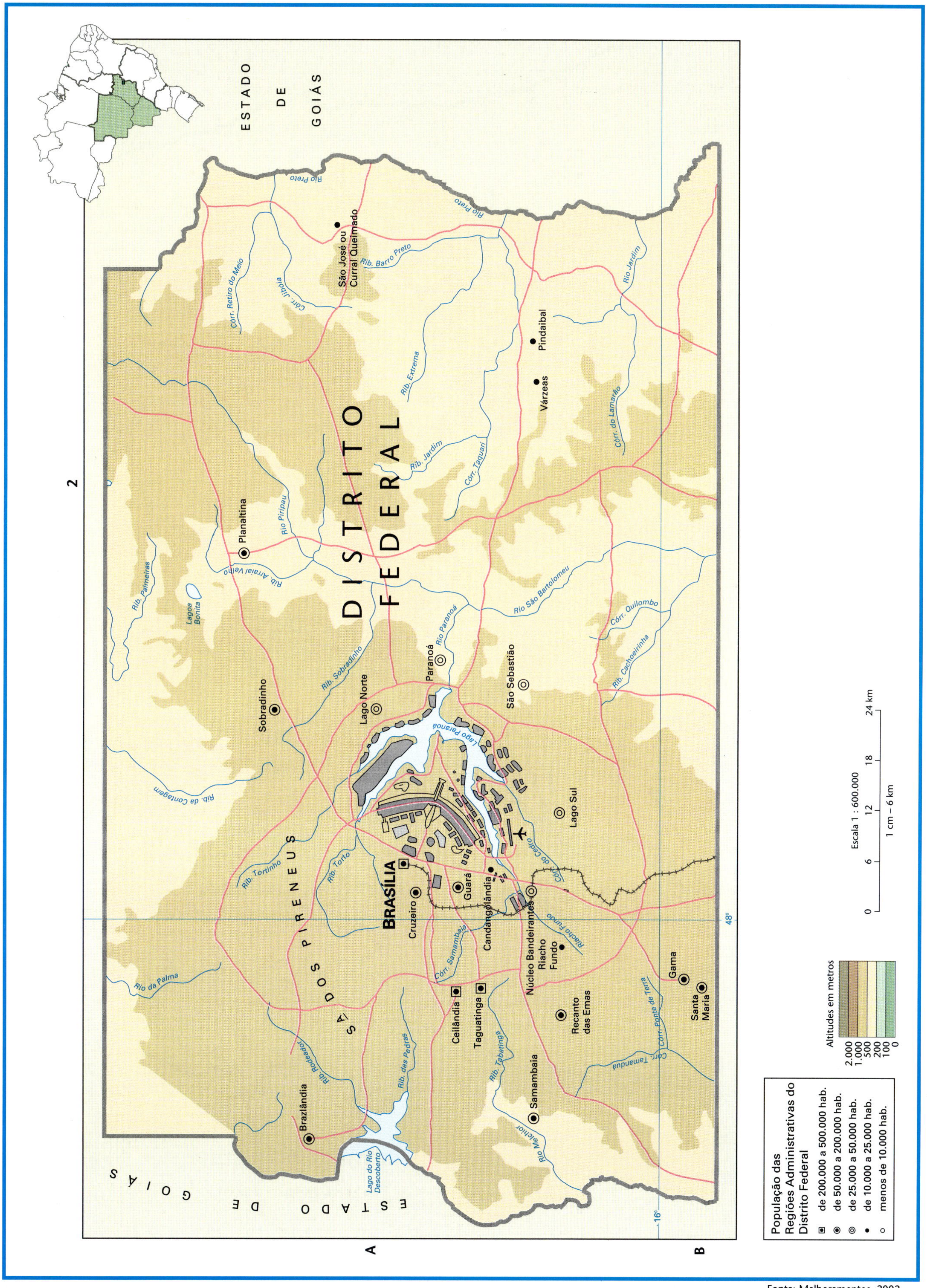

Fonte: Melhoramentos, 2002.

Estados de Mato Grosso e Mato Grosso do Sul

Nota: Nos mapas estaduais estão representadas somente as cidades sedes de municípios.

Fonte: Melhoramentos, 2002.

Estados do Maranhão e Piauí

Nota: Nos mapas estaduais estão representadas somente as cidades sedes de municípios.

Fonte: Melhoramentos, 2002.

Estado do Ceará

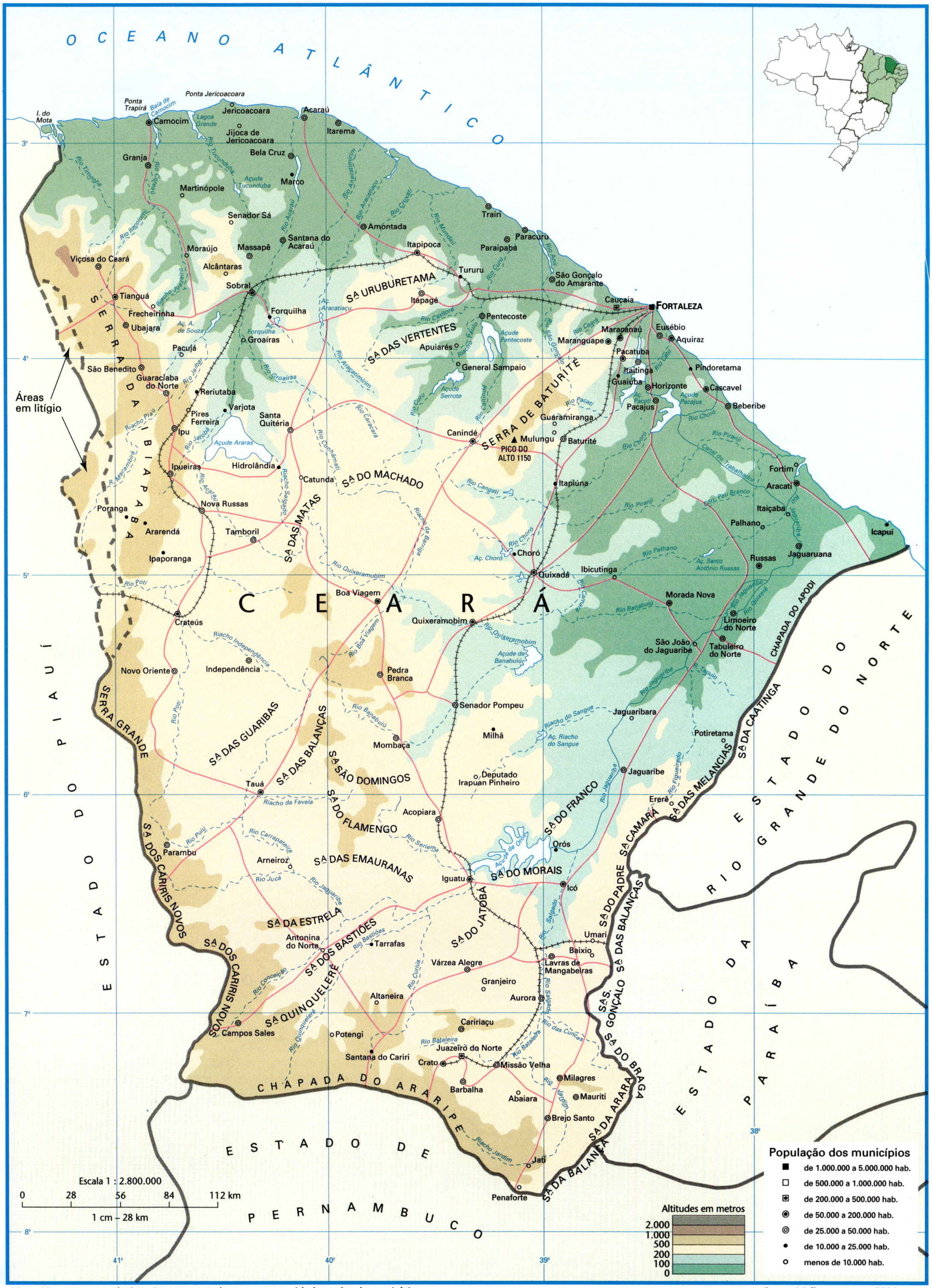

Nota: Nos mapas estaduais estão representadas somente as cidades sedes de municípios.

Fonte: Melhoramentos, 2002.

Estados de Rio Grande do Norte, Paraíba e Pernambuco

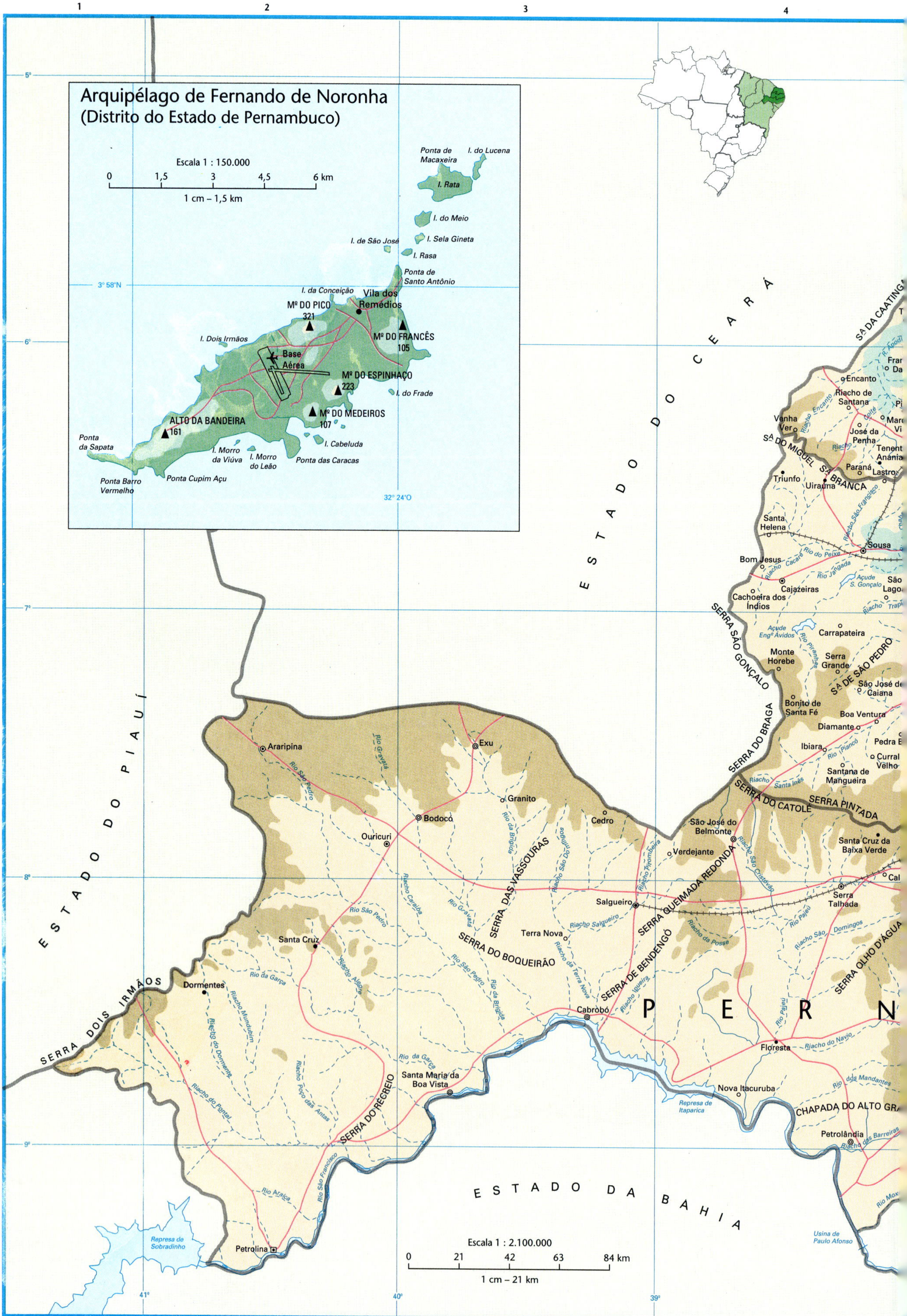

Nota: Nos mapas estaduais estão representadas somente as cidades sedes de municípios.

Fonte: Melhoramentos, 2002.

Estados de Alagoas e Sergipe

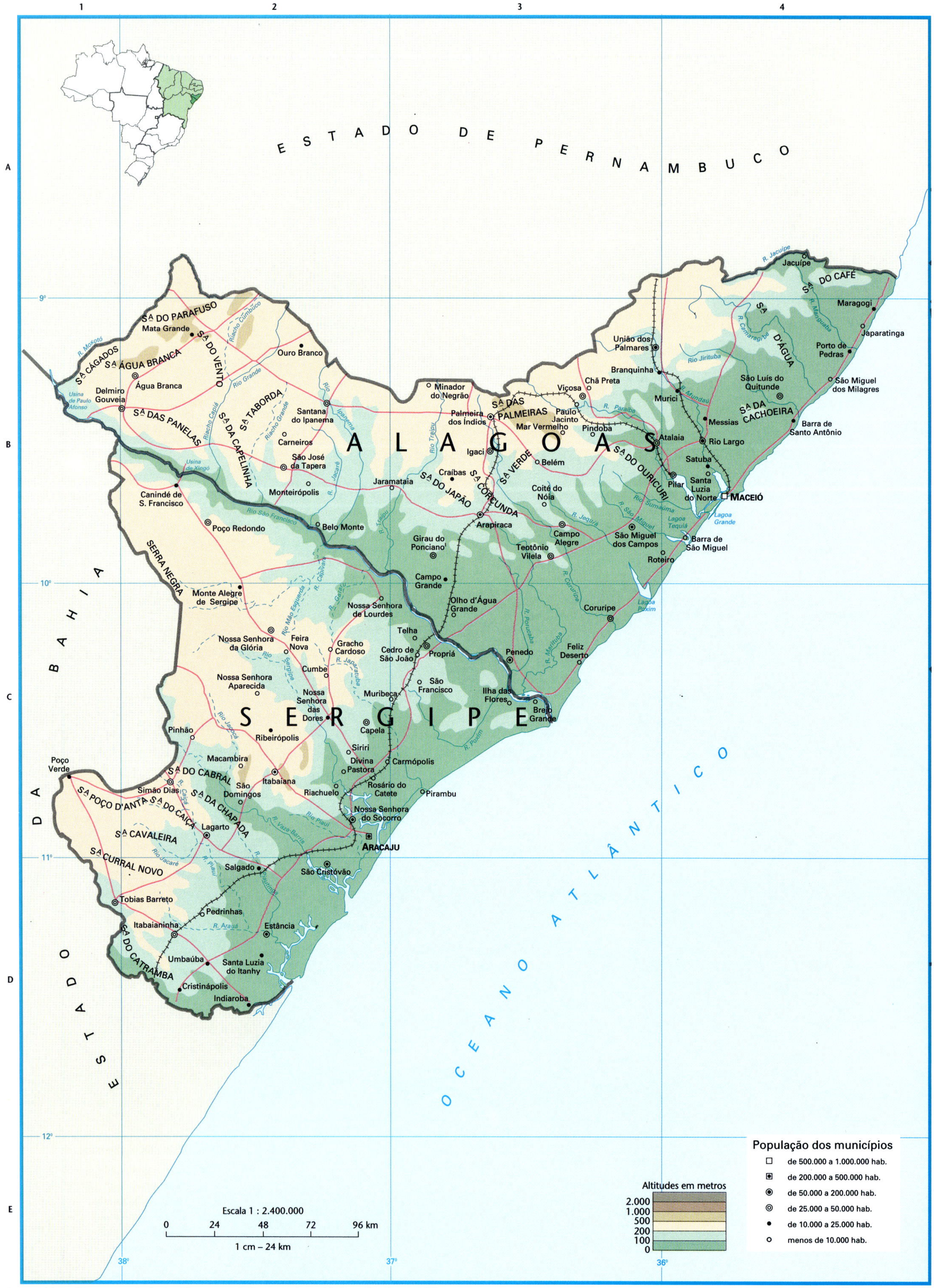

Nota: Nos mapas estaduais estão representadas somente as cidades sedes de municípios.

Fonte: Melhoramentos, 2002.

Estado da Bahia

Nota: Nos mapas estaduais estão representadas somente as cidades sedes de municípios.

Fonte: Melhoramentos, 2002.

Estado de Minas Gerais

Nota: Nos mapas estaduais estão representadas somente as cidades sedes de municípios.

Fonte: Melhoramentos, 2002.

Estado do Rio de Janeiro

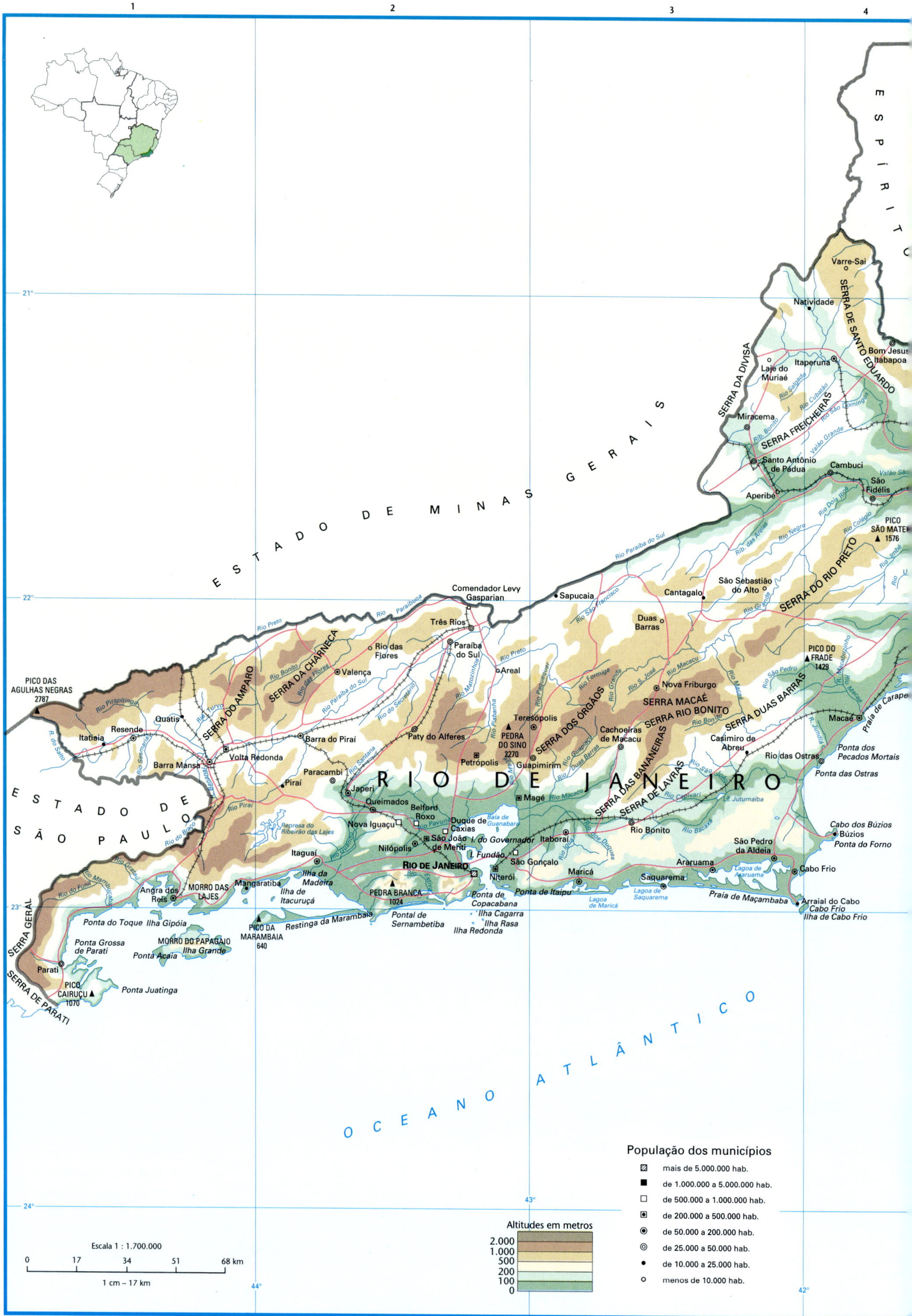

Nota: Nos mapas estaduais estão representadas somente as cidades sedes de municípios.

Estado do Espírito Santo

Fonte: Melhoramentos, 2002.

Estado de São Paulo

Nota: Nos mapas estaduais estão representadas somente as cidades sedes de municípios.

Fonte: Melhoramentos, 2002.

Estado do Paraná

Nota: Nos mapas estaduais estão representadas somente as cidades sedes de municípios.

Fonte: Melhoramentos, 2002.

Estados de Santa Catarina e Rio Grande do Sul

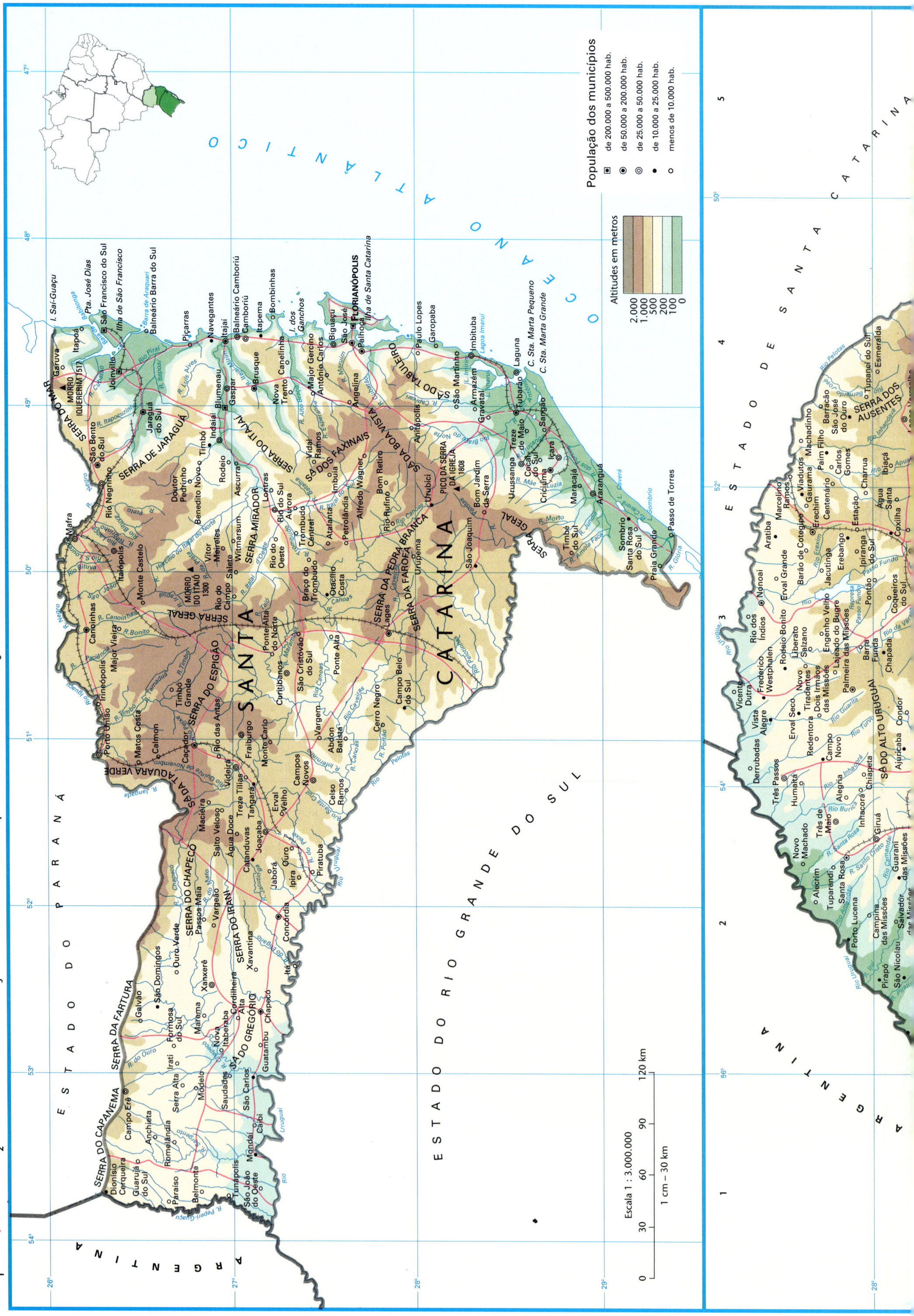

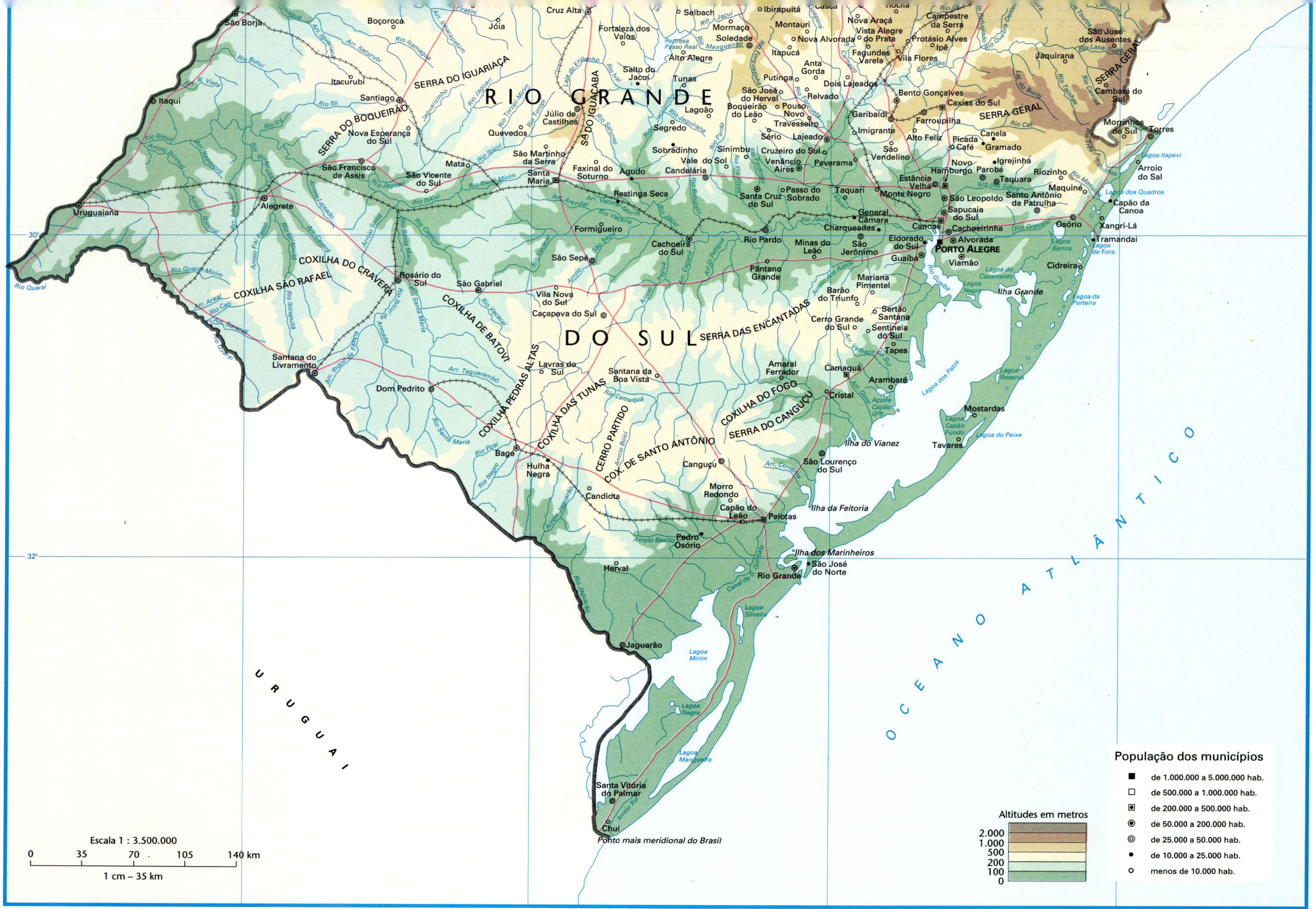

Nota: Nos mapas estaduais estão representadas somente as cidades sedes de municípios.

Fonte: Melhoramentos, 2002.

Brasil: Mapas Temáticos

Vegetação Original

Biomas

Massas de Ar

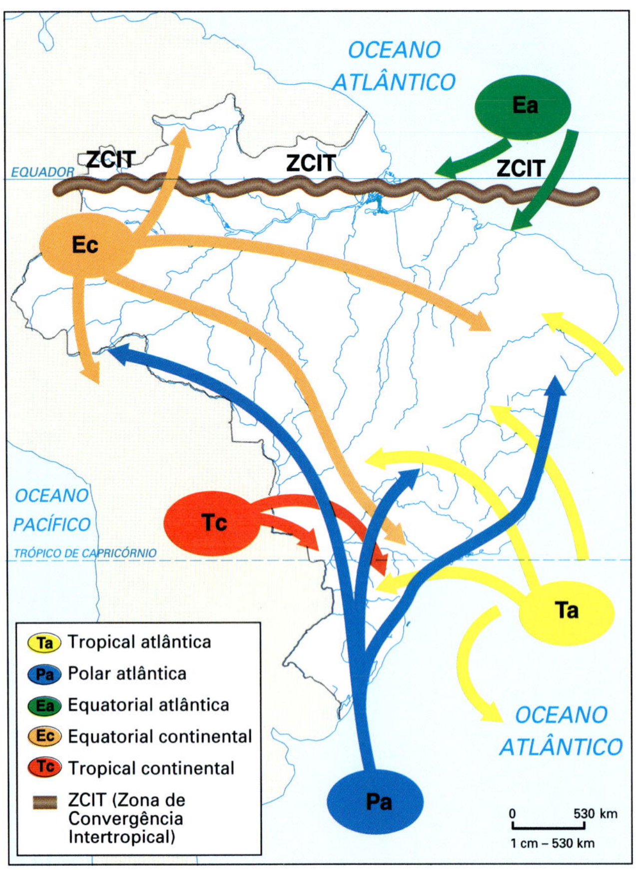

Tipos de Climas

Fonte: Melhoramentos, 2002.

Estrutura Geológica

Recursos Minerais

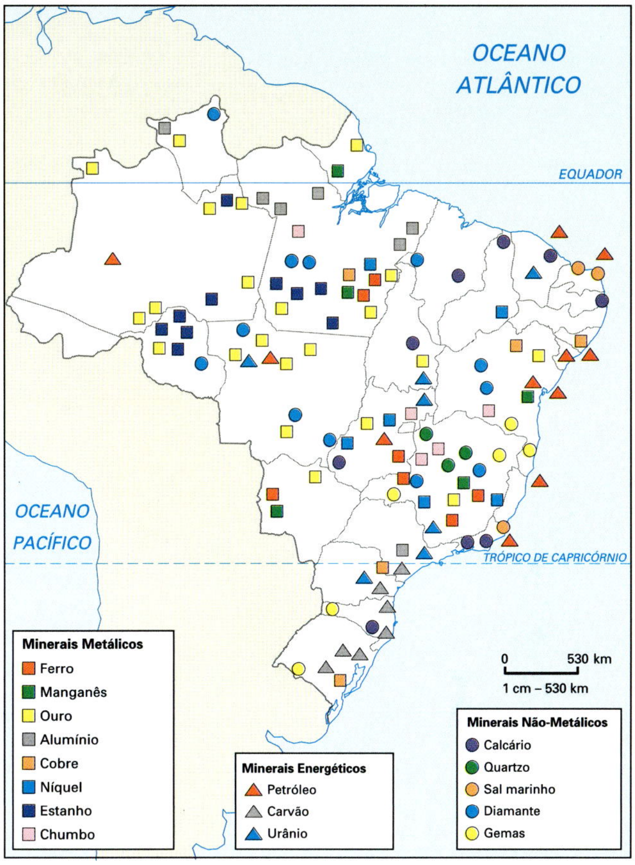

Tipos de Solos

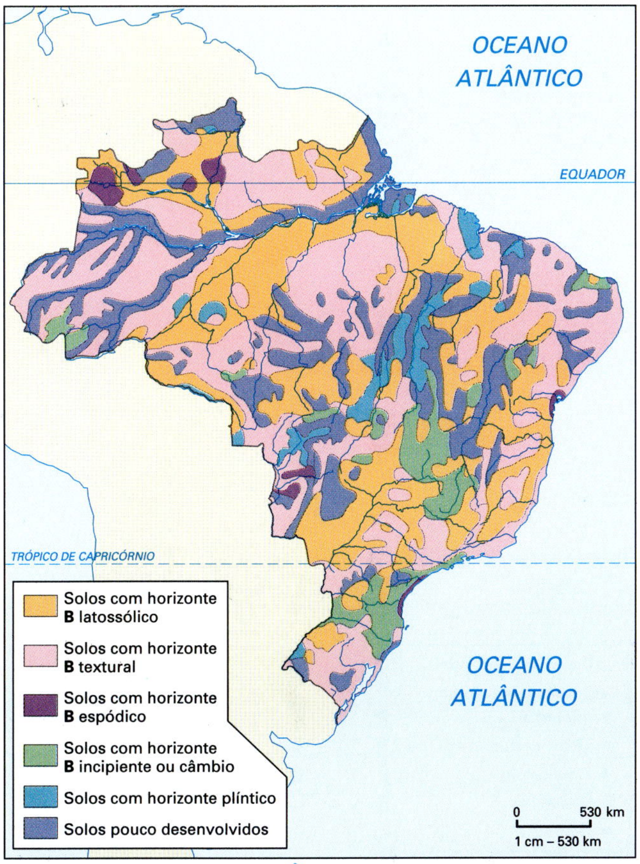

Bacias Hidrográficas e Fontes de Energia

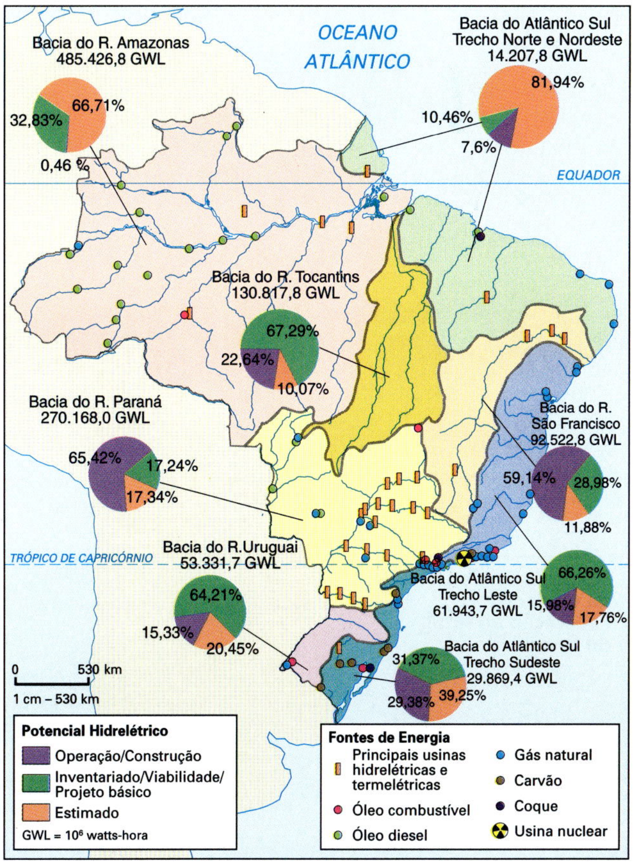

Fonte: Melhoramentos, 2002.

Brasil: Mapas Temáticos

Densidade Demográfica

Urbanização

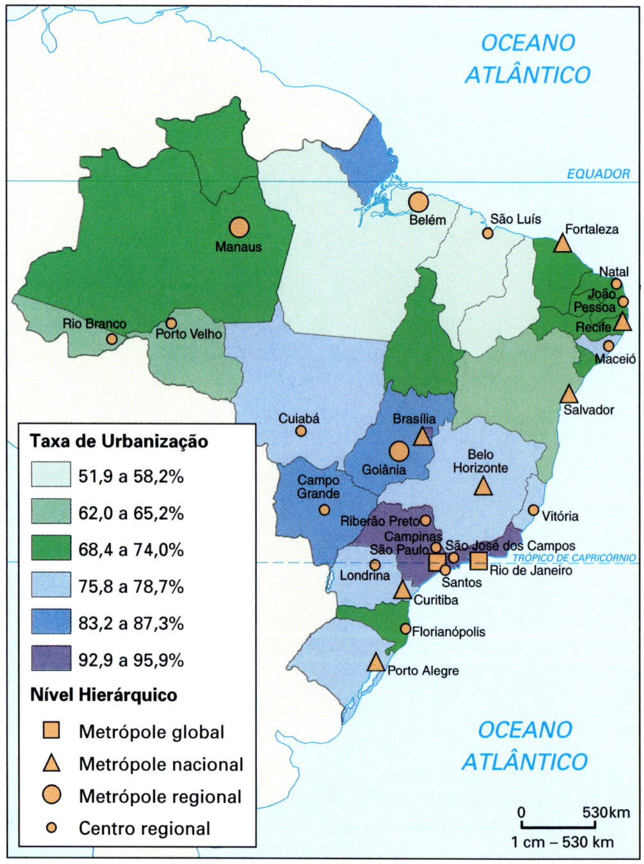

Valor da Transformação Industrial

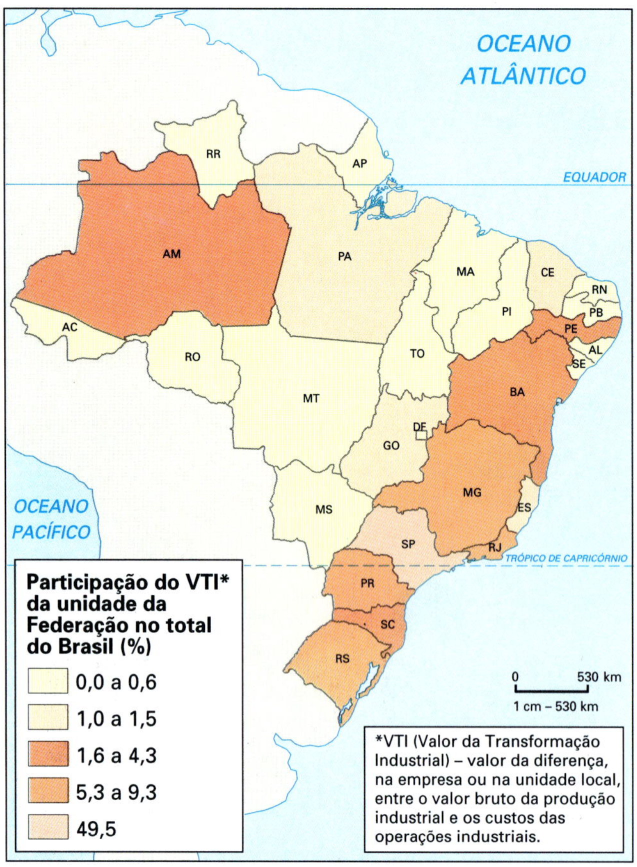

Distribuição da Indústria

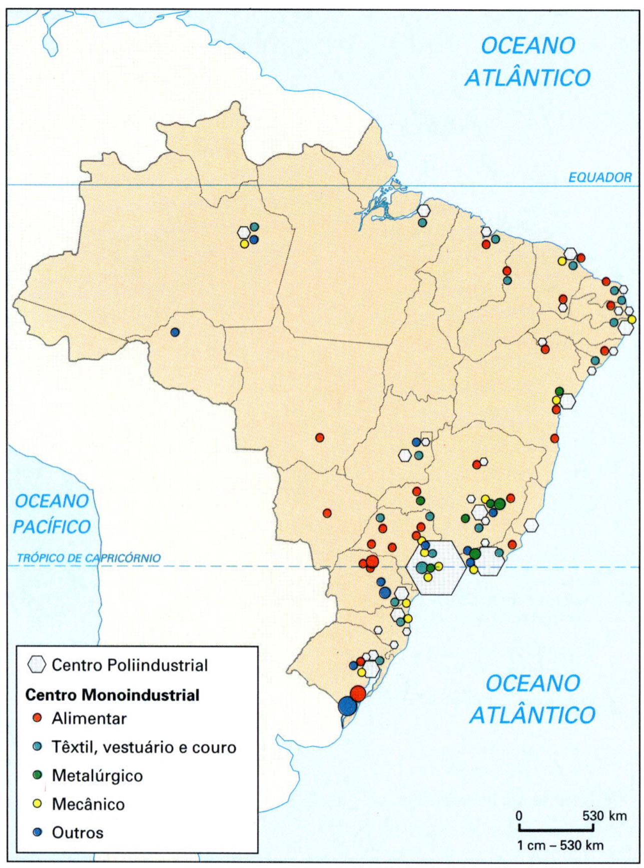

Fonte: Melhoramentos, 2002.

Atividade Agropecuária

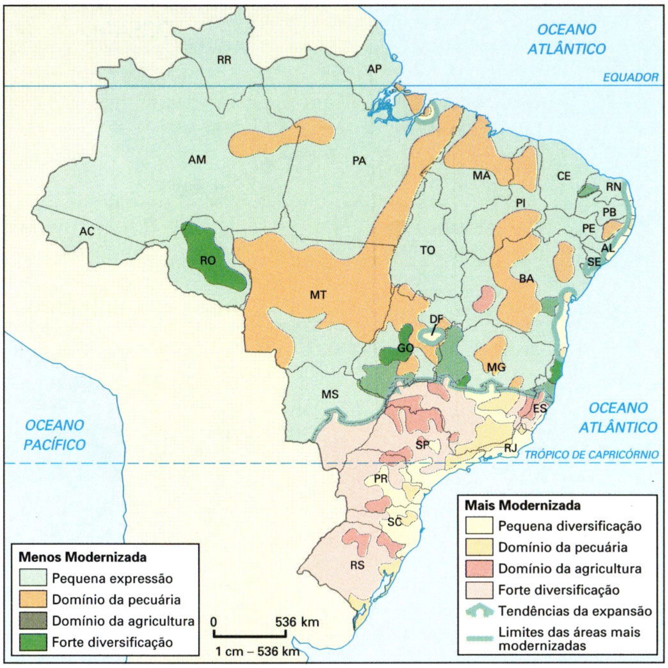

Agricultura

(Produção agrícola por região em % – ano base 2001)

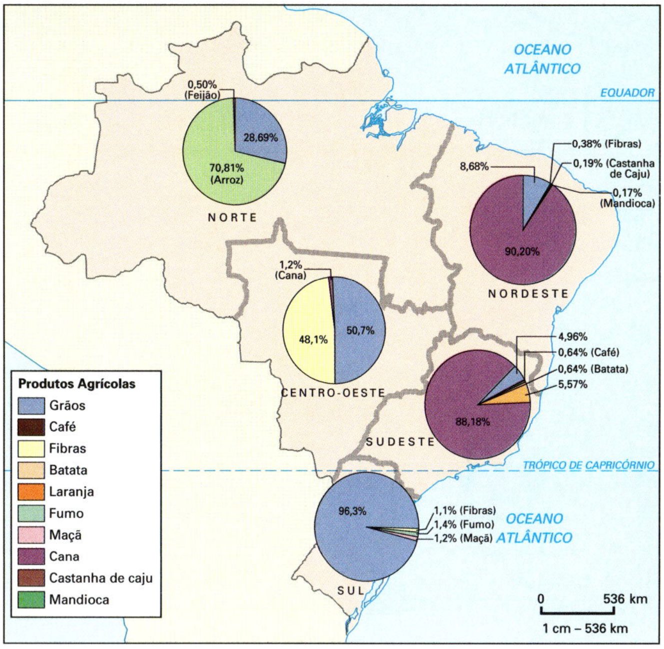

Pecuária

(Composição regional do rebanho em % – ano base 2000)

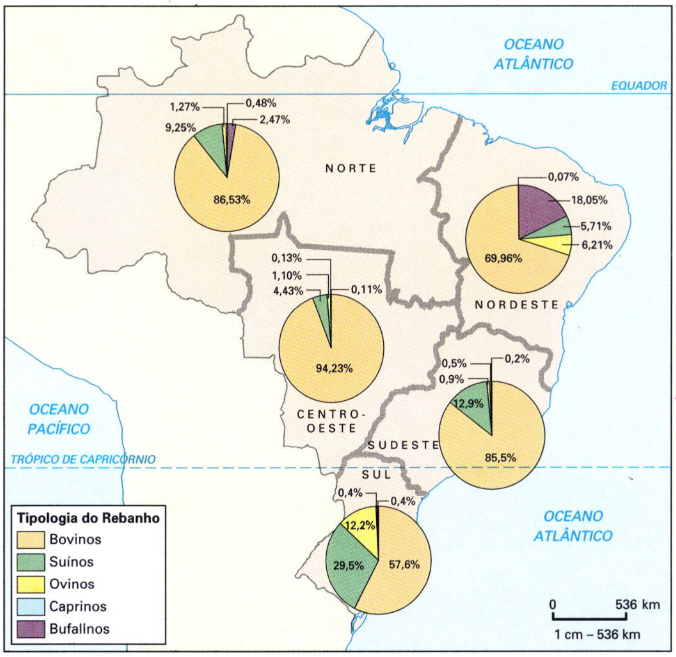

Potencial de Pesca

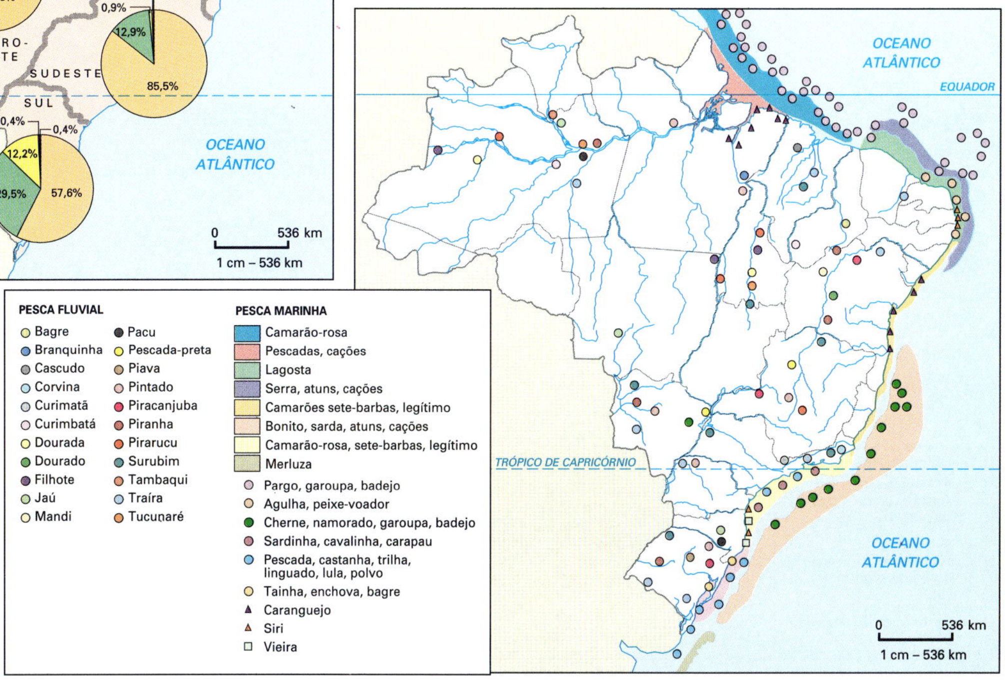

Fonte: Melhoramentos, 2002.

Portos e Hidrovias

Fluxo Aéreo

Principais Aeroportos

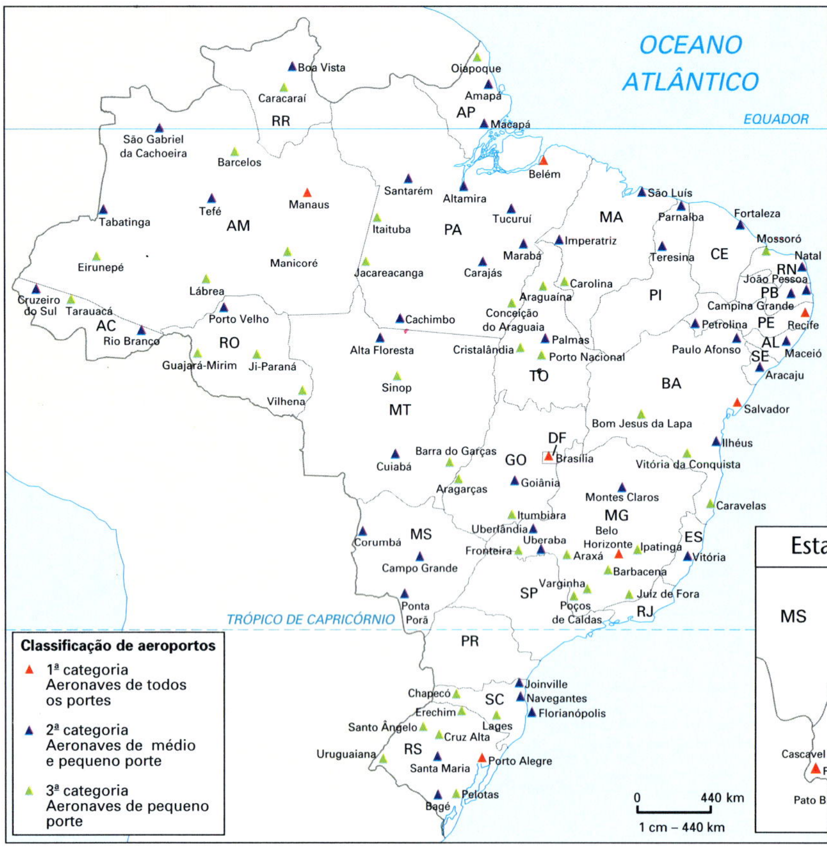

Estados do Rio de Janeiro, São Paulo e Paraná

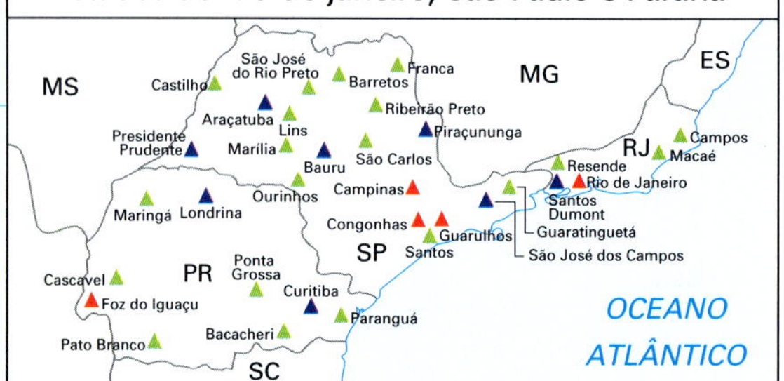

Fonte: Melhoramentos, 2002.

Rede Rodoviária

Rede Ferroviária

Infovias

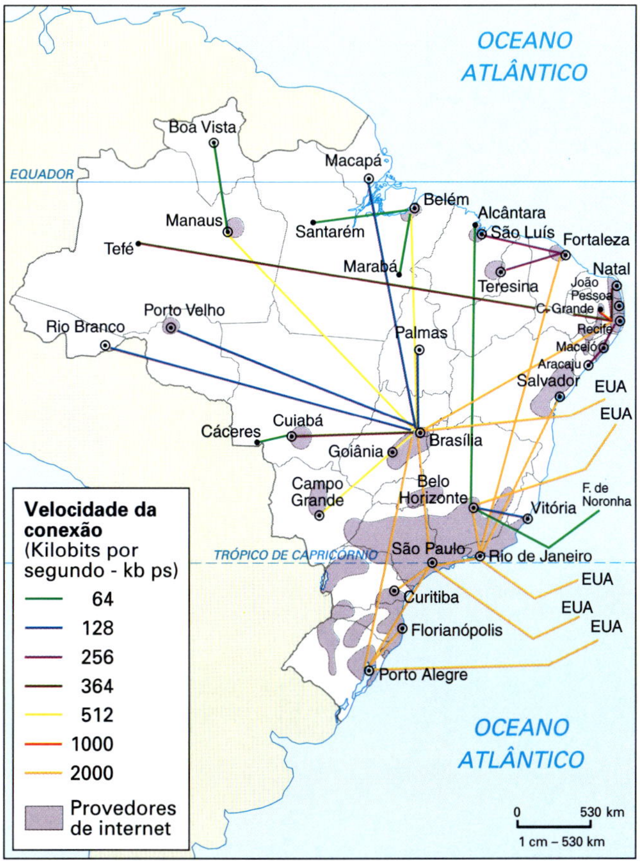

Corredores de Exportação e Importação

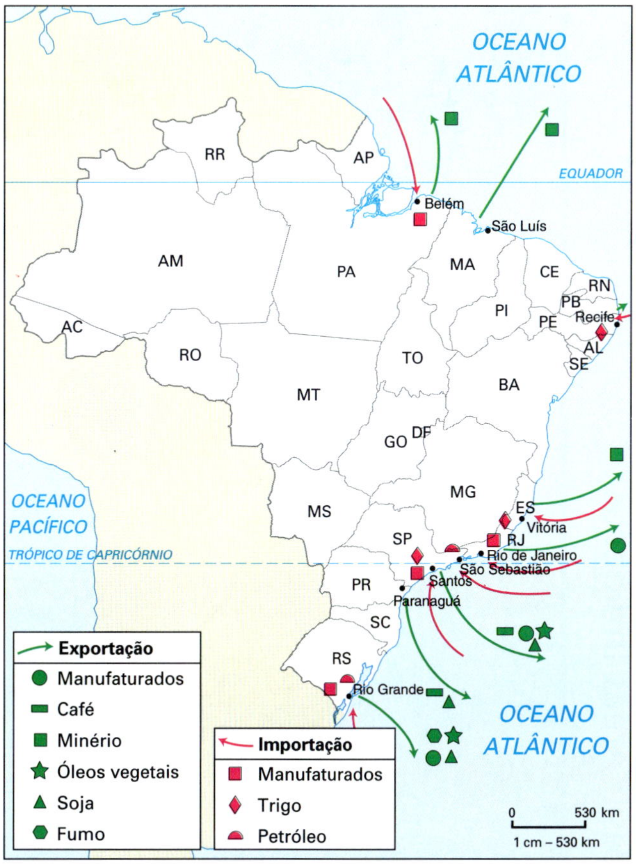

Fonte: Melhoramentos, 2002.

Brasil: Áreas Indígenas

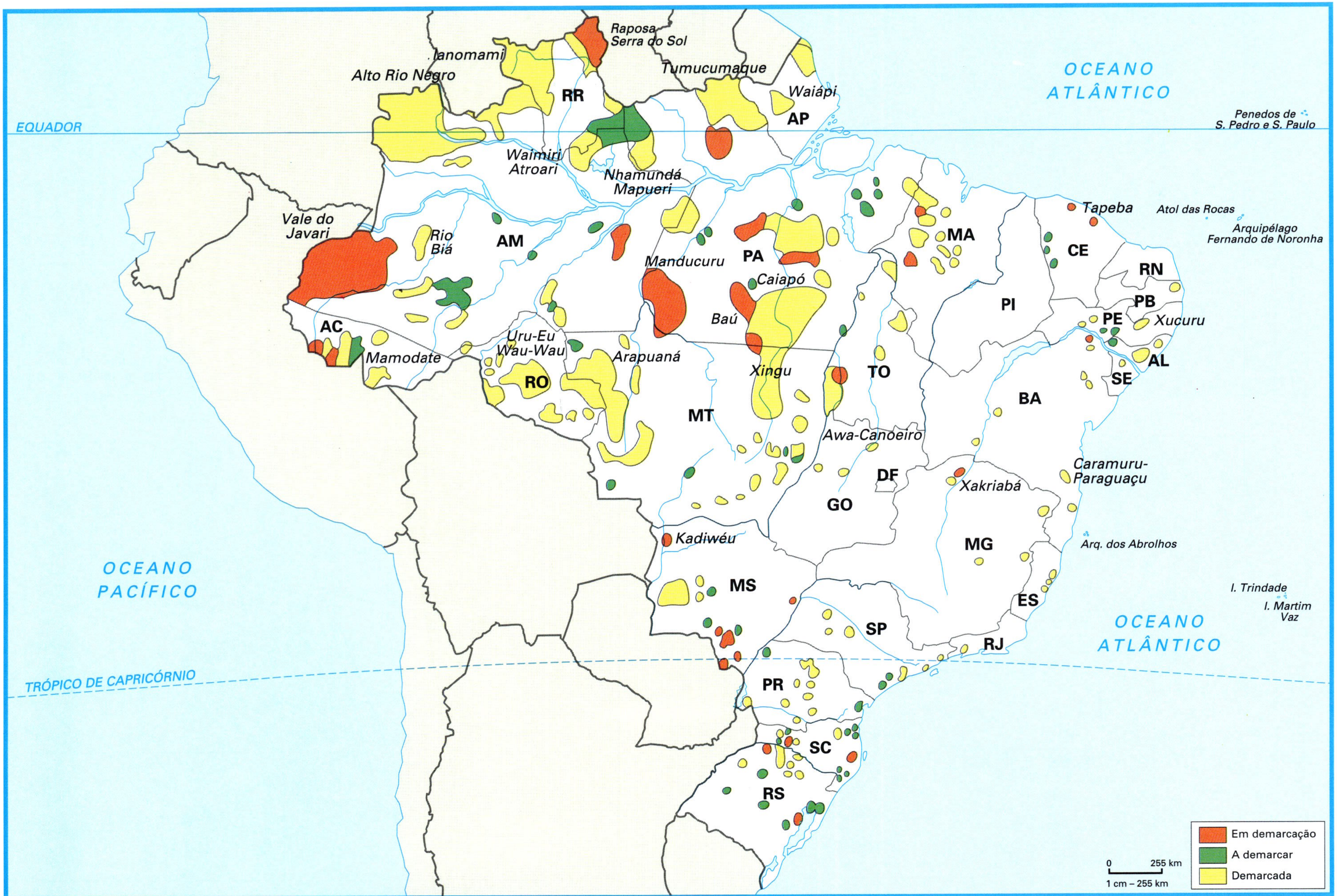

Fonte: Melhoramentos, 2002.

Brasil: Unidades de Conservação da Natureza

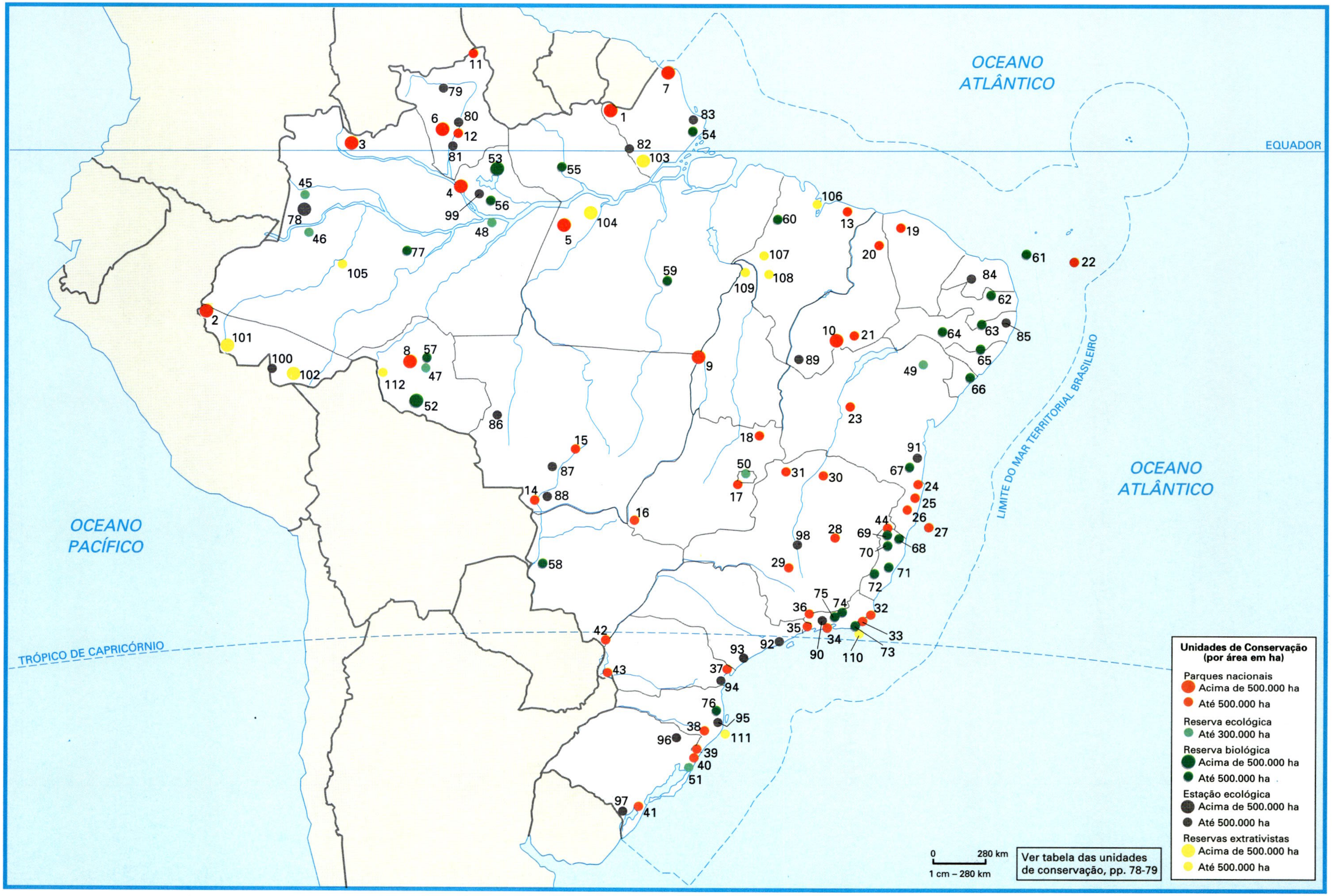

Fonte: Melhoramentos, 2002.

São Paulo

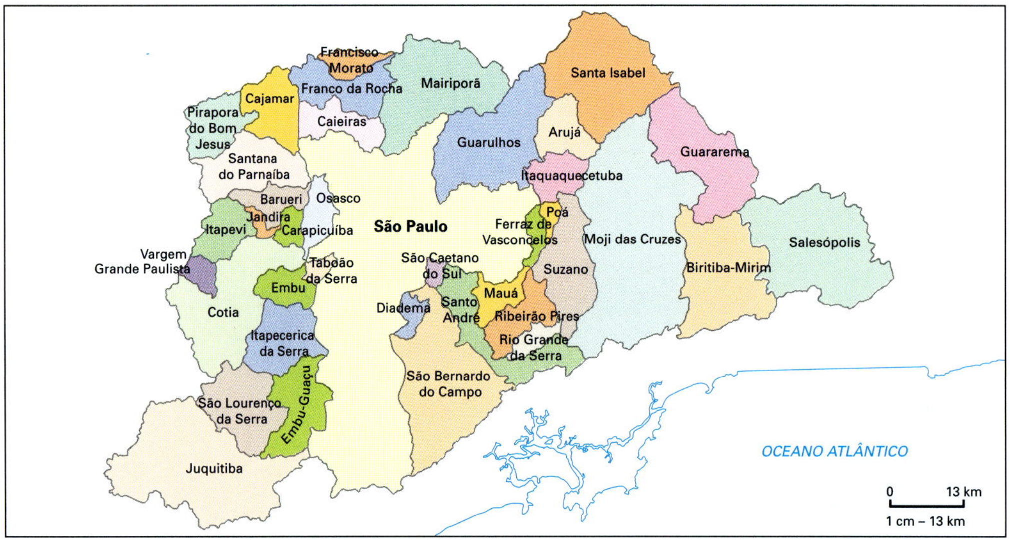

Baixada Santista

Rio de Janeiro

Fonte: IBGE, 2001.

Campinas

Vitória

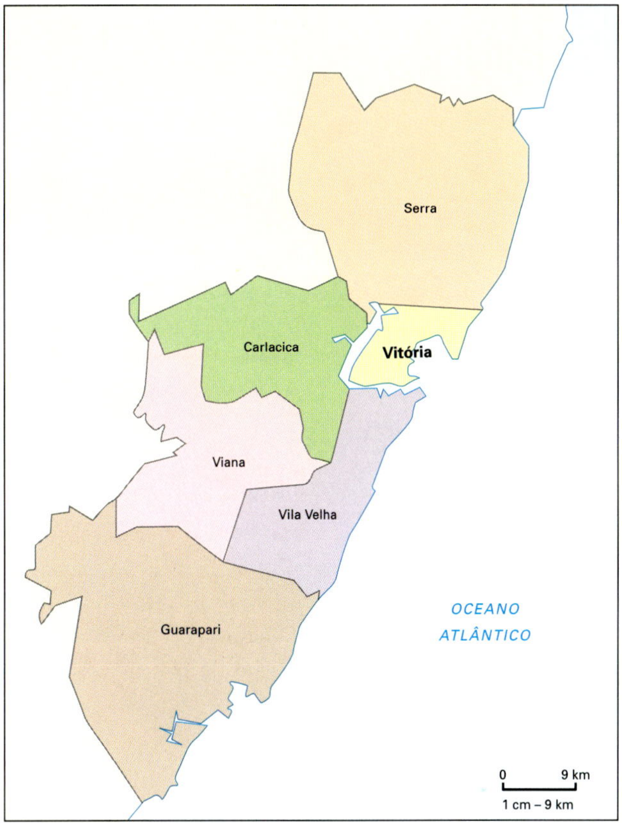

Curitiba

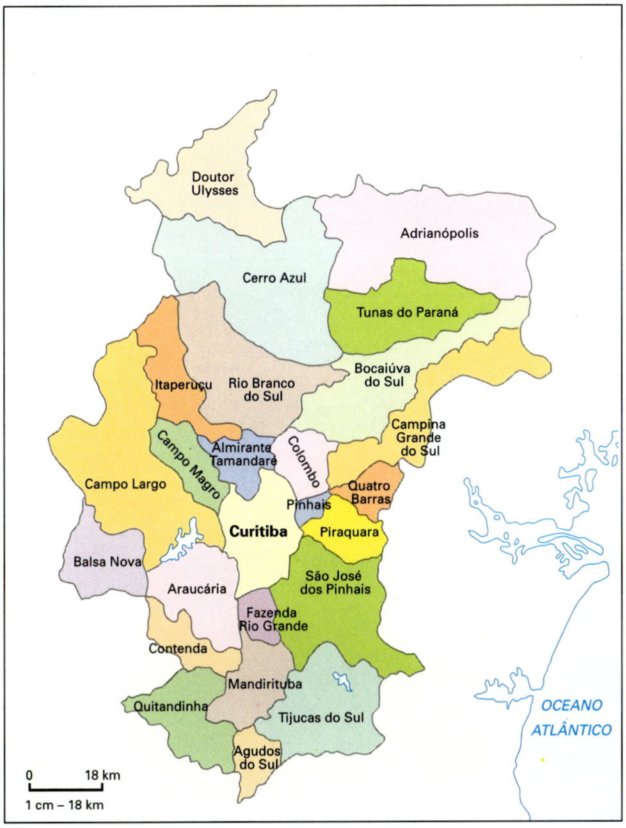

Porto Alegre

Fonte: IBGE, 2001.

Regiões Metropolitanas

Goiânia

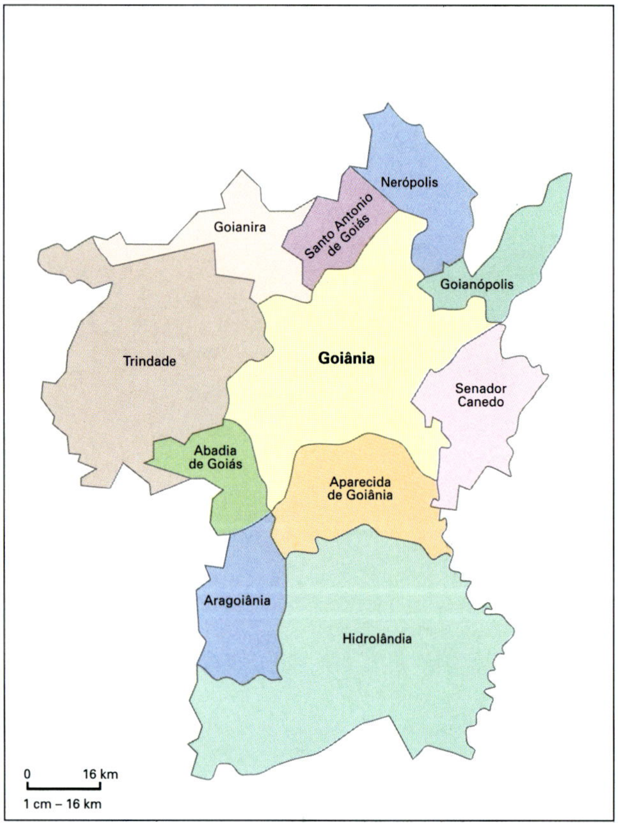

Belo Horizonte

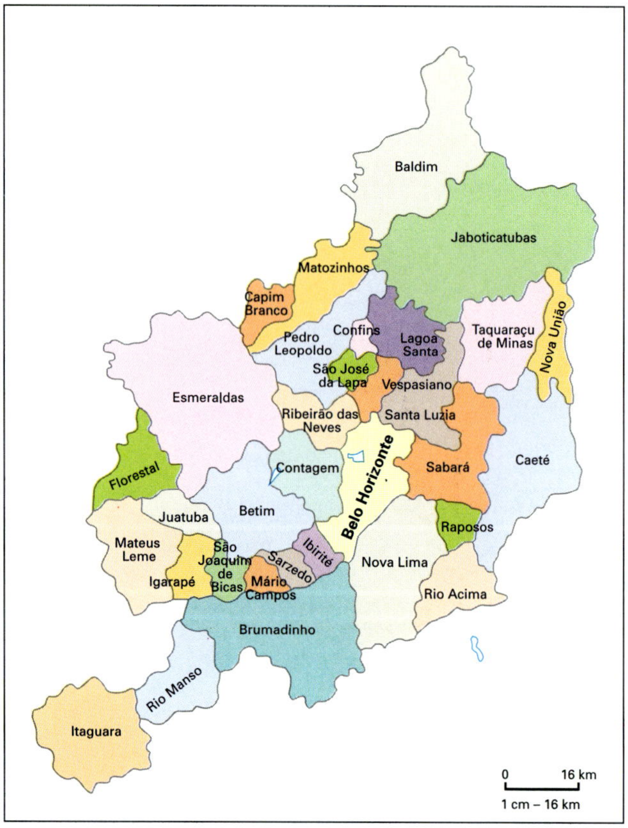

Salvador

Recife

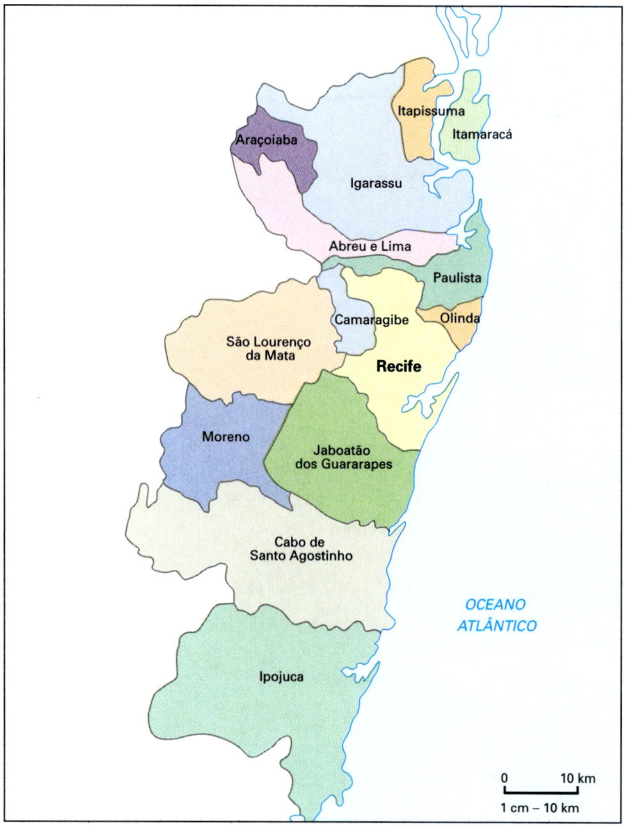

Fonte: IBGE, 2001.

Fortaleza

Natal

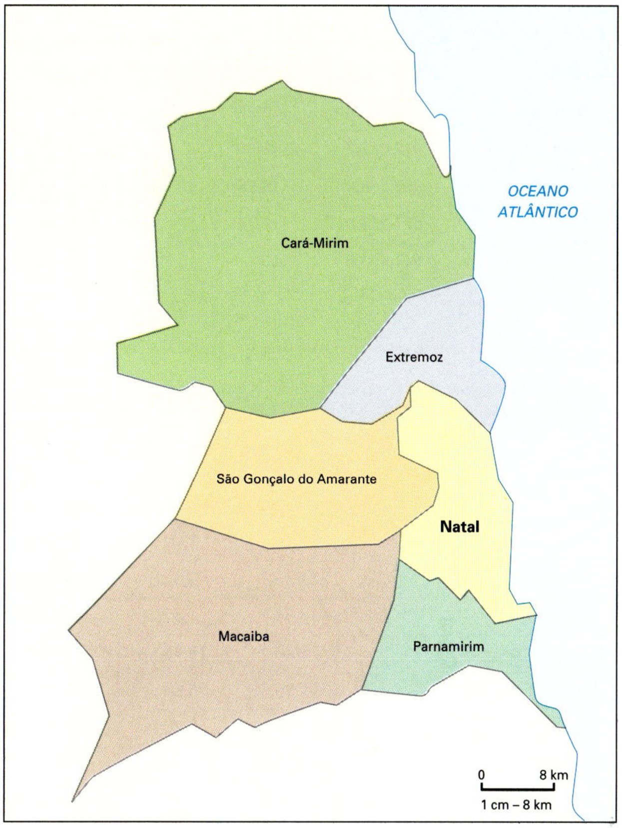

São Luís

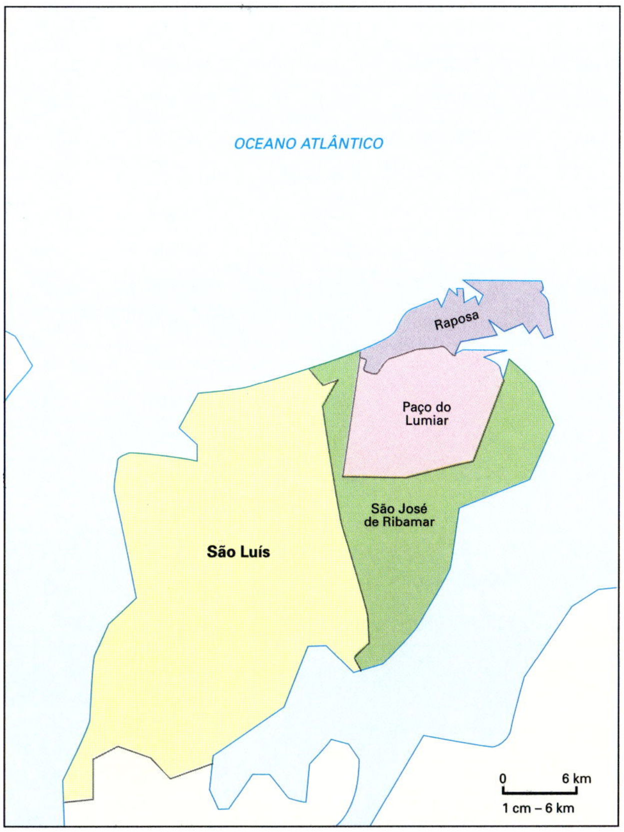

Belém

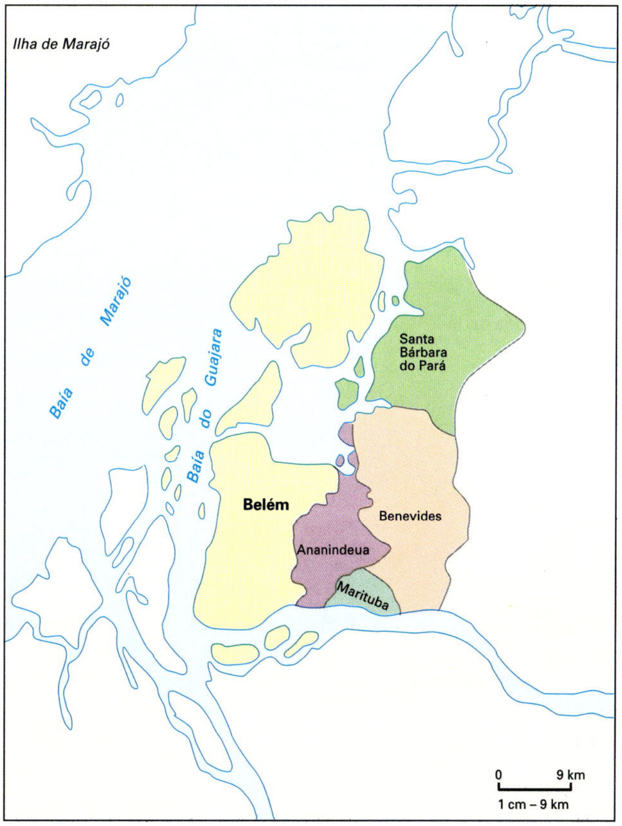

Fonte: IBGE, 2001.

Brasil: Tabelas

Regiões administrativas – área e população

	Área		População – 2000					
			Total		Urbana		Rural	
	Absoluta (km²)	Relativa (%)	Absoluta (hab.)	Relativa (%)	Absoluta (hab.)	Relativa (%)	Absoluta (hab.)	Relativa (%)
Norte	3.869.637,9	45,26	12.900.704	7,60	9.014.365	6,53	3.886.339	12,20
Nordeste	1.561.177,8	18,27	47.741.711	28,12	32.975.425	23,90	14.766.286	46,37
Centro-Oeste	1.612.077,2	18,86	11.636.728	6,85	1.009.297	7,32	1.543.752	4,85
Sudeste	927.286,2	10,85	72.412.411	42,64	65.549.194	47,51	6.863.217	21,55
Sul	577.214,0	6,76	25.107.616	14,79	20.321.999	14,73	4.785.617	15,03
BRASIL	8.547.403,5	100	169.799.170	100	137.953.959	100	31.845.211	100

Fonte: IBGE – Censo 2000.

Estados – área e população

	Área		População – 2000					
			Total		Urbana		Rural	
	Absoluta (km²)	Relativa (%)	Absoluta (hab.)	Relativa (%)	Absoluta (hab.)	Relativa (%)	Absoluta (hab.)	Relativa (%)
Acre	153.149,9	1,79	557.526	0,33	370.267	0,27	187.259	0,59
Alagoas	27.933,1	0,32	2.822.621	1,66	1.919.739	1,39	902.882	2,83
Amapá	143.453,7	1,67	477.032	0,28	424.683	0,31	52.349	0,16
Amazonas	1.577.820,2	18,46	2.812.557	1,66	2.107.222	1,53	705.335	2,21
Bahia	567.295,3	6,64	13.070.250	7,7	8.772.348	6,36	4.297.902	13,5
Ceará	146.348,6	1,72	7.430.661	4,37	5.315.318	3,85	2.115.343	6,64
Espírito Santo	46.184,1	0,54	3.097.232	1,82	2.463.049	1,78	634.183	1,99
Goiás	341.289,5	3,99	5.003.228	2,95	4.396.645	3,19	606.583	1,9
Maranhão	333.365,6	3,9	5.651.475	3,33	3.364.070	2,44	2.287.405	7,18
Mato Grosso	906.806,9	10,61	2.504.353	1,47	1.987.726	1,44	516.627	1,62
Mato Grosso do Sul	358.158,7	4,19	2.078.001	1,22	1.747.106	1,27	330.895	1,04
Minas Gerais	588.383,6	6,89	17.891.494	10,54	14.671.828	10,63	3.219.666	10,11
Pará	1.253.164,5	14,66	6.192.307	3,65	4.120.693	2,99	2.071.614	6,5
Paraíba	56.584,6	0,66	3.443.825	2,03	2.447.212	1,77	996.613	3,13
Paraná	199.281,7	2,34	9.563.458	5,64	7.786.084	5,64	1.777.374	5,58
Pernambuco*	98.937,8	1,16	7.918.344	4,67	6.058.249	4,39	1.860.095	5,84
Piauí	252.378,6	2,97	2.843.278	1,68	1.788.590	1,29	1.054.688	3,31
Rio de Janeiro	43.909,7	0,51	14.391.282	8,47	13.821.466	10,02	569.816	1,79
Rio Grande do Norte	53.306,8	0,62	2.776.782	1,63	2.036.673	1,48	740.109	2,32
Rio Grande do Sul	282.062,0	3,3	10.187.798	6	8.317.984	6,03	1.869.814	5,87
Rondônia	238.512,8	2,8	1.379.787	0,81	884.523	0,64	495.264	1,55
Roraima	225.116,1	2,64	324.397	0,19	247.016	0,18	77.381	0,24
Santa Catarina	95.442,9	1,12	5.356.360	3,15	4.217.931	3,06	1.138.429	3,57
São Paulo	248.808,8	2,91	37.032.403	21,81	34.592.851	25,07	2.439.552	7,66
Sergipe	22.050,3	0,26	1.784.475	1,05	1.273.226	0,92	511.249	1,6
Tocantins	278.420,7	3,26	1.157.098	0,68	859.961	0,62	297.137	0,93
Distrito Federal	5.822,1	0,07	2.051.149	1,2	1.961.499	1,42	89.647	0,28
BRASIL	8.547.403,9	100	169.799.170	100	137.953.959	100	31.845.211	100

Fonte: IBGE – Censo 2000.
* Incluindo Fernando de Noronha.

Capitais dos Estados – localização, altitude, população, distância de Brasília

Capital-Estado	Localização geográfica: Latitude Sul	Localização geográfica: Longitude Oeste de Greenwich	Altitude ao nível do mar (m)	População 2000	Distância rodoviária de Brasília (km)
Aracaju – Sergipe	10°54′40″	37°04′18″	4,9	461.534	1.748
Belém – Pará	01°27′21″	48°30′16″	10,8	1.280.614	2.120
Belo Horizonte – MInas Gerais	19°55′15″	43°56′16″	858,3	2.238.526	716
Boa Vista – Roraima	02°49′11″N	60°40′24″	85,1	324.397	4.275
Brasília – Distrito Federal	15°46′47″	47°55′47″	1.171,8	2.051.146	0
Campo Grande – Mato Grosso do Sul	20°26′34″	54°38′47″	532,1	663.621	1.134
Cuiabá – Mato Grosso	15°35′46″	56°05′48″	176,7	483.346	1.133
Curitiba – Paraná	25°25′40″	49°16′23″	934,6	1.587.315	1.386
Florianópolis – Santa Catarina	27°35′48″	48°32′57″	22,7	342.315	1.673
Fortaleza – Ceará	03°43′02″	38°32′35″	27,0	2.141.402	2.285
Goiânia – Goiás	16°40′43″	49°15′14″	749,5	1.093.007	209
João Pessoa – Paraíba	07°06′54″	34°51′47″	47,4	597.934	2.230
Macapá – Amapá	00°02′20″N	51°03′59″	16,5	283.308	-
Maceió – Alagoas	09°39′57″	35°44′07″	16,6	797.759	2.013
Manaus – Amazonas	03°06′07″	60°01′30″	92,9	1.405.835	3.490
Natal – Rio Grande do Norte	05°47′42″	35°12′34″	30,9	712.317	2.507
Palmas – Tocantins	10°12′46″	48°21′37″	230,0	137.355	920
Porto Alegre – Rio Grande do Sul	30°01′59″	51°13′48″	7,3	1.360.590	2.027
Porto Velho – Rondônia	08°45′43″	63°54′14″	85,2	334.661	2.589
Recife – Pernambuco	08°03′14″	34°52′52″	4,5	1.422.905	2.220
Rio Branco – Acre	09°58′29″	67°48′36″	152,5	253.059	3.123
Rio de Janeiro – Rio de Janeiro	22°54′10″	43°12′27″	2,3	5.857.904	1.148
Salvador – Bahia	12°58′16″	38°30′39″	8,3	2.443.107	1.531
São Luís – Maranhão	02°31′47″	44°18′10″	24,4	870.028	2.157
São Paulo – São Paulo	23°32′51″	46°38′10″	760,2	10.434.252	1.015
Teresina – Piauí	05°05′21″	42°48′07″	72,7	715.360	1.789
Vitória – Espírito Santo	20°19′10″	40°20′16″	3,3	292.304	1.238

Fonte: IBGE – Censo 2000.

Regiões metropolitanas

Regiões metropolitanas	População residente principal	População da cidade demográfica	Densidade	Área dos municípios (km²)	Número de municípios
Baixada Santista	1.476.820	417.983	614,70	2.402,5	09
Belém	1.795.539	1.280.614	986,83	1.819,5	05
Belo Horizonte	4.819.288	2.238.526	334,28	14.416,7	33
Campinas	2.338.148	969.396	641,36	3.645,6	19
Curitiba	2.726.556	1.587.315	204,61	13.325,8	25
Fortaleza	2.984.689	2.141.402	602,48	4.954,0	13
Goiânia	1.639.516	1.093.007	3.998,33	410,05	11
Natal	1.043.321	712.317	547,21	1.906,6	06
Porto Alegre	3.658.376	1.360.590	445,48	8.212,2	28
Recife	3.337.565	1.422.905	1.216,89	2.742,7	14
Rio de Janeiro	10.894.156	5.857.904	1.903,21	5.724,1	19
Salvador	3.021.572	2.443.107	1.291,49	2.339,6	10
São Luís	1.070.688	870.028	740,14	1.446,6	04
São Paulo	17.878.703	10.434.252	2.250,68	7.943,7	39
Vitória	1.425.587	292.304	706,61	2.017,5	06
*RIDE**	2.952.276	2.051.146	55.182,73	55,1	28

Fonte: IBGE – Censo 2000.
Elaborado por Regina Célia Pedro Noffs.
*RIDE: Em 1998, o Senado aprovou um projeto que autoriza a Presidência da República a instituir a Região Integrada de Desenvolvimento do Entorno (RIDE). Ela é composta por municípios das unidades da federação de MG, GO, e DF.

Principais Unidades de Conservação da Natureza

Parques Nacionais	UF
Acima de 500.000 ha	
1 - Montanhas do Tumucumaque	AP/PA
2 - Serra do Divisor	AC
3 - Pico da Neblina	AM
4 - Jaú	AM
5 - Amazônia	AM/PA
6 - Serra da Mocidade	RR
7 - Cabo Orange	AP
8 - Paacás Novos	RO
9 - Araguaia	TO
10 - Serra das Confusões	PI
Até 500.000 ha	
11 - Monte Roraima	RR
12 - Viruá	RR
13 - Lençóis Maranhenses	MA
14 - Pantanal Mato-Grossense	MT
15 - Chapada dos Guimarães	MT
16 - Emas	GO
17 - Brasília	DF
18 - Chapada dos Veadeiros	GO
19 - Ubajara	CE
20 - Sete Cidades	PI
21 - Serra da Capivara	PI
22 - Marinho de Fernando de Noronha	PE
23 - Chapada Diamantina	BA
24 - Pau-Brasil	BA
25 - Monte Pascal	BA
26 - Descobrimento	BA
27 - Marinho dos Abrolhos	BA
28 - Serra do Cipó	MG
29 - Serra da Canastra	MG
30 - Cavernas do Peruaçu	MG
31 - Grandes Sertões Veredas	MG/BA
32 - Restinga de Jurubatiba	RJ
33 - Serra dos Órgãos	RJ
34 - Tijuca	RJ
35 - Serra da Bocaina	SP
36 - Itatiaia	RJ/MG
37 - Superagui	PR
38 - São Joaquim	SC
39 - Aparados da Serra	SC/RS
40 - Serra Geral	SC/RS
41 - Lagoa dos Peixes	RS
42 - Ilha Grande	MS/PR
43 - Iguaçu	PR
44 - Caparaó	MG/ES
Reservas Ecológicas	**UF**
Até 300.000 ha	
45 - Juami-Japurá	AM
46 - Jutaí-Solimões	AM
47 - Ouro Preto do Oeste	RO
48 - Sauim-Castanheira	AM
49 - Raso da Catarina	BA
50 - Roncador	DF
51 - Ilha dos Lobos	RS
Reservas Biológicas	**UF**
Acima de 500.000 ha	
52 - Guaporé	RO
53 - Uatumã	AM

Até 500.000 ha	
54 - Lago Piratuba	AP
55 - Rio Trombetas	PA
56 - Campina	AM
57 - Jaru	RO
58 - Pantanal Arenoso	MS
59 - Tapirapé	PA
60 - Gurupi	MA
61 - Atol das Rocas	RN
62 - Guaribas	PB
63 - Saltinho	PE
64 - Serra Negra	PE
65 - Serra Talhada	PE/AL
66 - Santa Isabel	SE
67 - Una	BA
68 - Córrego Grande	ES
69 - Córrego do Veado	ES
70 - Sooretama	ES
71 - Comboios	ES
72 - Augusto Rusch	ES
73 - Fazenda União	RJ
74 - Poço das Antas	RJ
75 - Tinguá	RJ
76 - Marinho do Arvoredo	SC
77 - Abufari	AM
Estações Ecológicas	UF
Acima de 500.000 ha	
78 - Juami-Japurá	AM
Até 500.000 ha	
79 - Maracá	RR
80 - Caracaraí	RR
81 - Niquiá	RR
82 - Jari	AP/PA
83 - Maracá-Jipioca	AP
84 - Seridó	RN
85 - Tapacurá	PE
86 - Iquê	MT
87 - Serra das Araras	MT
88 - Taimá	MT
89 - Uruçuí-Una	PI
90 - Tamoios	RJ
91 - Pau-Brasil	BA
92 - Tupinambás	SP
93 - Tupiniquins	SP
94 - Guaraqueçaba	PR
95 - Carijós	SC
96 - Aracuri-Esmeralda	RS
97 - Taim	RS
98 - Pirapitinga	MG
99 - Anavilhanas	AM
100 - Rio Acre	AC
Reservas Extrativistas	UF
Acima de 500.000 ha	
101 - Alto Juruá	AC
102 - Chico Mendes	AC
103 - Rio Cajari	AP
104 - Tapajós Arapiuns	PA
Até 500.000 ha	
105 - Médio Juruá	AM
106 - Quilombo Flexal	MA
107 - Ciríaco	MA
108 - Mata Grande	MA
109 - Extremo Norte do Tocantins	TO
110 - Marinha do Arraial do Cabo	RJ
111 - Marinha do Pirajubaê	SC
112 - Rio Ouro Preto	RO

Concentração agrária, por grupos de área total, em percentual – Brasil – 1980, 1985 e 1995

Grupos de Área Total (ha)	1980		1985		1995	
	Unidades %	Área %	Unidades %	Área %	Unidades %	Área %
Menos de 10	50,35	2,47	52,83	2,66	49,43	2,23
De 10 a 50	31,49	10,18	29,68	10,52	3,12	9,97
De 51 a 100	7,58	7,50	7,55	8,04	8,24	7,76
De 101 a 500	8,33	23,74	7,89	24,13	8,47	23,57
De 501 a 1.000	1,12	11,01	1,03	10,92	1,20	11,36
Mais de 1.000	0,92	45,13	0,87	43,74	1,02	45,20

Fonte: www.ministeriodaagricultura.gov – 2000.

Distribuição da população ativa por setores de atividades (em %)

Setor Primário	Setor Secundário	Setor terciário						
		Comércio	Serviços	Administração pública	Atividades sociais	Transportes e comunicações	Outros	Total
24,2	19,3	13,4	19,2	4,6	9,6	3,9	5,8	56,5

Fonte: Censo IBGE, 2000.

Distribuição de renda no Brasil (entre a população economicamente ativa)

	Participação por rendimentos (em %)	
	1960	2000
Os 60% mais pobres	23,4	18
Os 30% intermediários	37	34,4
Os 10% mais ricos	39,6	47,6
Total	100	100

Fonte: IBGE e World Bank 1991 e 2001.

Taxa de natalidade/1.000 hab. e esperança de vida ao nascer

Ano	1990	1995	2000	2001
Nascimentos/1.000 hab.	23,5	21,11	20,04	19,89
Idade	65,75	67,26	68,56	68,82

Fonte: IBGE e World Bank 1991 e 2001.

Mortalidade infantil (por mil nascidos vivos), segundo as regiões do Brasil

Região	‰
Norte	34,1
Nordeste	53
Centro-Oeste	24,5
Sudeste	24,4
Sul	20,7

Escolaridade (em %)

	1991	2000
Sem instrução e menos de 1 ano	24,5	18,2
1 a 3 anos	19	18,5
4 anos	21	17,9
5 a 7 anos	9,2	12,8
8 a 10 anos	9,9	12,7
11 a 14 anos	10,7	15,1
15 anos e mais	5,7	6,5

Fonte: IBGE, 2000.

Rios mais Extensos

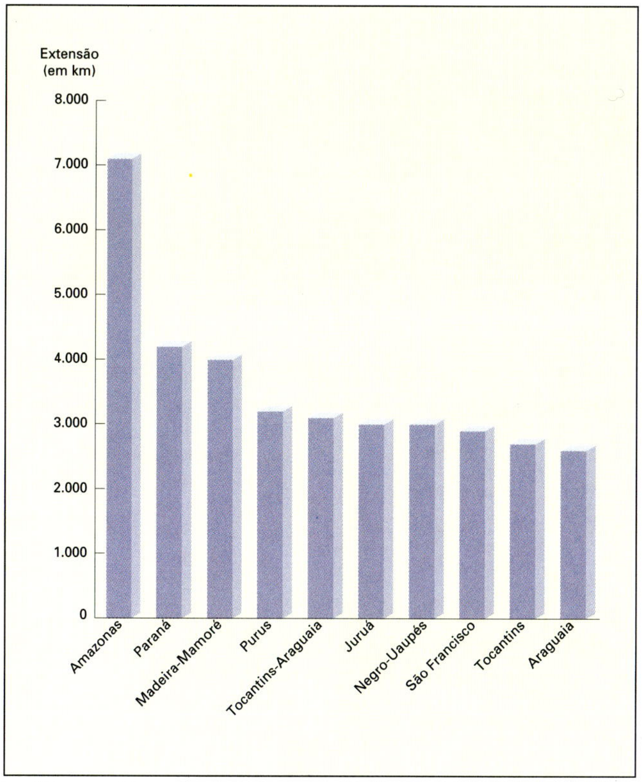

Fonte: Melhoramentos, 2002.

Bacias Hidrográficas

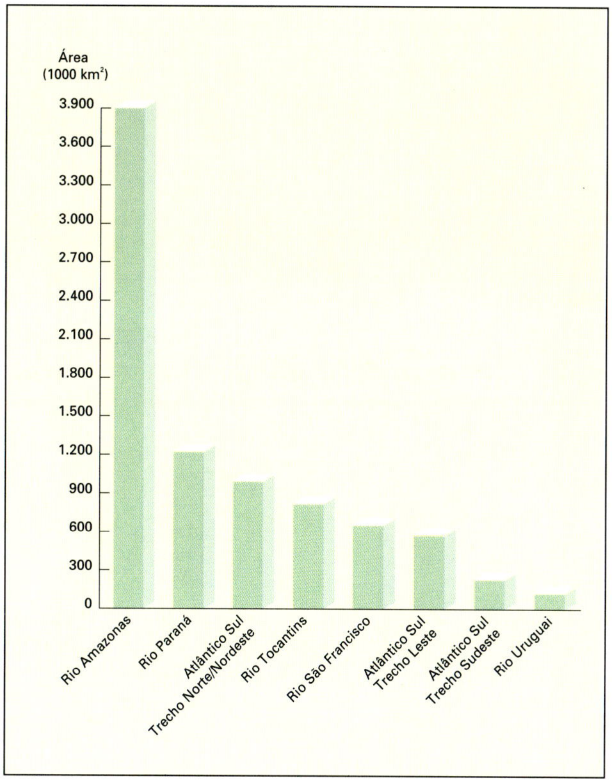

Fonte: Melhoramentos, 2002.

Principais Represas (segundo área inundada – 2000)

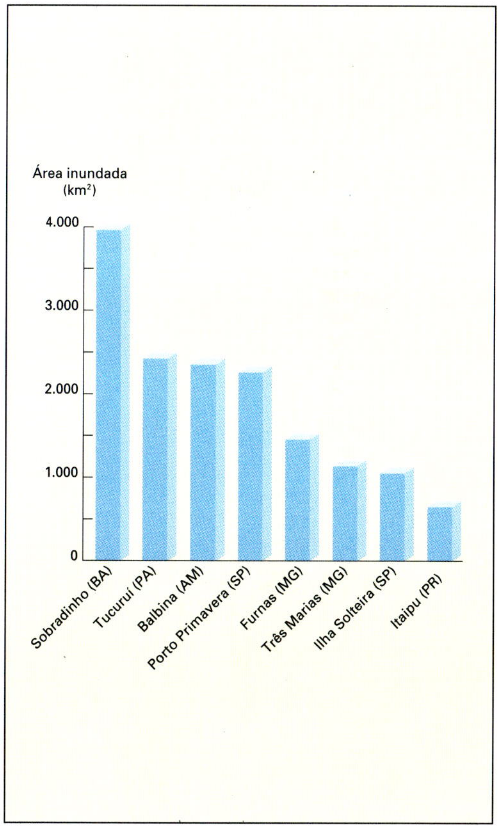

Fonte: Melhoramentos, 2002.

Principais Açudes (segundo a capacidade total – 2000)

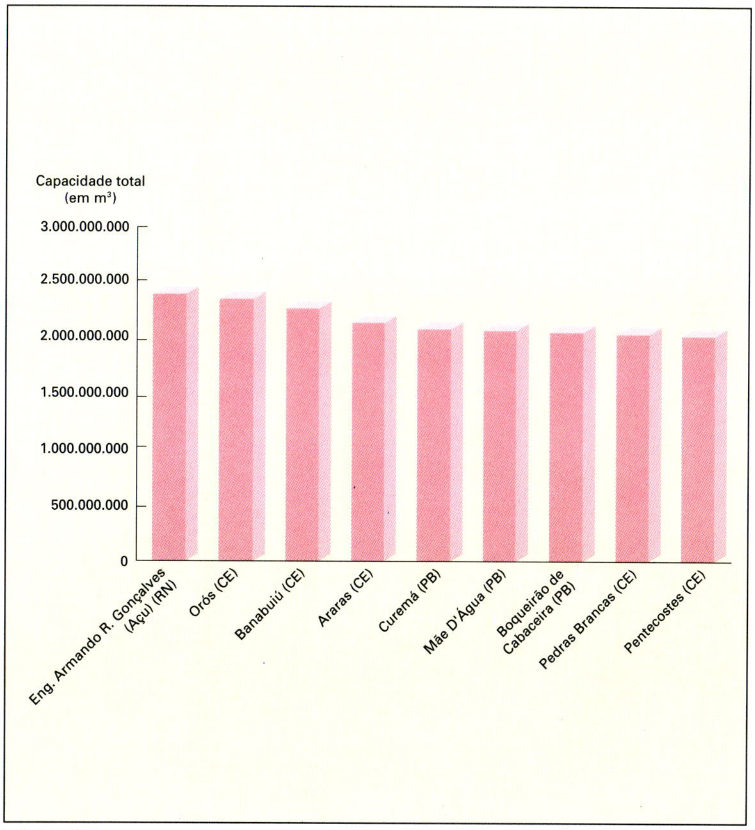

Fonte: Dnocs, 2001.

Produção e Consumo de Energia – 2000
(não-renovável e renovável)

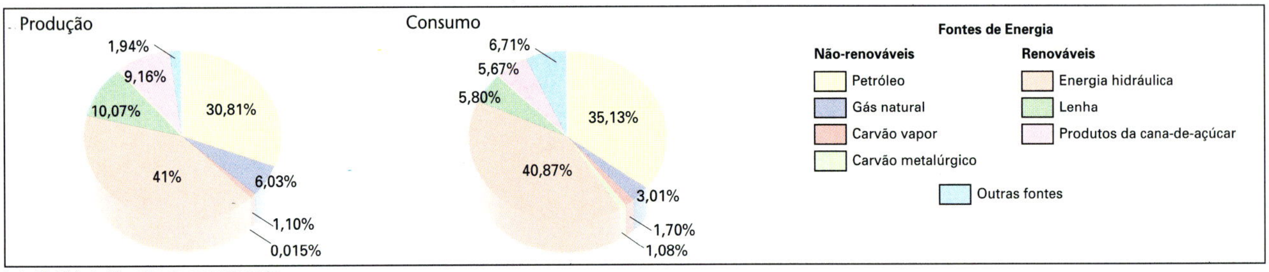

Fonte: Ministério das Minas e Energia – www.mme.gov.br.

Principais Reservas Minerais – 2000

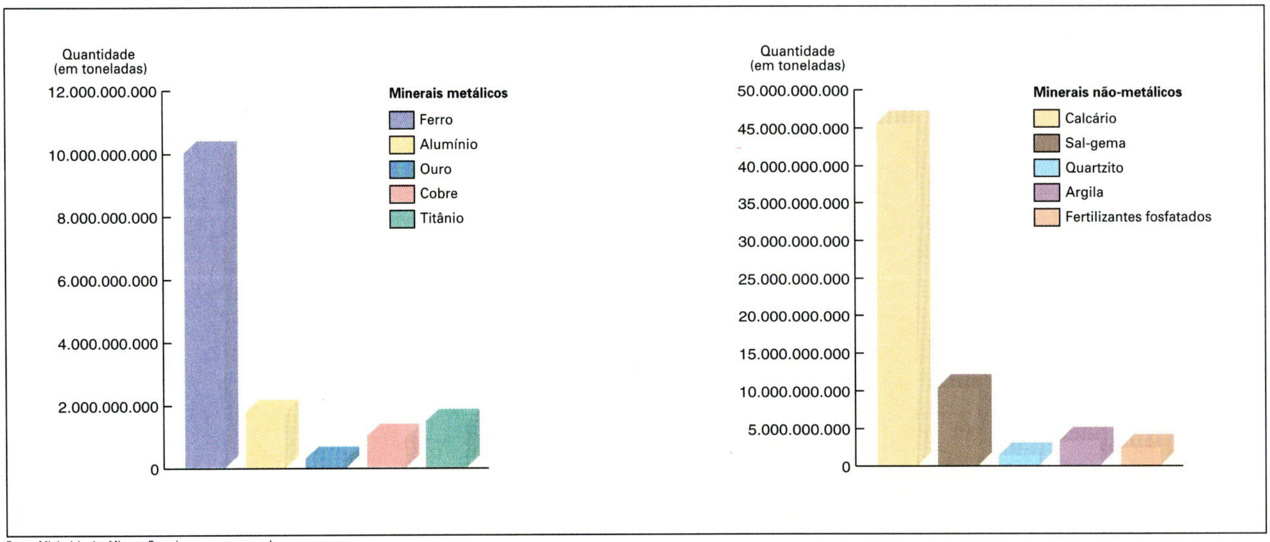

Fonte: Ministério das Minas e Energia – www.mme.gov.br.

Principais Portos
(por movimento de carga – 2000)

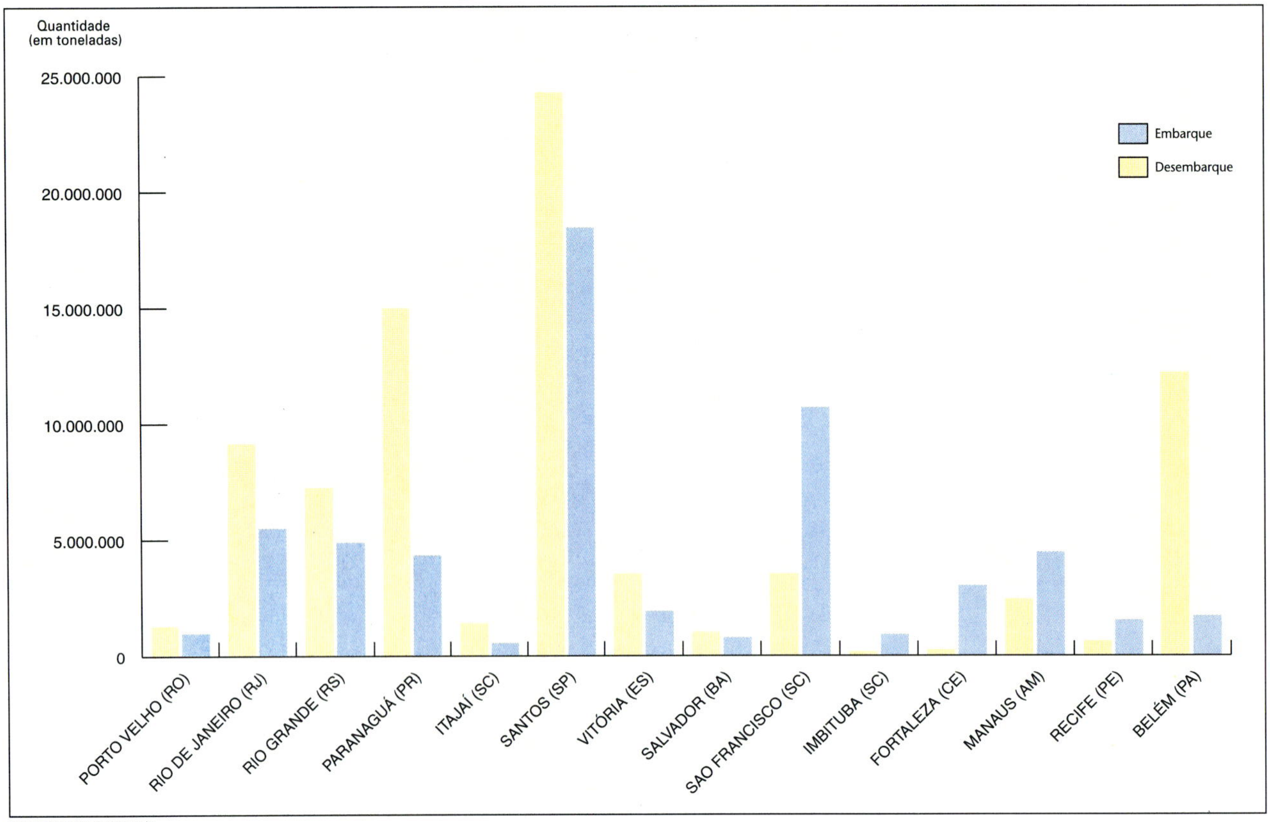

Fonte: www.transportes.gov.br

Pirâmides Etárias da População

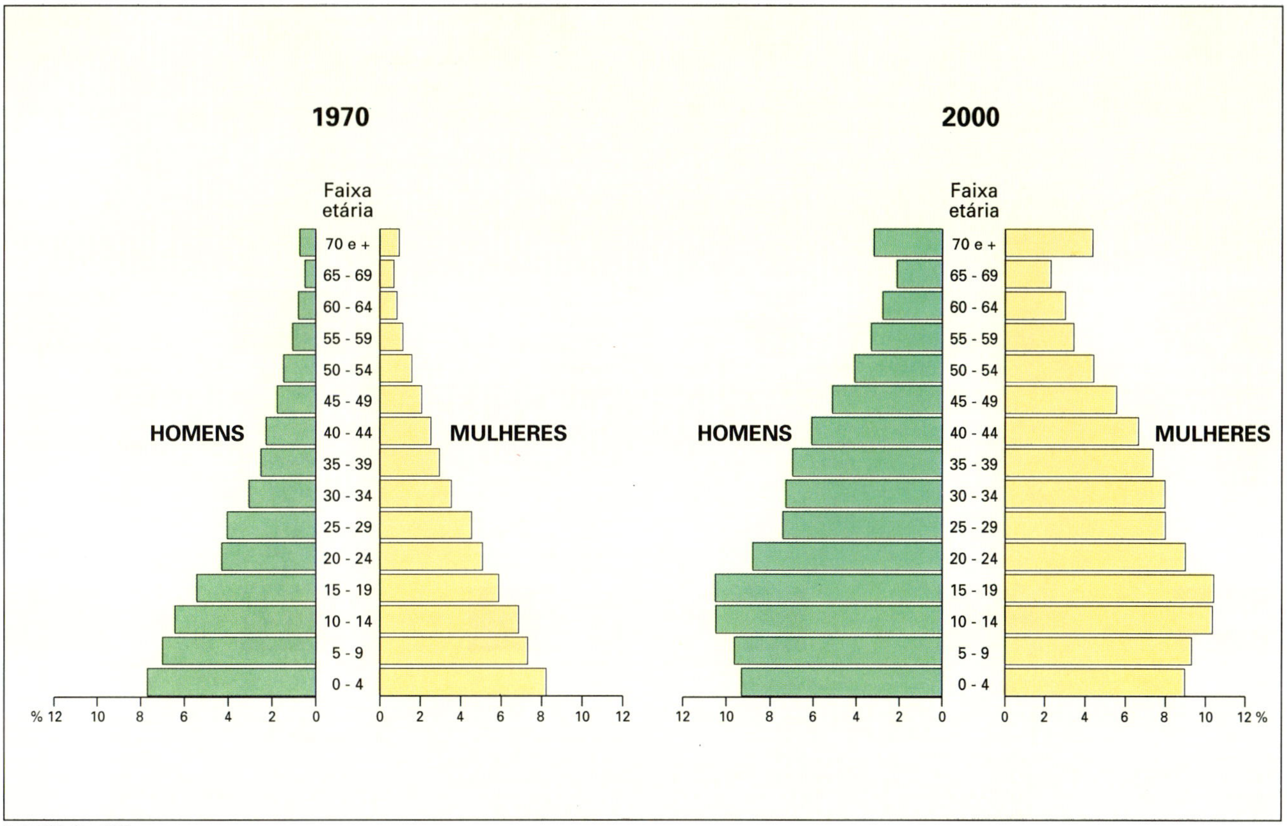

Fonte: IBGE – Censo 2000.

População Rural e População Urbana

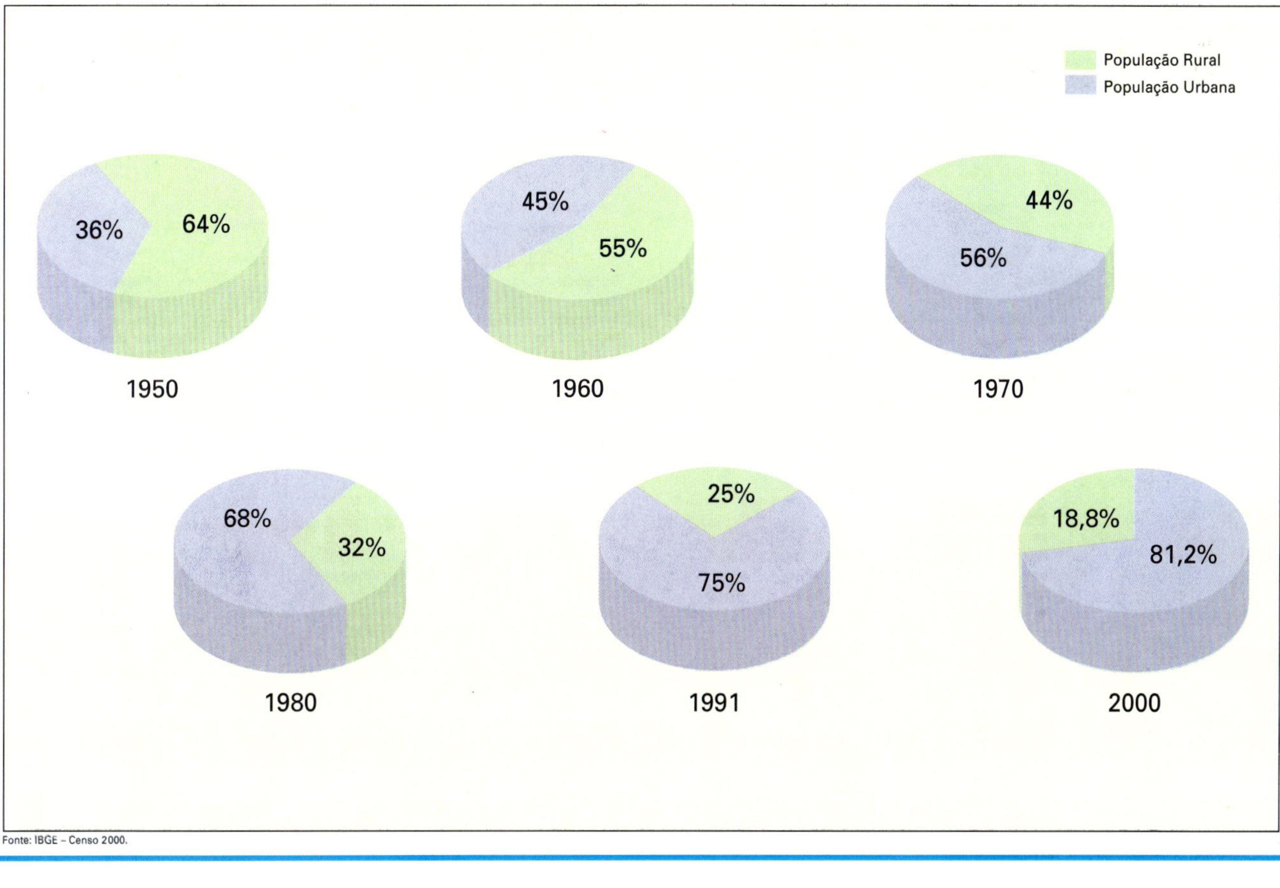

Fonte: IBGE – Censo 2000.

Países do Mundo: Bandeiras

Afeganistão
Ásia central
Forma de governo: de transição
Área: 652.090 km^2
População: 22.500.000 hab.
Densidade: 34,5 hab./km^2
Capital: Cabul
Línguas: persa*, pachto*, dari, usbeque, turcomano
Renda per capita: c. US$ 300
Mortalidade infantil: 161,3 ‰

África do Sul
Sul da África
Forma de governo: república presidencialista
Área: 1.221.040 km^2
População: 43.800.000 hab.
Densidade: 35,87 hab./km^2
Capitais: Pretória, Cidade do Cabo e Bloemfontein
Línguas: africâner*, inglês, 11 línguas africanas
Renda per capita: US$ 3.170
Mortalidade infantil: 59,2‰

Albânia
Sudeste da Europa
Forma de governo: república parlamentarista
Área: 28.750 km^2
População: 3.100.000 hab.
Densidade: 107,83 hab./km^2
Capital: Tirana
Línguas: albanês, grego, macedônio
Renda per capita: US$ 930
Mortalidade infantil: 25‰

Alemanha
Europa central
Forma de governo: república parlamentarista
Área: 356.910 km^2
População: 82.000.000 hab.
Densidade: 229,75 hab./km^2
Capital: Berlim
Línguas: alemão*, sorábio, turco
Renda per capita: US$ 25.620
Mortalidade infantil: 4,6‰

Andorra
Sudoeste da Europa
Forma de governo: democracia parlamentarista
Área: 468 km^2
População: 66.000 hab.
Densidade: 141,03 hab./km^2
Capital: Andorra la Vella
Línguas: catalão*, espanhol, francês, português
Renda per capita: US$ 16.200
Mortalidade infantil: 5‰

Angola
Sul da África
Forma de governo: república presidencialista
Área: 1.246.700 km^2
População: 13.500.000 hab.
Densidade: 10,83 hab./km^2
Capital: Luanda
Línguas: português*, umbundo, quimbundo, congo
Renda per capita: US$ 270
Mortalidade infantil: 117,7‰

Antígua e Barbuda
América Central (Caribe)
Forma de governo: democracia parlamentarista
Área: 440 km^2
População: 67.000 hab.
Densidade: 152,27 hab./km^2
Capital: Saint John's
Línguas: inglês*, crioulo inglês
Renda per capita: US$ 8.990
Mortalidade infantil: 16‰

Arábia Saudita
Sudoeste da Ásia
Forma de governo: monarquia absoluta
Área: 2.149.690 km^2
População: 21.000.000 hab.
Densidade: 9,77 hab./km^2
Capital: Riad
Línguas: árabe*
Renda per capita: US$ 6.900
Mortalidade infantil: 20,6‰

Argélia
Norte da África
Forma de governo: república
Área: 2.381.740 km^2
População: 30.800.000 hab.
Densidade: 12,93 hab./km^2
Capital: Argel
Línguas: árabe*, bérbere, francês
Renda per capita: US$ 1.550
Mortalidade infantil: 42,8‰

Argentina
América do Sul
Forma de governo: república presidencialista
Área: 2.766.890 km^2
População: 37.500.000 hab.
Densidade: 13,55 hab./km^2
Capital: Buenos Aires
Línguas: espanhol*, italiano, inglês, alemão, francês, línguas indígenas
Renda per capita: US$ 7.550
Mortalidade infantil: 20‰

Armênia
Sudoeste da Ásia
Forma de governo: república parlamentarista
Área: 29.000 km^2
População: 3.800.000 hab.
Densidade: 131,03 hab./km^2
Capital: Erevan
Línguas: armênio*, azerbaijano, russo, curdo
Renda per capita: US$ 490
Mortalidade infantil: 15,4‰

Austrália
Oceania
Forma de governo: democracia parlamentarista
Área: 7.686.850 km^2
População: 19.300.000 hab.
Densidade: 2,51 hab./km^2
Capital: Camberra
Línguas: inglês*, grego, italiano, malaio, vietnamita, aborígine
Renda per capita: US$ 20.950
Mortalidade infantil: 5‰

Áustria
Europa central
Forma de governo: república parlamentarista
Área: 83.850 km^2
População: 8.100.000 hab.
Densidade: 96,6 hab./km^2
Capital: Viena
Línguas: alemão*, servo-croata, esloveno, húngaro
Renda per capita: US$ 25.430
Mortalidade infantil: 4,7‰

Azerbaijão
Sudoeste da Ásia
Forma de governo: república
Área: 86.600 km^2
População: 8.100.000 hab.
Densidade: 93,53 hab./km^2
Capital: Baku
Línguas: azerbaijano*, russo, armênio
Renda per capita: US$ 460
Mortalidade infantil: 29,3‰

Bahamas
América Central (Caribe)
Forma de governo: democracia parlamentarista
Área: 13.880 km^2
População: 300.000 hab.
Densidade: 21,61 hab./km^2
Capital: Nassau
Línguas: inglês*, crioulo inglês
Renda per capita: US$ 12.400
Mortalidade infantil: 17,2‰

Bahrein
Sudoeste da Ásia
Forma de governo: monarquia absoluta
Área: 680 km^2
População: 600.000 hab.
Densidade: 882,35 hab./km^2
Capital: Manama
Línguas: árabe*, inglês, urdu
Renda per capita: US$ 7.640
Mortalidade infantil: 14,4‰

Bangladesh
Sul da Ásia
Forma de governo: república parlamentarista
Área: 143.998 km^2
População: 140.400.000 hab.
Densidade: 975,01 hab./km^2
Capital: Daca
Línguas: bengali*, urdu, chakma, marma, garo, khasi
Renda per capita: US$ 370
Mortalidade infantil: 67‰

Barbados
América Central (Caribe)
Forma de governo: democracia parlamentarista
Área: 430 km^2
População: 300.000 hab.
Densidade: 697,67 hab./km^2
Capital: Bridgetown
Línguas: inglês*, crioulo inglês
Renda per capita: US$ 8.600
Mortalidade infantil: 10,9‰

Belarus
Europa oriental
Forma de governo: república
Área: 207.600 km^2
População: 10.100.000 hab.
Densidade: 48,65 hab./km^2
Capital: Minsk
Línguas: bielo-russo*, russo*
Renda per capita: US$ 2.620
Mortalidade infantil: 12‰

Bélgica
Noroeste da Europa
Forma de governo: monarquia constitucional
Área: 33.100 km^2
População: 10.300.000 hab.
Densidade: 311,18 hab./km^2
Capital: Bruxelas
Línguas: francês*, holandês*, alemão, flamengo
Renda per capita: US$ 24.650
Mortalidade infantil: 4,2‰

Belize
América Central
Forma de governo: democracia parlamentarista
Área: 22.960 km^2
População: 200.000 hab.
Densidade: 8,71 hab./km^2
Capital: Belmopan
Línguas: inglês*, crioulo inglês, espanhol
Renda per capita: US$ 2.730
Mortalidade infantil: 30‰

Benin
África ocidental
Forma de governo: república presidencialista
Área: 112.620 km^2
População: 6.400.000 hab.
Densidade: 56,83 hab./km^2
Capital: Porto-Novo
Línguas: francês*, fon, adja, ioruba
Renda per capita: US$ 380
Mortalidade infantil: 80,6‰

Bolívia
América do Sul
Forma de governo: república presidencialista
Área: 1.098.580 km^2
População: 8.500.000 hab.
Densidade: 7,74 hab./km^2
Capitais: La Paz e Sucre
Línguas: espanhol*, quíchua*, aimará*
Renda per capita: US$ 990
Mortalidade infantil: 55,6‰

Bósnia-Herzegovina
Sudeste da Europa
Forma de governo: república presidencialista
Área: 51.130 km^2
População: 4.100.000 hab.
Densidade: 80,19 hab./km^2
Capital: Sarajevo
Línguas: bósnio*
Renda per capita: US$ 1.210
Mortalidade infantil: 13,5‰

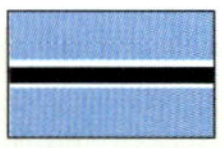

Botsuana
Sul da África
Forma de governo: república presidencialista
Área: 581.730 km^2
População: 1.600.000 hab.
Densidade: 2,75 hab./km^2
Capital: Gaborone
Línguas: inglês*, tsuana, shona, san
Renda per capita: US$ 3.240
Mortalidade infantil: 67,2‰

Brasil
América do Sul
Forma de governo: república presidencialista
Área: 8.511.970 km^2
População: 176.262.000 hab.
Densidade: 20,71 hab./km^2
Capital: Brasília
Línguas: português*, línguas indígenas, pequenas minorias: alemão, italiano, japonês
Renda per capita: US$ 3.430
Mortalidade infantil: 29,6‰

Brunei
Sudeste da Ásia
Forma de governo: monarquia absoluta
Área: 5.770 km^2
População: 300.000 hab.
Densidade: 51,99 hab./km^2
Capital: Bandar Seri Begawan
Línguas: malaio*, inglês, chinês
Renda per capita: US$ 24.620
Mortalidade infantil: 8,6‰

Bulgária
Sudeste da Europa
Forma de governo: república parlamentarista
Área: 110.910 km^2
População: 7.900.000 hab.
Densidade: 71,23 hab./km^2
Capital: Sófia
Línguas: búlgaro*, turco, macedônio, romani, armênio
Renda per capita: US$ 1.410
Mortalidade infantil: 15,2‰

Burkina Fasso
África ocidental
Forma de governo: república
Área: 274.200 km^2
População: 11.900.000 hab.
Densidade: 43,4 hab./km^2
Capital: Uagadugu
Línguas: francês*, mossi, fulani
Renda per capita: US$ 240
Mortalidade infantil: 86,6‰

Burundi
África central
Forma de governo: república presidencialista
Área: 27.830 km^2
População: 6.500.000 hab.
Densidade: 233,56 hab./km^2
Capital: Bujumbura
Línguas: quirundi*, francês*, suaili
Renda per capita: US$ 120
Mortalidade infantil: 111‰

Butão
Sudeste da Ásia
Forma de governo: monarquia constitucional
Área: 47.000 km^2
População: 1.600.000 hab.
Densidade: 34,04 hab./km^2
Capital: Thimphu
Línguas: dzonga*, nepalês, assamês
Renda per capita: US$ 510
Mortalidade infantil: 53,6‰

Cabo Verde
Oceano Atlântico, África ocidental
Forma de governo: república parlamentarista
Área: 4.030 km^2
População: 400.000 hab.
Densidade: 99,26 hab./km^2
Capital: Praia
Línguas: português*, crioulo
Renda per capita: US$ 1.330
Mortalidade infantil: 49,6‰

Camarões
África central
Forma de governo: república presidencialista
Área: 475.440 km^2
População: 15.200.000 hab.
Densidade: 31,97 hab./km^2
Capital: Iaundê
Línguas: inglês*, francês*, fang, bulu, iaundê, duala
Renda per capita: US$ 600
Mortalidade infantil: 79,3‰

Camboja
Sudeste da Ásia
Forma de governo: monarquia constitucional
Área: 181.040 km^2
População: 13.400.000 hab.
Densidade: 74,02 hab./km^2
Capital: Phnom Penh
Línguas: khmer*, francês, chinês, vietnamita
Renda per capita: US$ 260
Mortalidade infantil: 72,5‰

Canadá
América do Norte
Forma de governo: estado parlamentarista
Área: 9.976.140 km^2
População: 31.000.000 hab.
Densidade: 3,11 hab./km^2
Capital: Ottawa
Línguas: inglês*, francês* e minorias: chinês, italiano, alemão, português, inuite
Renda per capita: US$ 20.140
Mortalidade infantil: 5,4‰

Casaquistão
Ásia central
Forma de governo: república
Área: 2.717.300 km^2
População: 16.100.000 hab.
Densidade: 5,92 hab./km^2
Capital: Astana
Línguas: casaque*, russo, alemão
Renda per capita: US$ 1.250
Mortalidade infantil: 42,1‰

*Língua oficial.

Catar
Sudoeste da Ásia
Forma de governo: monarquia absoluta
Área: 11.000 km²
População: 600.000 hab.
Densidade: 54,55 hab./km²
Capital: Doha
Línguas: árabe*, persa, urdu, hindi, inglês
Renda per capita: US$ 12.000
Mortalidade infantil: 11,2‰

Chade
África central
Forma de governo: república
Área: 1.284.000 km²
População: 8.100.000 hab.
Densidade: 6,31 hab./km²
Capital: N'Djamena
Línguas: francês*, sara, maba
Renda per capita: US$ 210
Mortalidade infantil: 116,1‰

Chile
América do Sul
Forma de governo: república presidencialista
Área: 756.950 km²
População: 15.400.000 hab.
Densidade: 20,34 hab./km²
Capital: Santiago
Línguas: espanhol*, línguas indígenas
Renda per capita: US$ 4.630
Mortalidade infantil: 11,6‰

China
Leste da Ásia
Forma de governo: república socialista
Área: 9.396.960 km²
População: 1.285.000.000 hab.
Densidade: 136,75 hab./km²
Capital: Pequim (Beijing)
Línguas: mandarim*, wu, cantonês, hsiang, min, hakka, kan
Renda per capita: US$ 780
Mortalidade infantil: 36,5‰

Chipre
Sudeste da Europa
Forma de governo: república presidencialista
Área: 9.251 km²
População: 800.000 hab.
Densidade: 86,48 hab./km²
Capital: Nicósia
Línguas: grego*, turco*, inglês
Renda per capita: US$ 11.950
Mortalidade infantil: 7,7‰

Cingapura
Sudeste da Ásia
Forma de governo: república parlamentarista
Área: 620 km²
População: 4.100.000 hab.
Densidade: 6.612,90 hab./km²
Capital: Cingapura
Línguas: malaio*, chinês*, tâmil*, inglês*
Renda per capita: US$ 24.150
Mortalidade infantil: 4,6‰

Colômbia
América do Sul
Forma de governo: república presidencialista
Área: 1.138.910 km²
População: 42.800.000 hab.
Densidade: 37,58 hab./km²
Capital: Bogotá
Línguas: espanhol*, línguas indígenas, crioulo inglês
Renda per capita: US$ 2.170
Mortalidade infantil: 25,6‰

Comores
Oceano Índico, África oriental
Forma de governo: república presidencialista
Área: 1.862 km²
População: 566.000 hab.
Densidade: 303,97 hab./km²
Capital: Moroni
Línguas: árabe*, francês*, comorense
Renda per capita: US$ 350
Mortalidade infantil: 67‰

Congo, República Democrática do
África central
Forma de governo: república presidencialista
Área: 2.345.410 km²
População: 52.500.000 hab.
Densidade: 22,38 hab./km²
Capitais: Kinshasa e Lubumbashi
Línguas: francês*, quissuaili, tshiluba, lingala
Renda per capita: c. US$ 130
Mortalidade infantil: 77,2‰

Congo, República do
África central
Forma de governo: república presidencialista
Área: 342.000 km²
População: 3.100.000 hab.
Densidade: 9,06 hab./km²
Capital: Brazzaville
Línguas: francês*, congo, teke, lingala
Renda per capita: US$ 550
Mortalidade infantil: 65,8‰

Coréia do Norte
Leste da Ásia
Forma de governo: república socialista
Área: 120.540 km²
População: 22.400.000 hab.
Densidade: 185,83 hab./km²
Capital: Pyongyang
Línguas: coreano*, chinês
Renda per capita: c. US$ 600
Mortalidade infantil: 39,1‰

Coréia do Sul
Leste da Ásia
Forma de governo: república
Área: 99.020 km²
População: 47.100.000 hab.
Densidade: 475,66 hab./km²
Capital: Seul
Línguas: coreano*, chinês
Renda per capita: US$ 8.490
Mortalidade infantil: 7,1‰

Costa do Marfim
África ocidental
Forma de governo: república presidencialista
Área: 322.463 km²
População: 16.300.000 hab.
Densidade: 50,55 hab./km²
Capitais: Yamoussoukro e Abidjan
Línguas: francês*, akran, baulês, kru, voltaico
Renda per capita: US$ 670
Mortalidade infantil: 80,8‰

Costa Rica
América Central
Forma de governo: república presidencialista
Área: 51.100 km²
População: 4.100.000 hab.
Densidade: 80,23 hab./km²
Capital: San José
Línguas: espanhol*, crioulo inglês, bribri, cabecar
Renda per capita: US$ 3.570
Mortalidade infantil: 10,9‰

Croácia
Sudeste da Europa
Forma de governo: república
Área: 56.540 km²
População: 4.700.000 hab.
Densidade: 83,13 hab./km²
Capital: Zagreb
Línguas: servo-croata*, húngaro (magiar), esloveno
Renda per capita: US$ 4.530
Mortalidade infantil: 8,1‰

Cuba
América Central (Caribe)
Forma de governo: república socialista
Área: 110.860 km²
População: 11.200.000 hab.
Densidade: 101,03 hab./km²
Capital: Havana
Línguas: espanhol*, inglês, francês
Renda per capita: c. US$ 1.900
Mortalidade infantil: 7,3‰

Dinamarca
Norte da Europa
Forma de governo: monarquia constitucional
Área: 43.069 km²
População: 5.300.000 hab.
Densidade: 123,06 hab./km²
Capital: Copenhague
Línguas: dinamarquês*, faroês, inuíte
Renda per capita: US$ 32.050
Mortalidade infantil: 5‰

Djibuti
África oriental
Forma de governo: república
Área: 23.200 km²
População: 600.000 hab.
Densidade: 25,86 hab./km²
Capital: Djibuti
Línguas: árabe*, francês*, somali, afar
Renda per capita: US$ 790
Mortalidade infantil: 117,1‰

Dominica
América Central (Caribe)
Forma de governo: república parlamentarista
Área: 750 km²
População: 73.000 hab.
Densidade: 97,33 hab./km²
Capital: Roseau
Línguas: inglês*, crioulo francês, caraíba, cocoy
Renda per capita: US$ 3.260
Mortalidade infantil: 14‰

Egito
Norte da África
Forma de governo: república presidencialista
Área: 1.001.450 km²
População: 69.100.000 hab.
Densidade: 69 hab./km²
Capital: Cairo
Línguas: árabe*, francês, inglês, bérbere, grego, armênio
Renda per capita: US$ 1.380
Mortalidade infantil: 40‰

El Salvador
América Central
Forma de governo: república presidencialista
Área: 21.040 km²
População: 6.400.000 hab.
Densidade: 304,18 hab./km²
Capital: San Salvador
Línguas: espanhol*, naua
Renda per capita: US$ 1.920
Mortalidade infantil: 26,4‰

Emirados Árabes Unidos
Sudoeste da Ásia
Forma de governo: federação de monarquias
Área: 83.600 km²
População: 2.700.000 hab.
Densidade: 32,3 hab./km²
Capital: Abu Dhabi
Línguas: árabe*, persa, urdu, hindi, inglês
Renda per capita: c. US$ 18.200
Mortalidade infantil: 10,9‰

Equador
América do Sul
Forma de governo: república presidencialista
Área: 283.560 km²
População: 12.900.000 hab.
Densidade: 45,49 hab./km²
Capital: Quito
Línguas: espanhol*, quíchua, outras línguas indígenas
Renda per capita: US$ 1.360
Mortalidade infantil: 41‰

Eritréia
África oriental
Forma de governo: república presidencialista
Área: 121.144 km²
População: 4.100.000 hab.
Densidade: 33,84 hab./km²
Capital: Asmara
Línguas: tigrínia*, árabe*, tigré
Renda per capita: US$ 200
Mortalidade infantil: 82,4‰

Eslováquia
Europa central
Forma de governo: república parlamentarista
Área: 49.500 km²
População: 5.400.000 hab.
Densidade: 109,09 hab./km²
Capital: Bratislava
Línguas: eslovaco*, húngaro (magiar), romani, tcheco
Renda per capita: US$ 3.770
Mortalidade infantil: 8‰

Eslovênia
Europa central
Forma de governo: república
Área: 20.250 km²
População: 2.000.000 hab.
Densidade: 98,77 hab./km²
Capital: Liubliana
Línguas: esloveno*, servo-croata
Renda per capita: US$ 10.000
Mortalidade infantil: 5,6‰

Espanha
Sudoeste da Europa
Forma de governo: monarquia constitucional
Área: 504.780 km²
População: 39.900.000 hab.
Densidade: 79,04 hab./km²
Capital: Madri
Línguas: espanhol*, catalão*, galego*, basco*
Renda per capita: US$ 14.800
Mortalidade infantil: 5,3‰

Estados Unidos
América do Norte
Forma de governo: república presidencialista
Área: 9.372.610 km²
População: 285.900.000 hab.
Densidade: 30,5 hab./km²
Capital: Washington
Línguas: inglês*, espanhol, italiano, alemão, francês, polonês, chinês, grego
Renda per capita: US$ 31.910
Mortalidade infantil: 6,8‰

Estônia
Nordeste da Europa
Forma de governo: república
Área: 45.125 km²
População: 1.400.000 hab.
Densidade: 31,02 hab./km²
Capital: Tallinn
Línguas: estoniano*, russo
Renda per capita: US$ 3.400
Mortalidade infantil: 9,7‰

Etiópia
África oriental
Forma de governo: república parlamentarista
Área: 1.128.221 km²
População: 64.500.000 hab.
Densidade: 57,17 hab./km²
Capital: Adis Abeba
Línguas: amárico*, inglês, árabe
Renda per capita: US$ 100
Mortalidade infantil: 106,1‰

Fiji
Oceania
Forma de governo: república
Área: 18.270 km²
População: 800.000 hab.
Densidade: 43,79 hab./km²
Capital: Suva
Línguas: inglês*, fijiano*, hindi, urdu
Renda per capita: US$ 2.310
Mortalidade infantil: 17‰

Filipinas
Sudeste da Ásia
Forma de governo: república presidencialista
Área: 300.000 km²
População: 77.100.000 hab.
Densidade: 257 hab./km²
Capital: Manila
Línguas: filipino*, inglês, espanhol, cebuano, tagalog, hiligaynon, samaran, bikol
Renda per capita: US$ 1.050
Mortalidade infantil: 29‰

Finlândia
Norte da Europa
Forma de governo: república
Área: 338.130 km²
População: 5.200.000 hab.
Densidade: 15,38 hab./km²
Capital: Helsinki
Línguas: finlandês*, sueco*, lapão
Renda per capita: US$ 24.730
Mortalidade infantil: 4‰

França
Oeste da Europa
Forma de governo: república
Área: 551.500 km²
População: 59.500.000 hab.
Densidade: 107,89 hab./km²
Capital: Paris
Línguas: francês*, provençal, bretão, catalão, basco
Renda per capita: US$ 24.210
Mortalidade infantil: 5‰

Gabão
África central
Forma de governo: república
Área: 267.670 km²
População: 1.300.000 hab.
Densidade: 4,86 hab./km²
Capital: Libreville
Línguas: francês*, fang, punu, sira, nzebi, mpongwe
Renda per capita: US$ 3.300
Mortalidade infantil: 80‰

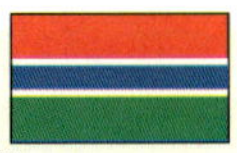

Gâmbia
África ocidental
Forma de governo: república presidencialista
Área: 11.300 km²
População: 1.300.000 hab.
Densidade: 115,04 hab./km²
Capital: Banjul
Línguas: inglês*, mandinga, fulani, uolofe, diola, soninquê
Renda per capita: US$ 330
Mortalidade infantil: 115‰

*Língua oficial.

Países do Mundo: Bandeiras

Gana
África ocidental
Forma de governo: república presidencialista
Área: 238.540 km^2
População: 19.700.000 hab.
Densidade: 82,59 hab./km^2
Capital: Acra
Línguas: inglês*, akan, mossi, euê
Renda per capita: US$ 400
Mortalidade infantil: 62,1‰

Geórgia
Sudoeste da Ásia
Forma de governo: república presidencialista
Área: 69.700 km^2
População: 5.200.000 hab.
Densidade: 74,61 hab./km^2
Capital: Tbilisi
Línguas: georgiano*, russo
Renda per capita: US$ 620
Mortalidade infantil: 17,6‰

Granada
América Central (Caribe)
Forma de governo: democracia parlamentarista
Área: 340 km^2
População: 97.000 hab.
Densidade: 285,29 hab./km^2
Capital: Saint George's
Línguas: inglês*, crioulo inglês
Renda per capita: US$ 3.440
Mortalidade infantil: 23‰

Grécia
Sudeste da Europa
Forma de governo: república parlamentarista
Área: 131.990 km^2
População: 10.600.000 hab.
Densidade: 80,31 hab./km^2
Capital: Atenas
Línguas: grego*, turco, albanês, macedônio
Renda per capita: US$ 12.110
Mortalidade infantil: 6,3‰

Guatemala
América Central
Forma de governo: república presidencialista
Área: 108.890 km^2
População: 11.700.000 hab.
Densidade: 107,45 hab./km^2
Capital: Cidade da Guatemala
Línguas: espanhol*, quiché, mam, kekchf
Renda per capita: US$ 1.680
Mortalidade infantil: 41,2‰

Guiana
América do Sul
Forma de governo: república
Área: 214.970 km^2
População: 800.000 hab.
Densidade: 3,72 hab./km^2
Capital: Georgetown
Línguas: inglês*, crioulo inglês, hindi, tâmil
Renda per capita: US$ 760
Mortalidade infantil: 52‰

Guiné
África ocidental
Forma de governo: república presidencialista
Área: 245.860 km^2
População: 8.300.000 hab.
Densidade: 33,76 hab./km^2
Capital: Conacri
Línguas: francês*, fulani, malinquês, sussu, kissi
Renda per capita: US$ 490
Mortalidade infantil: 114,4‰

Guiné-Bissau
África ocidental
Forma de governo: república
Área: 36.120 km^2
População: 1.200.000 hab.
Densidade: 33,22 hab./km^2
Capital: Bissau
Línguas: português*, balanto, fulani, malinquês
Renda per capita: US$ 160
Mortalidade infantil: 121,2‰

Guiné Equatorial
África central
Forma de governo: república
Área: 28.050 km^2
População: 500.000 hab.
Densidade: 17,83 hab./km^2
Capital: Malabo
Línguas: espanhol*, fang, bubi
Renda per capita: US$ 1.170
Mortalidade infantil: 98,8‰

Haiti
América Central (Caribe)
Forma de governo: república
Área: 27.750 km^2
População: 8.300.000 hab.
Densidade: 299,10 hab./km^2
Capital: Port-au-Prince
Línguas: francês*, crioulo francês*
Renda per capita: US$ 460
Mortalidade infantil: 61,3‰

Honduras
América Central
Forma de governo: república presidencialista
Área: 112.090 km^2
População: 6.600.000 hab.
Densidade: 58,88 hab./km^2
Capital: Tegucigalpa
Línguas: espanhol*, crioulo inglês, garifuna, línguas indígenas
Renda per capita: US$ 760
Mortalidade infantil: 33,1‰

Hungria
Europa central
Forma de governo: república parlamentarista
Área: 93.030 km^2
População: 9.900.000 hab.
Densidade: 106,42 hab./km^2
Capital: Budapeste
Línguas: húngaro (magiar)*, alemão, eslovaco
Renda per capita: US$ 4.640
Mortalidade infantil: 8,7‰

Iêmen
Sudoeste da Ásia
Forma de governo: república
Área: 527.970 km^2
População: 19.100.000 hab.
Densidade: 36,18 hab./km^2
Capital: Sana
Línguas: árabe*, hindi, tâmil, urdu
Renda per capita: US$ 360
Mortalidade infantil: 62‰

Ilhas Marshall
Oceania
Forma de governo: república parlamentarista
Área: 181 km^2
População: 51.000 hab.
Densidade: 281,77 hab./km^2
Capital: Majuro
Línguas: inglês*, marshallês*
Renda per capita: US$ 1.950
Mortalidade infantil: 63‰

Ilhas Salomão
Oceania
Forma de governo: democracia parlamentarista
Área: 28.370 km^2
População: 480.000 hab.
Densidade: 16,92 hab./km^2
Capital: Honiara
Línguas: inglês*, 87 línguas nativas (estabelecidas)
Renda per capita: US$ 750
Mortalidade infantil: 20,7‰

Índia
Sul da Ásia
Forma de governo: república parlamentarista
Área: 3.287.590 km^2
População: 1.025.000.000 hab.
Densidade: 311,78 hab./km^2
Capital: Nova Délhi
Línguas: hindi*, inglês*, bengali, biari, marati, télego, tâmil, urdu
Renda per capita: US$ 440
Mortalidade infantil: 64,7‰

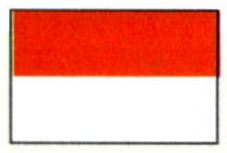

Indonésia
Sudeste da Ásia
Forma de governo: república presidencialista
Área: 1.904.570 km^2
População: 214.800.000 hab.
Densidade: 112,78 hab./km^2
Capital: Jacarta
Línguas: indonésio*, línguas e dialetos regionais (o principal, javanês)
Renda per capita: US$ 600
Mortalidade infantil: 39,5‰

Irã
Sudoeste da Ásia
Forma de governo: república presidencialista
Área: 1.648.000 km^2
População: 71.400.000 hab.
Densidade: 43,33 hab./km^2
Capital: Teerã
Línguas: persa*, azerbaijano, giaki, mazenderani, curdo, balúchi, árabe, turcomano
Renda per capita: US$ 1.810
Mortalidade infantil: 35,9‰

Iraque
Sudoeste da Ásia
Forma de governo: república presidencialista
Área: 438.320 km^2
População: 23.600.000 hab.
Densidade: 53,84 hab./km^2
Capital: Bagdá
Línguas: árabe*, curdo, turco, persa
Renda per capita: c. US$ 1.100
Mortalidade infantil: 63,5‰

Irlanda
Noroeste da Europa
Forma de governo: república
Área: 70.280 km^2
População: 3.800.000 hab.
Densidade: 54,07 hab./km^2
Capital: Dublin
Línguas: inglês*, irlandês*
Renda per capita: US$ 21.470
Mortalidade infantil: 6‰

Islândia
Noroeste da Europa
Forma de governo: república
Área: 103.000 km^2
População: 300.000 hab.
Densidade: 2,91 hab./km^2
Capital: Reikjavik
Línguas: islandês*, inglês
Renda per capita: US$ 29.540
Mortalidade infantil: 4,5‰

Israel
Sudoeste da Ásia
Forma de governo: república parlamentarista
Área: 20.700 km^2
População: 6.200.000 hab.
Densidade: 299,52 hab./km^2
Capitais: Jerusalém e Tel Aviv
Línguas: hebraico*, árabe, ídiche
Renda per capita: US$ 16.310
Mortalidade infantil: 5,9‰

Itália
Sul da Europa
Forma de governo: república parlamentarista
Área: 301.270 km^2
População: 57.500.000 hab.
Densidade: 190,86 hab./km^2
Capital: Roma
Línguas: italiano*, alemão, francês, retoromanche, sardo
Renda per capita: US$ 20.170
Mortalidade infantil: 5,4‰

Jamaica
América Central (Caribe)
Forma de governo: democracia parlamentarista
Área: 10.990 km^2
População: 2.600.000 hab.
Densidade: 236,58 hab./km^2
Capital: Kingston
Línguas: inglês*, crioulo inglês
Renda per capita: US$ 2.430
Mortalidade infantil: 19,9‰

Japão
Leste da Ásia
Forma de governo: monarquia constitucional
Área: 377.800 km^2
População: 127.300.000 hab.
Densidade: 336,95 hab./km^2
Capital: Tóquio
Línguas: japonês*, coreano, chinês
Renda per capita: US$ 32.030
Mortalidade infantil: 3,3‰

Jordânia
Sudoeste da Ásia
Forma de governo: monarquia constitucional
Área: 89.210 km^2
População: 5.100.000 hab.
Densidade: 57,17 hab./km^2
Capital: Amã
Línguas: árabe*
Renda per capita: US$ 1.630
Mortalidade infantil: 22,6‰

Kiribati
Oceania
Forma de governo: república presidencialista
Área: 710 km^2
População: 88.000 hab.
Densidade: 123,94 hab./km^2
Capital: Bairiki
Línguas: inglês*, kiribati*
Renda per capita: US$ 910
Mortalidade infantil: 56‰

Kuwait
Sudoeste da Ásia
Forma de governo: monarquia constitucional
Área: 17.820 km^2
População: 2.000.000 hab.
Densidade: 112,23 hab./km^2
Capital: Kuwait
Línguas: árabe*, inglês
Renda per capita: US$ 21.000
Mortalidade infantil: 10,8‰

Laos
Sudeste da Ásia
Forma de governo: república socialista
Área: 236.800 km^2
População: 5.400.000 hab.
Densidade: 22,8 hab./km^2
Capital: Vientiane
Línguas: lao*, miao, iao
Renda per capita: US$ 290
Mortalidade infantil: 88‰

Lesoto
Sul da África
Forma de governo: monarquia constitucional
Área: 30.350 km^2
População: 2.100.000 hab.
Densidade: 69,19 hab./km^2
Capital: Maseru
Línguas: inglês*, soto*, zulu
Renda per capita: US$ 550
Mortalidade infantil: 111,2‰

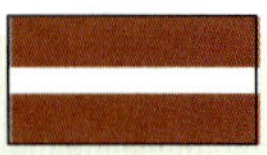

Letônia
Nordeste da Europa
Forma de governo: república parlamentarista
Área: 64.589 km^2
População: 2.400.000 hab.
Densidade: 37,16 hab./km^2
Capital: Riga
Línguas: letão*, russo
Renda per capita: US$ 2.430
Mortalidade infantil: 13,6‰

Líbano
Sudoeste da Ásia
Forma de governo: república parlamentarista
Área: 10.400 km^2
População: 3.600.000 hab.
Densidade: 346,15 hab./km^2
Capital: Beirute
Línguas: árabe*, francês, armênio
Renda per capita: US$ 3.700
Mortalidade infantil: 17,2‰

Libéria
África ocidental
Forma de governo: república presidencialista
Área: 111.370 km^2
População: 3.100.000 hab.
Densidade: 27,84 hab./km^2
Capital: Monróvia
Línguas: inglês*, kpelle, bassa, vai, kru, grebo, kissi, gola
Renda per capita: US$ 480
Mortalidade infantil: 79,3‰

Líbia
Norte da África
Forma de governo: república socialista
Área: 1.759.540 km^2
População: 5.400.000 hab.
Densidade: 3,07 hab./km^2
Capital: Trípoli
Línguas: árabe*, tuaregue
Renda per capita: c. US$ 4.500
Mortalidade infantil: 25,2‰

Liechtenstein
Europa central
Forma de governo: monarquia constitucional
Área: 160 km^2
População: 32.000 hab.
Densidade: 200 hab./km^2
Capital: Vaduz
Línguas: alemão*, dialeto alemão, italiano
Renda per capita: US$ 22.000
Mortalidade infantil: 10‰

Lituânia
Nordeste da Europa
Forma de governo: república parlamentarista
Área: 65.200 km^2
População: 3.700.000 hab.
Densidade: 56,75 hab./km^2
Capital: Vilnius
Línguas: lituano*, russo
Renda per capita: US$ 2.640
Mortalidade infantil: 8,9‰

*Língua oficial.

Luxemburgo
Noroeste da Europa
Forma de governo: monarquia constitucional
Área: 2.586 km^2
População: 400.000 hab.
Densidade: 154,68 hab./km^2
Capital: Luxemburgo
Línguas: luxemburguês*, alemão, francês, português, italiano
Renda per capita: US$ 42.930
Mortalidade infantil: 5,6‰

Macedônia
Sudeste da Europa
Forma de governo: república parlamentarista
Área: 25.715 km^2
População: 2.000.000 hab.
Densidade: 77,78 hab./km^2
Capital: Skopje
Línguas: macedônio*, albanês, servo-croata, turco
Renda per capita: US$ 1.660
Mortalidade infantil: 16‰

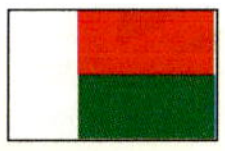

Madagascar
Oceano Índico, sudeste da África
Forma de governo: república parlamentarista
Área: 587.040 km^2
População: 16.400.000 hab.
Densidade: 27,94 hab./km^2
Capital: Antananarivo
Línguas: malgaxe*, francês*
Renda per capita: US$ 250
Mortalidade infantil: 91‰

Malásia
Sudeste da Ásia
Forma de governo: monarquia federal constitucional
Área: 329.750 km^2
População: 22.600.000 hab.
Densidade: 68,54 hab./km^2
Capital: Kuala Lumpur
Línguas: malaio*, chinês, tâmil
Renda per capita: US$ 3.390
Mortalidade infantil: 10,3‰

Malauí
Sul da África
Forma de governo: república presidencialista
Área: 118.480 km^2
População: 11.600.000 hab.
Densidade: 97,91 hab./km^2
Capitais: Lilongüe e Blantyre
Línguas: inglês*, chewa, lomwe, yao
Renda per capita: US$ 180
Mortalidade infantil: 130,1‰

Maldivas
Oceano Índico, sul da Ásia
Forma de governo: república presidencialista
Área: 300 km^2
População: 300.000 hab.
Densidade: 1.000 hab./km^2
Capital: Male
Línguas: divehi (maldivense)*, cingalês, tâmil
Renda per capita: US$ 1.200
Mortalidade infantil: 37,3‰

Mali
África ocidental
Forma de governo: república
Área: 1.240.190 km^2
População: 11.700.000 hab.
Densidade: 9,43 hab./km^2
Capital: Bamaco
Línguas: francês*, bambara, fulani, senufo, soninquê
Renda per capita: US$ 240
Mortalidade infantil: 120‰

Malta
Sul da Europa
Forma de governo: república parlamentarista
Área: 320 km^2
População: 400.000 hab.
Densidade: 1.250 hab./km^2
Capital: Valletta
Línguas: maltês*, inglês*
Renda per capita: US$ 9.210
Mortalidade infantil: 7‰

Marrocos
Norte da África
Forma de governo: monarquia constitucional
Área: 698.670 km^2
População: 30.400.000 hab.
Densidade: 43,51 hab./km^2
Capital: Rabat
Línguas: árabe*, francês, espanhol
Renda per capita: US$ 1.190
Mortalidade infantil: 42,1‰

Maurício
Oceano Índico, sudeste da África
Forma de governo: república parlamentarista
Área: 1.860 km^2
População: 1.200.000 hab.
Densidade: 645,16 hab./km^2
Capital: Port Louis
Línguas: inglês*, crioulo francês, híndi, urdu, tâmil, chinês
Renda per capita: US$ 3.540
Mortalidade infantil: 16‰

Mauritânia
África ocidental
Forma de governo: república
Área: 1.025.520 km^2
População: 2.700.000 hab.
Densidade: 2,63 hab./km^2
Capital: Nouakchott
Línguas: árabe*, francês*, soninquê, uolofe
Renda per capita: US$ 390
Mortalidade infantil: 96,7‰

México
América do Norte
Forma de governo: república presidencialista
Área: 1.958.200 km^2
População: 100.400.000 hab.
Densidade: 51,27 hab./km^2
Capital: Cidade do México
Línguas: espanhol*, dialetos maias
Renda per capita: US$ 4.440
Mortalidade infantil: 28,2‰

Mianmar
Sudeste da Ásia
Forma de governo: regime militar
Área: 676.550 km^2
População: 48.400.000 hab.
Densidade: 71,54 hab./km^2
Capital: Yangun
Línguas: birmanês*, karen, mon
Renda per capita: c. US$ 400
Mortalidade infantil: 87,2‰

Micronésia
Oceania
Forma de governo: república presidencialista (sem partidos)
Área: 701 km^2
População: 118.000 hab.
Densidade: 168,33 hab./km^2
Capital: Palikir
Línguas: inglês* e dialetos locais
Renda per capita: US$ 1.830
Mortalidade infantil: 19‰

Moçambique
Sul da África
Forma de governo: república
Área: 801.590 km^2
População: 18.600.000 hab.
Densidade: 23,20 hab./km^2
Capital: Maputo
Línguas: português*, macua, tsonga, sena, lomué
Renda per capita: US$ 220
Mortalidade infantil: 127,7‰

Moldávia
Sudeste da Europa
Forma de governo: república
Área: 33.700 km^2
População: 4.300.000 hab.
Densidade: 127,60 hab./km^2
Capital: Chisinau
Línguas: moldávio*, russo, romeno
Renda per capita: US$ 410
Mortalidade infantil: 20‰

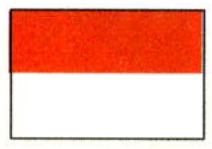

Mônaco
Sul da Europa
Forma de governo: monarquia constitucional
Área: 1,95 km^2
População: 32.000 hab.
Densidade: 16.410,26 hab./km^2
Capital: Mônaco
Línguas: francês*, italiano, monegasco, inglês
Renda per capita: US$ 24.000
Mortalidade infantil: 5‰

Mongólia
Ásia central
Forma de governo: república parlamentarista
Área: 1.565.000 km^2
População: 2.600.000 hab.
Densidade: 1,66 hab./km^2
Capital: Ulan Bator
Línguas: mongol khalkha*, línguas altaicas, russo, chinês
Renda per capita: US$ 390
Mortalidade infantil: 58,2‰

Montenegro
Sudeste da Europa
Forma de governo: república parlamentarista
Área: 13.812 km^2
População: 620.145 hab.
Densidade: 44,90 hab./km^2
Capital: Podgorica
Línguas: Servo-croata*, albanês
Renda per capita: (sem dados oficiais divulgados)
Mortalidade infantil: (sem dados oficiais divulgados)

Namíbia
Sul da África
Forma de governo: república
Área: 824.290 km^2
População: 1.800.000 hab.
Densidade: 2,18 hab./km^2
Capital: Windhoek
Línguas: inglês*, africâner, alemão, ovambo, kavango, bergdama
Renda per capita: US$ 1.890
Mortalidade infantil: 64,7‰

Nauru
Oceania
Forma de governo: república parlamentarista
Área: 21,2 km^2
População: 12.000 hab.
Densidade: 566,04 hab./km^2
Capital: Yaren
Línguas: nauruano*, inglês, kiribati, chinês, tuvaluano
Renda per capita: US$ 11.600
Mortalidade infantil: 25‰

Nepal
Sul da Ásia
Forma de governo: monarquia constitucional
Área: 140.800 km^2
População: 23.600.000 hab.
Densidade: 167,61 hab./km^2
Capital: Kathmandu
Línguas: nepalês*, maithlli, bhojpuri
Renda per capita: US$ 220
Mortalidade infantil: 70,9‰

Nicarágua
América Central
Forma de governo: república presidencialista
Área: 130.000 km^2
População: 5.200.000 hab.
Densidade: 40 hab./km^2
Capital: Manágua
Línguas: espanhol*, crioulo inglês, misquito
Renda per capita: US$ 410
Mortalidade infantil: 35,7‰

Níger
África ocidental
Forma de governo: república
Área: 1.267.000 km^2
População: 11.200.000 hab.
Densidade: 8,84 hab./km^2
Capital: Niamei
Línguas: francês*, haúça, djerma, fulani, tuaregue, teda
Renda per capita: US$ 190
Mortalidade infantil: 125,7‰

Nigéria
África ocidental
Forma de governo: república presidencialista
Área: 923.770 km^2
População: 116.900.000 hab.
Densidade: 126,55 hab./km^2
Capital: Abuja
Línguas: inglês*, haúça, ioruba, ibo
Renda per capita: US$ 260
Mortalidade infantil: 78,5‰

Noruega
Norte da Europa
Forma de governo: monarquia constitucional
Área: 323.900 km^2
População: 4.500.000 hab.
Densidade: 13,89 hab./km^2
Capital: Oslo
Línguas: norueguês* (bokmal e nynorsk), lapão, finlandês
Renda per capita: US$ 33.470
Mortalidade infantil: 4,5‰

Nova Zelândia
Oceania
Forma de governo: democracia parlamentarista
Área: 268.680 km^2
População: 3.800.000 hab.
Densidade: 14,14 hab./km^2
Capital: Wellington
Línguas: inglês*, maori*
Renda per capita: US$ 13.990
Mortalidade infantil: 6,2‰

Omã
Sudoeste da Ásia
Forma de governo: monarquia
Área: 212.460 km^2
População: 2.600.000 hab.
Densidade: 12,24 hab./km^2
Capital: Mascate
Línguas: árabe*, balúchi
Renda per capita: US$ 6.000
Mortalidade infantil: 22,9‰

Países Baixos (Holanda)
Noroeste da Europa
Forma de governo: monarquia constitucional
Área: 41.520 km^2
População: 15.900.000 hab.
Densidade: 382,95 hab./km^2
Capitais: Amsterdã e Haia
Línguas: holandês*, frísio
Renda per capita: US$ 25.140
Mortalidade infantil: 4,5‰

Palau
Oceania
Forma de governo: república presidencialista
Área: 497 km^2
População: 19.000 hab.
Densidade: 38,23 hab./km^2
Capital: Koror
Línguas: palauano*, inglês*, sonsorolense-tobiano
Renda per capita: c. US$ 6.500
Mortalidade infantil: 28‰

Panamá
América Central
Forma de governo: república presidencialista
Área: 77.080 km^2
População: 2.900.000 hab.
Densidade: 37,62 hab./km^2
Capital: Cidade do Panamá
Línguas: espanhol*, crioulo inglês, línguas indígenas
Renda per capita: US$ 3.080
Mortalidade infantil: 18,6‰

Papua-Nova Guiné
Oceania
Forma de governo: democracia parlamentarista
Área: 462.840 km^2
População: 4.900.000 hab.
Densidade: 10,59 hab./km^2
Capital: Port Moresby
Línguas: inglês*, dialeto inglês*, motu*, numerosas línguas nativas
Renda per capita: US$ 810
Mortalidade infantil: 62,1‰

Paquistão
Sul da Ásia
Forma de governo: república parlamentarista
Área: 796.100 km^2
População: 145.000.000 hab.
Densidade: 182,14 hab./km^2
Capital: Islamabad
Línguas: urdu*, panjabi, sindi, pachto, balúchi
Renda per capita: US$ 470
Mortalidade infantil: 86,5‰

Paraguai
América do Sul
Forma de governo: república presidencialista
Área: 406.750 km^2
População: 5.600.000 hab.
Densidade: 13,77 hab./km^2
Capital: Assunção
Línguas: espanhol*, guarani*
Renda per capita: US$ 1.560
Mortalidade infantil: 37‰

Peru
América do Sul
Forma de governo: república presidencialista
Área: 1.285.220 km^2
População: 26.100.000 hab.
Densidade: 20,31 hab./km^2
Capital: Lima
Línguas: espanhol*, quíchua*, aimará*
Renda per capita: US$ 2.130
Mortalidade infantil: 37,4‰

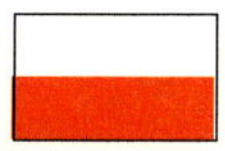

Polônia
Europa central
Forma de governo: república
Área: 312.680 km^2
População: 38.600.000 hab.
Densidade: 123,45 hab./km^2
Capital: Varsóvia
Línguas: polonês*, alemão
Renda per capita: US$ 4.070
Mortalidade infantil: 9,1‰

*Língua oficial.

Países do Mundo: Bandeiras

Portugal
Sudoeste da Europa
Forma de governo: república
Área: 92.390 km^2
População: 10.000.000 hab.
Densidade: 108,24 hab./km^2
Capital: Lisboa
Línguas: português*
Renda per capita: US$ 11.030
Mortalidade infantil: 6,1‰

Quênia
África oriental
Forma de governo: república presidencialista
Área: 580.370 km^2
População: 31.300.000 hab.
Densidade: 53,93 hab./km^2
Capital: Nairóbi
Línguas: suaili*, inglês, quicuio, luo, camba
Renda per capita: US$ 360
Mortalidade infantil: 58,7‰

Quirguistão
Ásia central
Forma de governo: república
Área: 198.500 km^2
População: 5.000.000 hab.
Densidade: 25,19 hab./km^2
Capital: Bishkek
Línguas: quirguiz*, russo, usbeque
Renda per capita: US$ 300
Mortalidade infantil: 37‰

Reino Unido
Noroeste da Europa
Forma de governo: monarquia constitucional
Área: 244.880 km^2
População: 59.500.000 hab.
Densidade: 242,98 hab./km^2
Capital: Londres
Línguas: inglês*, galês, escocês, gaélico
Renda per capita: US$ 23.590
Mortalidade infantil: 5,4‰

República Centro-Africana
África central
Forma de governo: república
Área: 622.980 km^2
População: 3.800.000 hab.
Densidade: 6,10 hab./km^2
Capital: Bangui
Línguas: francês*, sango, banda, gbaia
Renda per capita: US$ 290
Mortalidade infantil: 93,3‰

República Dominicana
América Central (Caribe)
Forma de governo: república presidencialista
Área: 48.730 km^2
População: 8.500.000 hab.
Densidade: 174,43 hab./km^2
Capital: São Domingos
Línguas: espanhol*, crioulo francês
Renda per capita: US$ 1.920
Mortalidade infantil: 36,3‰

República Tcheca
Europa central
Forma de governo: república parlamentarista
Área: 78.370 km^2
População: 10.300.000 hab.
Densidade: 131,43 hab./km^2
Capital: Praga
Línguas: tcheco*, eslovaco, romani, húngaro (magiar)
Renda per capita: US$ 5.020
Mortalidade infantil: 5,4‰

Romênia
Sudeste da Europa
Forma de governo: república
Área: 237.500 km^2
População: 22.400.000 hab.
Densidade: 94,32 hab./km^2
Capital: Bucareste
Línguas: romeno*, húngaro
Renda per capita: US$ 1.470
Mortalidade infantil: 22,1‰

Ruanda
África central
Forma de governo: república
Área: 26.340 km^2
População: 7.900.000 hab.
Densidade: 299,92 hab./km^2
Capital: Kigali
Línguas: francês*, quiniaruanda*, quissuaili, inglês
Renda per capita: US$ 250
Mortalidade infantil: 119,2‰

Rússia (Federação Russa)
Europa/Ásia
Forma de governo: república
Área: 17.075.400 km^2
População: 144.700.000 hab.
Densidade: 8,47 hab./km^2
Capital: Moscou
Línguas: russo*, tártaro, ucraniano
Renda per capita: US$ 2.250
Mortalidade infantil: 16,8‰

Samoa
Oceania
Forma de governo: estado parlamentarista
Área: 2.840 km^2
População: 175.000 hab.
Densidade: 61,62 hab./km^2
Capital: Apia
Línguas: samoano*, inglês*
Renda per capita: US$ 1.070
Mortalidade infantil: 25,9‰

San Marino
Sul da Europa
Forma de governo: república parlamentarista
Área: 61 km^2
População: 26.000 hab.
Densidade: 426,23 hab./km^2
Capital: San Marino
Línguas: italiano*
Renda per capita: c. US$ 18.000
Mortalidade infantil: 6‰

Santa Lúcia
América Central (Caribe)
Forma de governo: democracia parlamentarista
Área: 620 km^2
População: 160.000 hab.
Densidade: 258,06 hab./km^2
Capital: Castries
Línguas: inglês*, crioulo francês, hindi, urdu
Renda per capita: US$ 3.820
Mortalidade infantil: 13,1‰

São Cristóvão e Névis
América Central (Caribe)
Forma de governo: democracia parlamentarista
Área: 270 km^2
População: 40.000 hab.
Densidade: 148,15 hab./km^2
Capital: Basseterre
Línguas: inglês*, crioulo inglês
Renda per capita: US$ 6.330
Mortalidade infantil: 20‰

São Tomé e Príncipe
África ocidental
Forma de governo: república
Área: 964 km^2
População: 140.000 hab.
Densidade: 145,23 hab./km^2
Capital: São Tomé
Línguas: português*, crioulo português
Renda per capita: US$ 270
Mortalidade infantil: 47‰

São Vicente e Granadinas
América Central (Caribe)
Forma de governo: democracia parlamentarista
Área: 340 km^2
População: 100.000 hab.
Densidade: 294,12 hab./km^2
Capital: Kingstown
Línguas: inglês*, crioulo inglês
Renda per capita: US$ 2.640
Mortalidade infantil: 20‰

Senegal
África ocidental
Forma de governo: república
Área: 196.720 km^2
População: 9.700.000 hab.
Densidade: 49,31 hab./km^2
Capital: Dacar
Línguas: francês*, uolofe, fulani, serere
Renda per capita: US$ 500
Mortalidade infantil: 56,8‰

Serra Leoa
África ocidental
Forma de governo: república presidencialista
Área: 71.740 km^2
População: 4.600.000 hab.
Densidade: 64,12 hab./km^2
Capital: Freetown
Línguas: inglês*, criô (crioulo), mende, temne
Renda per capita: US$ 130
Mortalidade infantil: 146,3‰

Sérvia
Sudeste da Europa
Forma de governo: república parlamentarista
Área: 88.361 km^2
População: 9.400.00 hab.
Densidade: 106,38 hab./km^2
Capital: Belgrado
Línguas: Servo-croata*, albanês, húngaro
Renda per capita: (sem dados oficiais divulgados)
Mortalidade infantil: (sem dados oficiais divulgados)

Seychelles
Oceano Índico, África oriental
Forma de governo: república presidencialista
Área: 455 km^2
População: 80.000 hab.
Densidade: 175,82 hab./km^2
Capital: Victoria
Línguas: crioulo*, francês, inglês
Renda per capita: US$ 6.500
Mortalidade infantil: 9‰

Síria
Sudoeste da Ásia
Forma de governo: república presidencialista
Área: 185.180 km^2
População: 16.600.000 hab.
Densidade: 89,64 hab./km^2
Capital: Damasco
Línguas: árabe*, francês, curdo, armênio, circassiano, turcomano
Renda per capita: US$ 970
Mortalidade infantil: 22,3‰

Somália
África oriental
Forma de governo: de transição
Área: 637.660 km^2
População: 9.200.000 hab.
Densidade: 14,43 hab./km^2
Capital: Mogadíscio
Línguas: somali*, árabe*, inglês
Renda per capita: US$ 120
Mortalidade infantil: 112,7‰

Sri Lanka
Sul da Ásia
Forma de governo: república
Área: 65.610 km^2
População: 19.100.000 hab.
Densidade: 291,11 hab./km^2
Capital: Colombo
Línguas: cingalês*, tâmil, inglês
Renda per capita: US$ 820
Mortalidade infantil: 20,1‰

Suazilândia
Sul da África
Forma de governo: monarquia parlamentarista
Área: 17.360 km^2
População: 900.000 hab.
Densidade: 51,84 hab./km^2
Capitais: Mbabane e Lobamba
Línguas: sisuati*, inglês*, zulu
Renda per capita: US$ 1.350
Mortalidade infantil: 91,7‰

Sudão
África oriental
Forma de governo: república presidencialista
Área: 2.505.815 km^2
População: 31.800.000 hab.
Densidade: 12,69 hab./km^2
Capitais: Cartum e Omdurman
Línguas: árabe*, dinca, nuer, núbio, bedja, zandê, bari, fur
Renda per capita: US$ 330
Mortalidade infantil: 77,7‰

Suécia
Norte da Europa
Forma de governo: monarquia constitucional
Área: 449.960 km^2
População: 8.800.000 hab.
Densidade: 19,56 hab./km^2
Capital: Estocolmo
Línguas: sueco*, finlandês, lapão
Renda per capita: US$ 26.750
Mortalidade infantil: 3,4‰

Suíça
Europa central
Forma de governo: república confederativa
Área: 41.290 km^2
População: 7.200.000 hab.
Densidade: 174,38 hab./km^2
Capitais: Berna e Lausanne
Línguas: alemão*, francês*, italiano*, romanche*
Renda per capita: US$ 38.380
Mortalidade infantil: 4,8‰

Suriname
América do Sul
Forma de governo: república
Área: 163.270 km^2
População: 400.000 hab.
Densidade: 2,45 hab./km^2
Capital: Paramaribo
Línguas: holandês*, dialeto inglês (taki-taki), hindi, javanês, francês, caraíba
Renda per capita: US$ 1.660
Mortalidade infantil: 25,7‰

Tadjiquistão
Ásia central
Forma de governo: república presidencialista
Área: 143.100 km^2
População: 6.100.000 hab.
Densidade: 42,63 hab./km^2
Capital: Dushanbe
Línguas: tadjique*, usbeque, russo
Renda per capita: US$ 280
Mortalidade infantil: 53,3‰

Tailândia
Sudeste da Ásia
Forma de governo: monarquia constitucional
Área: 513.120 km^2
População: 63.600.000 hab.
Densidade: 123,95 hab./km^2
Capital: Bangcoc
Línguas: tai*, chinês, malaio, khmer, mon, karen
Renda per capita: US$ 2.010
Mortalidade infantil: 20,8‰

Taiwan (Formosa)
Ásia oriental
Forma de governo: república
Área: 36.179 km^2
População: 22.100.000 hab.
Densidade: 610,85 hab./km^2
Capital: Taipei
Línguas: mandarim*, chinês de Amoy, chinês de Taiwan
Renda per capita: US$ 14.188
Mortalidade infantil: 6‰

Tanzânia
África oriental
Forma de governo: república presidencialista
Área: 945.090 km^2
População: 36.000.000 hab.
Densidade: 38,09 hab./km^2
Capital: Dodoma
Línguas: inglês*, suaili*, sucuma, chaga, niamuezi, hehe, maconde
Renda per capita: US$ 260
Mortalidade infantil: 72,7‰

Timor Leste
Sudeste da Ásia
Forma de governo: república
Área: 14.609 km^2
População: 750.000 hab.
Densidade: 51,34 hab./km^2
Capital: Dili
Línguas: português, teto
Renda per capita: c. US$ 300
Mortalidade infantil: 121‰

Togo
África ocidental
Forma de governo: república presidencialista
Área: 56.790 km^2
População: 4.700.000 hab.
Densidade: 82,76 hab./km^2
Capital: Lomé
Línguas: francês*, euê*, cabiê*, gurma
Renda per capita: US$ 310
Mortalidade infantil: 74,8‰

Tonga
Oceania
Forma de governo: monarquia constitucional
Área: 750 km^2
População: 100.000 hab.
Densidade: 133,33 hab./km^2
Capital: Nukualofa
Línguas: tonganês*, inglês*
Renda per capita: US$ 1.730
Mortalidade infantil: 21‰

Trinidad e Tobago
América Central (Caribe)
Forma de governo: república parlamentarista
Área: 5.130 km^2
População: 1.300.000 hab.
Densidade: 253,41 hab./km^2
Capital: Port-of-Spain
Línguas: inglês*, crioulo inglês, hindi, francês, espanhol
Renda per capita: US$ 4.750
Mortalidade infantil: 12,5‰

*Língua oficial.

Tunísia
Norte da África
Forma de governo: república
Área: 163.610 km²
População: 9.600.000 hab.
Densidade: 58,68 hab./km²
Capital: Túnis
Línguas: árabe*, francês, bérbere
Renda per capita: US$ 2.090
Mortalidade infantil: 25,5‰

Turcomenistão
Ásia central
Forma de governo: república presidencialista
Área: 488.100 km²
População: 4.800.000 hab.
Densidade: 9,83 hab./km²
Capital: Ashkhabat
Línguas: turcomano*, usbeque, russo
Renda per capita: US$ 670
Mortalidade infantil: 48,6‰

Turquia
Ásia/Europa
Forma de governo: república parlamentarista
Área: 779.450 km²
População: 67.600.000 hab.
Densidade: 86,73 hab./km²
Capital: Ankara
Línguas: turco*, curdo, árabe, circassiano, armênio
Renda per capita: US$ 2.900
Mortalidade infantil: 38,5‰

Tuvalu
Oceania
Forma de governo: monarquia constitucional
Área: 26 km²
População: 11.000 hab.
Densidade: 423,08 hab./km²
Capital: Fongafale
Línguas: tuvaluano*, kiribati, inglês
Renda per capita: c. US$ 750
Mortalidade infantil: 40‰

Ucrânia
Europa oriental
Forma de governo: república
Área: 603.700 km²
População: 49.100.000 hab.
Densidade: 81,33 hab./km²
Capital: Kiev
Línguas: ucraniano*, russo, tártaro
Renda per capita: US$ 840
Mortalidade infantil: 15,3‰

Uganda
África oriental
Forma de governo: república presidencialista
Área: 235.880 km²
População: 24.000.000 hab.
Densidade: 101,75 hab./km²
Capital: Kampala
Línguas: inglês*, luganda, suaili, niancole, chiga, lango, acholi, teso
Renda per capita: US$ 320
Mortalidade infantil: 93,9‰

Uruguai
América do Sul
Forma de governo: república presidencialista
Área: 174.810 km²
População: 3.400.000 hab.
Densidade: 19,45 hab./km²
Capital: Montevidéu
Línguas: espanhol*
Renda per capita: US$ 6.220
Mortalidade infantil: 13,1‰

Usbequistão
Ásia central
Forma de governo: república presidencialista
Área: 447.400 km²
População: 25.200.000 hab.
Densidade: 56,33 hab./km²
Capital: Tashkent
Línguas: usbeque*, russo
Renda per capita: US$ 720
Mortalidade infantil: 36,7‰

Vanuatu
Oceania
Forma de governo: república parlamentarista
Área: 12.190 km²
População: 200.000 hab.
Densidade: 16,41 hab./km²
Capital: Port-Vila
Línguas: bislamá*, inglês*, francês*
Renda per capita: US$ 1.180
Mortalidade infantil: 28,5‰

Vaticano
Sul da Europa
Forma de governo: comissão papal
Área: 0,44 km²
População: 880 hab.
Densidade: 2.000 hab./km²
Capital: não tem
Línguas: italiano*, latim*
Renda per capita: n.d.
Mortalidade infantil: n.d.

Venezuela
América do Sul
Forma de governo: república presidencialista
Área: 912.050 km²
População: 24.600.000 hab.
Densidade: 26,97 hab./km²
Capital: Caracas
Línguas: espanhol*, línguas indígenas
Renda per capita: US$ 3.680
Mortalidade infantil: 18,9‰

Vietnã
Sudeste da Ásia
Forma de governo: república socialista
Área: 329.560 km²
População: 79.200.000 hab.
Densidade: 240,32 hab./km²
Capital: Hanói
Línguas: vietnamita*, chinês, tai, khmer, muong
Renda per capita: US$ 370
Mortalidade infantil: 33,6‰

Zimbábue
Sul da África
Forma de governo: república presidencialista
Área: 390.580 km²
População: 12.900.000 hab.
Densidade: 33,03 hab./km²
Capital: Harare
Línguas: inglês*, shona, ndebele
Renda per capita: US$ 530
Mortalidade infantil: 55‰

Zâmbia
Sul da África
Forma de governo: república presidencialista
Área: 740.720 km²
População: 10.600.000 hab.
Densidade: 14,31 hab./km²
Capital: Lusaka
Línguas: inglês*, bemba*, nianja*, tsonga, kaonde, lunda
Renda per capita: US$ 330
Mortalidade infantil: 79,6‰

*Língua oficial.

Dados sobre os países do mundo

Os dados sobre todos os países independentes do mundo, apresentados nos quadros junto às respectivas bandeiras, foram obtidos junto a organismos internacionais ligados à ONU, e são os mais atualizados disponíveis.

Especial atenção foi dada ao quadro que apresenta a tabela do Índice de Desenvolvimento Humano (IDH) da maioria dos países, que é elaborado e fornecido mundialmente pelo PNUD (Programa das Nações Unidas para o Desenvolvimento). O IDH é um índice calculado a partir da combinação de dados fornecidos por várias organizações da ONU; os principais são o cálculo da expectativa de vida e as taxas de alfabetização de adultos e de escolarização (em seus vários níveis), além dos dados do PIB *per capita* de cada país.

O IDH é a forma mais moderna e abalizada para medir as desigualdades globais.

A versão apresentada neste atlas é a divulgada em 2002.

Tabela do Índice de Desenvolvimento Humano

(O primeiro número de cada linha indica a posição do país na ordem de grandeza do IDH; a seguir vem o nome do país; e, por último, o índice propriamente dito. Reproduzimos aqui a classificação desenvolvida pelo PNUD, em três ordens de desenvolvimento humano: alto, médio e baixo.)

Desenvolvimento humano alto

1	Noruega	0,942
2	Suécia	0,941
3	Canadá	0,940
4	Bélgica	0,939
5	Austrália	0,939
6	Estados Unidos	0,939
7	Islândia	0,936
8	Países Baixos (Holanda)[1]	0,935
9	Japão	0,933
10	Finlândia	0,930
11	Suíça	0,928
12	França	0,928
13	Reino Unido	0,928
14	Dinamarca	0,926
15	Áustria	0,926
16	Luxemburgo	0,925
17	Alemanha	0,925
18	Irlanda	0,925
19	Nova Zelândia	0,917
20	Itália	0,913
21	Espanha	0,913
22	Israel	0,896
23	Hong Kong, na China[2]	0,888
24	Grécia	0,885
25	Cingapura	0,885
26	Chipre	0,883
27	Coréia do Sul	0,882
28	Portugal	0,880
29	Eslovênia	0,879
30	Malta	0,875
31	Barbados	0,871
32	Brunei	0,856
33	República Tcheca	0,849
34	Argentina	0,844
35	Hungria	0,835
36	Eslováquia	0,835
37	Polônia	0,833
38	Chile	0,831
39	Bahrein	0,831
40	Uruguai	0,831
41	Bahamas	0,826
42	Estônia	0,826
43	Costa Rica	0,820
44	São Cristóvão e Névis	0,814
45	Kuwait	0,813
46	Emirados Árabes Unidos	0,812
47	Seychelles	0,811
48	Croácia	0,809
49	Lituânia	0,808
50	Trinidad e Tobago	0,805
51	Catar	0,803
52	Antígua e Barbuda	0,800
53	Letônia	0,800

Desenvolvimento humano médio

54	México	0,796
55	Cuba	0,795
56	Belarus	0,788
57	Panamá	0,787
58	Belize	0,784
59	Malásia	0,782
60	Federação Russa	0,781
61	Dominica	0,779
62	Bulgária	0,779
63	Romênia	0,775
64	Líbia	0,773
65	Macedônia	0,772
66	Santa Lúcia	0,772
67	Maurício	0,772
68	Colômbia	0,772
69	Venezuela	0,770
70	Tailândia	0,762
71	Arábia Saudita	0,759
72	Fiji	0,758
73	***Brasil***	***0,757***
74	Suriname	0,756
75	Líbano	0,755
76	Armênia	0,754
77	Filipinas	0,754
78	Omã	0,751
79	Casaquistão	0,750
80	Ucrânia	0,748
81	Geórgia	0,748
82	Peru	0,747
83	Granada	0,747
84	Maldivas	0,743
85	Turquia	0,742
86	Jamaica	0,742
87	Turcomenistão	0,741
88	Azerbaijão	0,741
89	Sri Lanka	0,741
90	Paraguai	0,740
91	São Vicente e Granadinas	0,733
92	Albânia	0,733
93	Equador	0,732
94	República Dominicana	0,727
95	Usbequistão	0,727
96	China	0,726
97	Tunísia	0,722
98	Irã	0,721
99	Jordânia	0,717
100	Cabo Verde	0,715
101	Samoa	0,715
102	Quirguistão	0,712
103	Guiana	0,708
104	El Salvador	0,706
105	Moldávia	0,701
106	Argélia	0,697
107	África do Sul	0,695
108	Síria	0,691
109	Vietnã	0,688
110	Indonésia	0,684
111	Guiné Equatorial	0,679
112	Tadjiquistão	0,667
113	Mongólia	0,655
114	Bolívia	0,653
115	Egito	0,642
116	Honduras	0,638
117	Gabão	0,637
118	Nicarágua	0,635
119	São Tomé e Príncipe	0,632
120	Guatemala	0,631
121	Ilhas Salomão	0,622
122	Namíbia	0,610
123	Marrocos	0,602
124	Índia	0,577
125	Suazilândia	0,577
126	Botsuana	0,572
127	Mianmar	0,552
128	Zimbábue	0,551
129	Gana	0,548
130	Camboja	0,543
131	Vanuatu	0,542
132	Lesoto	0,535
133	Papua-Nova Guiné	0,535
134	Quênia	0,513
135	Camarões	0,512
136	Congo	0,512
137	Comores	0,511

Desenvolvimento humano baixo

138	Paquistão	0,499
139	Sudão	0,499
140	Butão	0,494
141	Togo	0,493
142	Nepal	0,490
143	Laos	0,485
144	Iêmen	0,479
145	Bangladesh	0,478
146	Haiti	0,471
147	Madagascar	0,469
148	Nigéria	0,462
149	Djibuti	0,445
150	Uganda	0,444
151	Tanzânia	0,440
152	Mauritânia	0,438
153	Zâmbia	0,433
154	Senegal	0,431
155	Congo, Rep. Dem.	0,431
156	Costa do Marfim	0,428
157	Eritréia	0,421
158	Benin	0,420
159	Guiné	0,414
160	Gâmbia	0,405
161	Angola	0,403
162	Ruanda	0,403
163	Malauí	0,400
164	Mali	0,386
165	República Centro-Africana	0,375
166	Chade	0,365
167	Guiné-Bissau	0,349
168	Etiópia	0,327
169	Burkina Fasso	0,325
170	Moçambique	0,322
171	Burundi	0,313
172	Níger	0,277
173	Serra Leoa	0,275

[1] Países Baixos é o nome oficial do país, embora ele seja mais comumente chamado de Holanda (na verdade, esta é a região maior e mais importante da nação, e por isso acabou por se tornar mais conhecida no mundo).
[2] Apesar de a cidade de Hong Kong fazer parte da China, é classificada em separado, uma vez que, por ter sido colônia do Reino Unido até recentemente, mantém o sistema econômico capitalista, ao contrário do resto do país, que adota um sistema socialista com elementos do capitalismo.

Brasil: Bandeiras e Evolução da População

BANDEIRA NACIONAL

PARANÁ
Curitiba

RONDÔNIA
Porto Velho

ACRE
Rio Branco

CEARÁ
Fortaleza

MATO GROSSO
Cuiabá

PERNAMBUCO
Recife

RORAIMA
Boa Vista

ALAGOAS
Maceió

DISTRITO FEDERAL
Brasília

MATO GROSSO DO SUL
Campo Grande

PIAUÍ
Teresina

SANTA CATARINA
Florianópolis

AMAPÁ
Macapá

ESPÍRITO SANTO
Vitória

MINAS GERAIS
Belo Horizonte

RIO DE JANEIRO
Rio de Janeiro

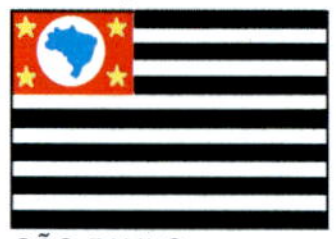

SÃO PAULO
São Paulo

AMAZONAS
Manaus

GOIÁS
Goiânia

PARÁ
Belém

RIO GRANDE DO NORTE
Natal

SERGIPE
Aracaju

BAHIA
Salvador

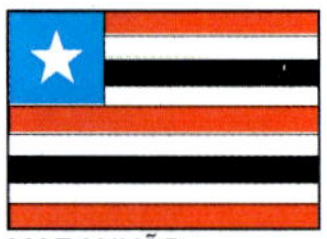

MARANHÃO
São Luís

PARAÍBA
João Pessoa

RIO GRANDE DO SUL
Porto Alegre

TOCANTINS
Palmas

Evolução da População Brasileira

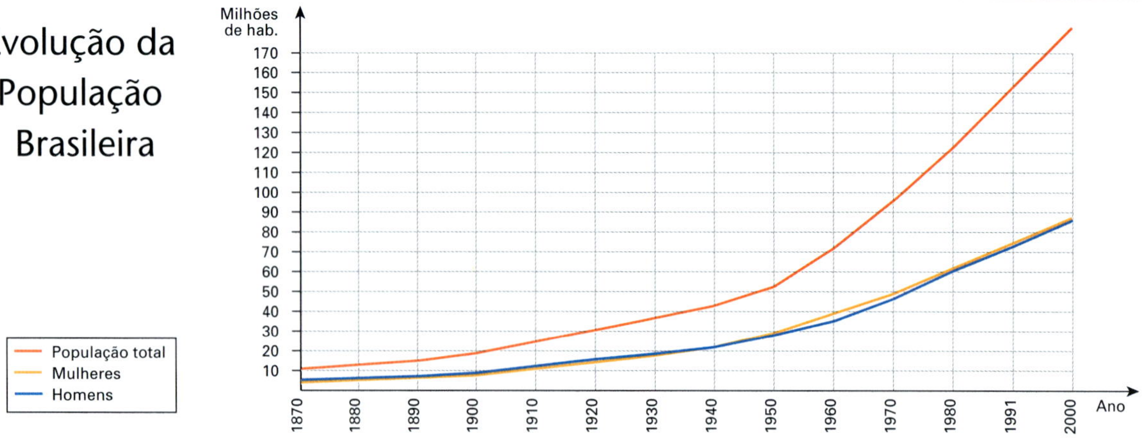

Fonte: IBGE - 2000.

A

Abacaxis, r. **43** D5
Abadia dos Dourados **54** C3
Abadiânia **44** D3
Abaeté, r. **54** C4, D4
Abaetetuba **41** C10; **43** C7
Abaiara **49** F3
Abbot, gel. de **22** B24
Abdon Batista **62** C5
Abéché **17** C5
Abel Figueiredo **43** D7
Aberdeen **15** E2
Abidjan **17** D3
Abraham's Bay **11** D2
Abreu e Lima **51** D8
Abrigo, rib. do **58** B2
Abrolhos, arq. dos **40**, detalhe; **53** G5
Abu Dhabi **5** D12; **19** H4
Abuja **5** E10; **17** D4
Abunã, r. **42** E3
Acaia, pta. **56** D1
Açailândia **41** C10; **48** C2
Acapulco **9** H8
Acapuzal, sa. do **43** C6
Acará **41** C10; **43** C7
Acará, l. **42** D4
Açará, r. **43** C7
Acará-Mirim, r. **39** C10
Acaraú **49** A2
Acaraú, r. **39** C11/12; **49** C2
Acari, r. **43** D5
Acauã, r. **51** C6
Acklins, i. **10** D2; **11** D2
Aconcágua (p.) **6** G6; **12** F3
Acopiara **49** E3
Açores, is. dos **4** D8; **6** D8; **16** A1; **17** A1
Acorizal **46** E3
Acra **4** E9; **17** D3
Acre, est. do **38** D5/6; **40** D5/6; **42** E1/2
Acre, r. **38** D6; **40** E6
Açu **51** B6
Açu, r. **51** B6; **60** C2
Açuã, r. **42** D3
Açungui, r. **59** F6;**61** D6
A. de Souza, aç. **49** B2
Adamantina **58** C3
Adamawa, maciço de **16** D5
Adana **19** I4
Adare, c. **22** B21
Adelaide **20** H3
Adelaide, r. **60** D2
Áden **19** H5
Áden, g. de **5** E12; **7** E12; **16** C8; **17** C8; **18** H5; **19** H5
Adis Abeba **5** E11; **17** D7
Adolfo **58** C4
Adrianópolis **61** C7
Adriático, mar **14** C3; **15** C3
AFEGANISTÃO **5** D13; **19** G4
Afogados da Ingazeira **51** D5
Afonso Cláudio **57** D1
Afonso Cunha **48** C4
África **16** (mapa físico); **17** (mapa político)
ÁFRICA DO SUL **5** G11; **17** G6
Afuá **43** C7
Agadez **17** C4
Agadir **17** A2
Agalega, is. **16**, detalhe; **17**, detalhe
Agami Nuara, sa. do **43** B6
Agricolândia **48** C4
Agrihan, i. **20** C4
Água, sa. d' **52** B4
Água Amarela, r. **61** D5
Água Azul do Norte **43** D7
Água Bela, r. **60** C2
Água Boa **46** E5
Água Boa, r. **48** D4
Água Bonita, r. **58** D3; **60** C3
Água Branca **51** D5;**52** B2
Água Branca, r. **61** D5
Água Branca, rib. **60** C2
Água Branca, sa. **52** B2
Água Clara **47** H5
Água Comprida **54** D3
Água Doce **62** C4
Água Doce do Norte **57** B2
Água do Macaco, r. **60** B3
Água Fria de Goiás **44** C4
Aguaí **59** D7
Água Limpa, córr. **57** B3; **58** B4
Água Limpa, r. **44** C2
Aguanil **54** D4
Aguapeí, r. **46** E2; **58** C2/4
Aguapeí, sa. do **46** E/F2
Água Preta **51** E7
Água Preta, ig. **42** C3
Água Quente, r. **44** C4
Água Santa **62** B3
Águas Belas **51** F5
Águas da Prata **59** C7
Águas de Lindóia **59** D7
Águas de Santa Bárbara **58** D4
Águas de São Pedro **59** D6
Água Sumida, rib. **58** D1/2
Água Vermelha, repr. **54** D2; **58** A3/4
Agudo **63** B3
Agudo, rib. do **59** B5/6
Agudos **58** D5
Agudos do Sul **61** D6
Agudos Grandes, sa. dos **59** F5/6
Águia Branca **57** B2
Aguiar, la. do **57** C2
Agulha, ilhota **38**, detalhe
Agulhas, c. **16** H6
Agulhas Negras, p. das **6** G7; **12** E5; **39** G11; **56** C1
Ahaggar, mtes. **6** D10; **16** B4
Ahmadabad **19** G4
Ailuk, i. **20** C7
Aimorés **55** D6
Aimorés, sa. dos **57** B2
Aïr (maciço) **16** C4
Aiti, r. **42** D2
Aitutaki, i. **21** F10
Aiuruoca **55** E5
Ajuricaba **62** B3
Aksai Chin **19** G4
Alagoa Grande **51** D7
Alagoas, est. de **39** D/E12; **41** D/E12; **52**
Alagoinhas **41** E12; **53** D5
Alajuela **11** F4
Alalaú, r. **38/39** C7/8
Alambari **59** E6
Alambari, r. **58** D4
Aland, is. **14** B/C1; **15** C1
Alapuã, l. **42** D4
Alasca **4** B2; **9** C3
Alasca, cadeia do **8** C4
Alasca, g. do **4** C2; **6** C2; **8** D4; **9** D4
Alasca, pen. do **6** C2; **8** D3
Albacete **15** E4
ALBÂNIA **5** C10; **15** B3
Albany **9** E11, F10
Albany, r. **8** D10
Albertina **54** E4
Alberto, l. **16** D6
Ålborg **15** D2
Albuquerque **9** F7
Alcântara **48** B3
Alcântaras **49** B2
Alcinópolis **47** G4
Alcobaça **53** F5
Aldabra, is. **16** E8; **17** E8
Aldan, r. **18** D2
Alecrim **62** A2
Alegre **57** D1
Alegre, r. **46** E2; **48** B4; **61** C5
Alegre, rch. **50** E2
Alegrete **41** H9; **63** B2
Alegrete do Piauí **48** D5
Alegria **62** A2
Além Paraíba **55** E6
ALEMANHA **5** C10; **15** D2
Alenquer **43** C6
Alepo **19** I4
Aleutas, cadeia das **8** D3
Aleutas, is. **18** B3; **19** B3
Alexander, i. **22** C13
Alexander, is. **8** D5; **9** D5
Alexandria **17** A6
Alexandria, sa. **51** C5
Alfenas **54** E4
Alfredo Chaves **57** D2
Alfredo Marcondes **58** D2
Alfredo Wagner **62** C6
Aliança **51** D7
Aliança, r. **55** D5/6
Aliança, sa. da **57** D1
Aliança do Tocantins **43** E7
Alicante **15** E4
Alma-Atá **19** G3
Almas **43** E8
Almas, p. das **39** E11; **53** D4
Almas, r. **61** D5
Almas, r. das **43** F7; **44** D2, C3; **59** E/F5, E8
Almas, sa. das **53** E3
Almeirim **41** C9; **43** C6
Almenara **41** F11; **55** B7
Almería **15** E4
Almirantado, is. do **20** E4
Almirante Tamandaré **61** D6
Aloândia **44** D3
Alonso, r. **60/61** C4/5
Alpercata **55** C6
Alpercatas, r. **48** D3
Alpercatas, sa. das **48** D3
Alpes (cord. dos) **6/7** C10; **14** D3
Alpes da Transilvânia (cord.) **14** B3
Alpes Dináricos (cord.) **14** C3
Alpes do Sul (mtes.) **20** I6
Alpes Marítimos (cord.) **14** D3
Alta Floresta **41** D8; **46** B3
Alta Floresta d'Oeste **42** E4
Altai, mtes. **7** C14; **18** F3
Altair **58** B5
Altamira **41** C9; **43** C6
Altamira do Paraná **60** C3
Altaneira **49** E3
Altiplano **12** D3
Alto, p. do **39** C12
Alto Alegre **40** B7; **42** B4; **58** C4; **63** B3
Alto Araguaia **47** F5
Alto Atlas (mtes.) **16** A3
Alto Bonito **43** C8
Alto Braço, r. **62** C7
Alto da Bandeira, p. **38**, detalhe; **50**, detalhe
Alto do Rodrigues **51** B6
Alto Feliz **63** B4
Alto Garças **47** F5
Alto Grande, chap. do **50** E4
Alto Pacajá, r. **43** C7
Alto Paraíso de Goiás **44** C4
Alto Rio Novo **57** C1
Altos **48** C4
Alto Taquari **47** G5
Alto Uruguai, sa. do **62** B3
Altun Shan (cadeia) **7** D14
Alvarães **42** C3
Alvarenga **55** D6
Álvares Florence **58** B4
Álvaro de Carvalho **58** D4
Alvinlândia **58** D4
Alvorada **63** C4
Alvorada de Minas **55** C5
Alvorada do Norte **44** C4
Alvorada d'Oeste **42** E4
Alvorada do Sul **60** A4
Amã **5** D11; **19** I4
Amambaí **47** I4
Amambaí, r. **47** I4
Amambaí, sa. **47** I3
Amanã, l. **42** C3
Amandaú, r. **62** A2
Amanu, i. **21** F11
Amapá **43** B7
Amapá, est. do **39** B9; **41** B9; **43** B6/7
Amapari, r. **43** B6
Amaporã **60** B3
Amaral Ferrador **63** C3
Amarante do Maranhão **48** C2
Amarelo, mar **5** D16; **7** D16; **18** D4; **19** D4; **20** A2
Amarelo, r. **7** D15; **18** E4; **19** E4
Amarelos, la. **57** D2
Amargosa **53** D5
Amarillo **9** F8
Amaturá **42** C3
Amazonas, est. do **38/39** C6/8; **40/41** C6/8; **42/43** D2/5
Amazonas, foz do **12** B5; **13** B5
Amazonas, r. **6** F7; **12** C3/4; **13** C3; **39** C8/9; **41** C8/9; **43** C6
Amazônica, bacia **6** F6; **12** C3
Amazônica, floresta **12** C4
Ambarchik **19** B2
Ambergris Cay (i.) **10** G3; **11** G3
América Central **10** (mapa físico); **11** (mapa político)
América do Norte **8** (mapa físico); **9** (mapa político)
América do Sul **12** (mapa físico); **13** (mapa político)
Americana **59** D6
Americano do Brasil **44** D3
Américo Brasiliense **59** C6
Américo de Campos **58** B4
Amery, gel. de **22** C18
Amiens **15** D3
Amirante, is. **16**, detalhe; **17**, detalhe
Amola Faca, r. **62** D6
Amontada **49** B3
Amparo **59** D7
Amparo, sa. do **56** C1
Amparo da Serra **55** D6
Ampere, r. **60** D2
Amsterdã **15** D2
Amundsen, g. de **8** B6; **9** B6
Amundsen, mar de **22** C24
Amur, r. **7** C16; **18** D3
Anaa, i. **21** F11
Anadir **19** B2
Anadir, g. de **18** A2; **19** A2
Anadir, mtes. **7** B18; **18** B2
Anagé **53** E4
Anajás **43** C7
Analândia **59** D6
Anamã **42** C4
Anamu, r. **43** B5
Anápolis **41** F10; **44** D3
Anati Paranã, r. **42** C3
Anauá, r. **42** B4
Anaurilândia **47** I5
Anavilhanas, arq. das **42** C4
Anchieta **57** D2; **62** B2
Anchieta, i. **59** E9
Anchorage **9** C3
Andaman, is. **5** E14; **7** E14; **18** F5; **19** F5
Andaman, mar de **18** F5; **19** F5
Andes (cord. dos) **6** G6; **12** B/G2
ANDORRA **4** C10; **15** D3
Andorra la Vella **15** D3
Andrada, r. **60/61** D2
Andradas **54** E4
Andradina **58** B2
Andreas, c. **14** A4
André da Rocha **63** B4
Andrelândia **55** E5
Andros Town **11** E2
Andros, i. **10** E2; **11** E2
Ándros, i. **14** B4
Anegada, canal de **10** B3
Anéis, pta. dos **51** B7
Aneto, p. de **14** D3
Angara, r. **7** C14; **18** F3
Angatuba **59** E5
Angel, salto del **12** B3
Angelim **51** E6
Angelim, r. **57** B3
Angelina **62** C7
Angical, sa. do **53** C2
Anglesey, i. **14** E2
ANGOLA **5** F10; **17** F5
Angra dos Reis **56** C1
Anguilla, i. de **10** B3; **11** B3
Anguilla Cays (is.) **10** E2; **11** E2
Anhanduí-Guaçu, r. **47** H4/5
Anhangüera **44** E3
Anhembi **59** D6
Anhumas **58** D2
Anhumas, r. **59** C6
Anhumas, rib. **58** D1/2
Anil, r. **49** B4
Anitápolis **62** C6
Ankara **5** D11; **19** I4
Ankaratra, mtes. **16** G8

Annaba **17** A4
Anori **42** C4
Anta Gorda **63** B3
Antananarivo **5** F12; **17** F8
Antártica **5** I12/16; **7** I12/17; **22**
Antártica, pen. **22** B/C13
Antártica Maior **22** B18
Antártica Menor **22** B13
Antas, r. **63** B4
Antas, r. das **60** B2, B4; **61** C5
Antígua, i. de **10** B3
ANTÍGUA E BARBUDA **4** E6; **11** B3
Antilhas (arq. das) **10** E2; **11** D2
Antilhas Holandesas (is.) **11** C4
Antípodas, is. **21** I7
Antofagasta **13** E2
Antonina **61** D7
Antonina do Norte **49** E2
Antônio Carlos **55** E5; **62** C7
Antônio Dias **55** D6
Antônio João **47** I3
Antônio Olinto **61** D5
Antuérpia **15** D2
Aoraki, mte. **7** H18; **20** I6
Apa, r. **39** G8; **47** I3
Apaga Fogo, pta. **53** D5
Apalaches, mtes. **6** D6; **8** F10
Apanha Peixe, aç. do **51** B5
Aparecida **59** D8
Aparecida de Goiânia **41** F10; **44** D3
Aparecida d'Oeste **58** B3
Aparecida do Rio Doce **44** E2
Aparecida do Taboado **47** H6
Apeninos (cadeia dos) **7** C10; **14** C3
Aperibé **56** B3
Apeuzinho, i. **48** A3
Apia **21** F8
Apiacá **57** E1
Apiacá, r. **46** B3
Apiacã, r. **46** C3
Apiacás **46** B3
Apiacás, sa. dos **46** B2/3
Apiaí **58** F5
Apiaí, r. **59** E5
Apiaí Mirim, r. **59** E/F5
Apiau, r. **42** B4
Apodi **51** B5
Apodi, chap. do **49** D5; **51** B5
Apodi, l. do **51** B5
Apodi, r. **51** B5, C5
Aporé **44** E2
Aporé, r. **39** F9; **44** E2; **47** G5
Apuaé, r. **62** B4
Apucarana **60** B4
Apucarana, r. **61** B5
Apucarana, sa. do **61** B5
Apuí **43** D5
Apuiarés **49** B3
Aquidauana **41** G8; **47** H3
Aquidauana, r. **47** G3/H4
Aquiraz **49** B4
Ar Rub' Al Khali, deserto de **18** H5
Arábia, mar da **5** E13; **7** E13; **18** G5; **19** G5
Arábia (pen. da) **18** H4
ARÁBIA SAUDITA **5** D12; **19** H4
Araçá, r. **42** B4
Aracaji, r. **51** C7
Aracaju **13** D6; **41** E12; **52** C2
Aracati **49** C5
Aracatiaçu, r. **49** B3
Aracatimirim, r. **49** C3
Araçatuba **41** G9; **58** C3
Araci **53** C5
Aracruz **57** C2
Araçu **44** D3
Araçuaí **55** B6
Araçuaí, r. **55** B6, C6
Arad **15** B3
Arafura, mar de **5** F16; **7** F16; **18** D6; **19** D6; **20** E3
Aragarças **44** C1
Aragoiânia **44** D3
Aragominas **43** C8
Araguacema **43** E7
Araguaia, r. **12** D4; **13** D4; **39** D10; **44** C2; **46** C6/E5
Araguaiana **46** E5
Araguaína **41** D10; **43** D7
Araguainha **47** F5
Araguapaz **44** C2
Araguari **54** C3
Araguari, r. **54** C/D3
Araíca, r. **50** F2
Araioses **48** B5
Aral, mar de **5** C13; **7** C13; **18** H3; **19** H3
Aral Moreira **47** I4
Arambaré **63** C4
Arame **48** C3
Aramina **59** B6
Arandu **58** E5
Arapeí **59** D9
Arapiraca **41** D12; **52** B3
Arapoim, r. **55** B5
Arapongas **60** B4
Araporã **54** C2
Arapuá **54** C4
Araquari, barra de **62** B7
Arara **51** C7
Arara, sa. da **49** F4
Araranguá **62** D6
Araraquara **59** B6
Araras **59** D6
Araras, aç. **49** C2
Ararendá **49** C2
Arari, l. **43** C7
Arari, r. **42** B2
Araripe, chap. do **39** D11/12; **49** F2/3
Araripina **50** D2
Araruama **56** C3
Araruama, la. de **56** C3
Araruna, sa. da **51** C7
Arataú, r. **43** C7
Aratiba **62** A3
Arauá, r. **42** D4; **52** D2
Araucária **61** D6
Araújos **54** D4
Araxá **54** D4
Arco-Íris **58** C3
Arcos **54** D4
Arcoverde **51** E5
Ardennes (cadeia das) **14** D3
Areal **56** C2
Areal, arr. **63** C1
Arealva **58** D5
Areia **51** C7
Areia, r. da **54** B4; **60** B2
Areial **51** D7
Areias **59** D9
Areias, rib. das **56** B3
Arendal, arr. **63** B3
Arenópolis **44** D2
Arequipa **13** D2
Argel **4** D10; **17** A4
ARGÉLIA **4** D9/10; **17** B3
ARGENTINA **4** H6; **13** G3; **22** D13
Arges, r. **14** B3
Argirita **55** E6
Århus **15** C2
Arica **13** D2
Arinos, r. **39** E8; **46** C2/D3
Aripuanã **41** E8; **46** B2
Aripuanã, r. **39** D8/9; **42** D4; **46** B2
Ariquemes **42** E4
Ariranha **58** C5
Ariranha, arr. da **60** B2
Arkansas, r. **8** F8/9
Arkhangelsk **19** H2
Armando R. Gonçalves, repr. **51** B5
Armando S. Oliveira, usina **59** C7
Armazém **62** D6
ARMÊNIA **5** C12; **19** H3
Arneiroz **49** E2
Arnhem **15** D2
Arnhem, c. **20** F3
Arnhem, terra de **20** F3
Arno, i. **20** D7
Aroeiras **51** D7
Arpoal, pta. do **59** F7
Arraial, r. **61** D7
Arraial do Cabo **56** C3
Arraial Velho, r. **44** C4
Arraial Velho, rib. **45** A2
Arraias **43** F8
Arraias, r. **46** C4; **43** E7
Arroio do Sal **63** B5
Arrojada, rib. **44** D4
Ártico **22**
Artur Nogueira **59** D7
Aruanã **44** C2
Aruba, i. de **10** D4; **11** D4/5
Arujá **59** E7
Arurandeira, r. **43** D7
Arurão, r. **60** B3
Arusha **17** E7
Aruwimi, r. **16** D6
Arviat **9** C9
Ascensão, i. de **4** F9; **6** F9; **16** E2; **17** E2
Ascurra **62** C6
Aseb **17** C8
Ashkhabat **5** D12; **19** H4
Ásia **18** (mapa físico); **19** (mapa político)
Ásia Menor **18** I4
Asir **18** H5
Asmara **5** E11; **17** C7
Assis **58** D3
Assis Brasil **40** E6; **42** E2
Assis Chateaubriand **60** C2
Assuã **17** B7
Assuã, barragem de **16** B7
Assuncão **4** G7; **13** E4
Astana **5** C13; **19** G3
Astrakhan **19** H3
Asunción, i. **20** C4
Asyut **17** B6
Ata, i. **21** G8
Atacama, deserto de **12** E2
Atalaia **52** B3; **60** B3
Atalaia do Norte **40** C5; **42** D2
Atalanta **62** C6
Atbara **17** C7
Atbara, r. **16** C7
Atelchu, r. **46** D4
Atenas **5** D11; **15** B4
Athabasca, l. **8** D8; **9** D8
Atibaia **59** E7
Atibainha, r. **59** E7
Atílio Vivacqua **57** D1
Atiu, i. **21** G10
Atlanta **9** F10
Atlas, mtes. **6** D9/10; **16** A3
Atlas Saariano (mtes.) **16** A3
Atuana **21** E12
Auaiá-Miçu, r. **46** C5
Aube, r. **14** D3
Auckland **20** H7
Augusta **20** H1
Augusto Correa **43** C8
Augusto de Lima **55** C5
Augusto Pestana **63** B2
Aurora **49** E3; **62** C6
Ausentes, sa. dos **62** A/B4
Austin **9** F9
Austrais, is. **21** G10
AUSTRÁLIA **5** G16; **20** G2
ÁUSTRIA **5** C10; **15** C3
Autazes **43** C5
Avaí **58** D4
Avanhandava **58** C4
Avaré **58** E5
Aveiro **43** C6
Avelino Lopes **48** F4
Aves, is. **10** C4; **11** C4
Avignon **15** D3
Axel-Heiberg, i. **6** A5; **8** B9; **9** B9
Axixá **48** B3
Ayers Rock (mte.) **20** G2
AZERBAIJÃO **5** D12; **19** H4
Azov, mar de **14** A3; **15** A3
Azuero, pen. de **10** F5
Azuis, mtes. **8** E7
Azul, cadeia **8** F10
Azul, r. **60** C2, C3
Azul, sa. **46** E4

B

Babilônia, r. **44** D1
Babitonga, b. de **62** B7
Bacabal **41** C11; **48** C3
Bacajá, r. **42** D3
Bacamarte, rch. **48** D5
Bacaxá, r. **56** C3
Back, r. **8** C8
Bacolod **19** D5
Badajós, l. **42** C4
Badajoz **15** E4
Bady Bassit **58** B4
Baependi, r. **54/55** E4/5
Baffin, b. de **4** B6; **6** B6; **8** B12; **9** B12; **22** B12
Baffin, i. de **4** B6; **6** B6; **8** B11; **9** B11; **22** C12
Bagagem, r. **44** C3
Bagdá **5** D12; **19** H4
Bagé **41** I9; **63** C2
BAHAMAS **4** D6; **11** E1
Bahamas (arq. das) **6** D6; **10** E1
Bahia, est. da **39** E11/12; **41** E11/12; **53**
Bahía, is. de la **10** G3 **11** G3
Bahía Blanca **13** F3
Bahr El Ghazal **16** D6
BAHREIN **5** D12; **19** H4
Baía da Traição **51** C8
Baía Formosa **51** C8
Baía Grande, l. **46** E1
Baikal, l. **5** C15; **7** C15; **18** E3; **19** E3
Bailique, i. **43** B7
Bairiki **20** D7
Baixa Califórnia **8** F7
Baixa Grande, rch. **51** B5
Baixa Grande do Ribeiro **48** E3
Baixio **49** E4
Baixo Guandu **57** C1
Baker, i. **21** D8
Baku **5** C12; **19** H3
Balança, sa. da **49** F4
Balanças, sa. das **49** D2, E4
Balão, córr. **57** B2
Balaton, l. **14** C3; **15** C3
Balbina, repr. **39** C8; **41** C7/8; **42** C4
Balbinos **58** C4
Balcânica, pen. **7** C11
Balcãs, mtes. **14** B3
Baleares, is. **6** D10; **14** D4; **15** D4
Baleia, pta. da **53** F5
Balikpapan **19** E6
Balkhash, l. **5** C13; **7** C13; **18** G3; **19** G3
Balneário Barra do Sul **62** B7
Balneário Camboriú **62** C7
Bálsamo **58** B4
Balsa Nova **61** D6
Balsas **41** D10; **48** D3
Balsas, r. **8** H9
Balsas, r. das **48** D3, E2
Balseiros, r. **48** D4
Balsinhas, r. **48** D3
Báltico, mar **7** C10; **14** C2; **15** C2
Baltimore **9** F11
Bamaco **4** E9; **17** C3
Banaba, i. **20** E6
Banabuiú, aç. de **49** D3
Banabuiú, r. **49** D4
Bananal **59** D9
Bananal, córr. **57** C2
Bananal, i. do **38** E9; **43** E7
Bananal, r. **43** E7; **56** C1; **57** C2
Bananeiras, sa. das **56** C3
Banda, mar de **5** F16; **7** F16
Bandar Seri Begawan **19** E5
Bandeira **55** B7
Bandeira, p. da **12** E5; **39** G11; **55** D6; **57** D1
Bandeirantes **47** G4; **61** B5
Bandeirantes, i. dos **60** B2
Bandeirantes, rib. **60** B3
Bandeirantes, rib. dos **58** C2
Bandeirantes do Norte, r. **60** A4
Bandeiras, rch. das **53** C5
Banderas, b. de **8** G8; **9** G8
Bandung **19** E6
Bangalore **19** G5
Bangassou **17** D6
Bangcoc **5** E14; **19** E5
BANGLADESH **5** D14; **19** F4
Bangor **9** E11
Bangui **5** E10; **17** D5
Banjul **4** E9; **17** C2
Banks, i. **4** B3; **6** B3; **8** B6; **9** B6; **22** B2
Banks, is. **20** F6

Bannach 43 D7
Barão de Antonina 58 E4
Barão de Cocais 55 D5
Barão de Cotegipe 62 A3
Barão de Melgaço 46 F3
Barão de Monte Alto 55 E6
Barão do Triunfo 63 C4
Baraúna, sa. 42 B4
Barbacena 55 E5
Barbacena, rib. 60 B4
Barbado, r. 46 E2
BARBADOS 4 E7; 11 B4
Barbados, i. de 10 A4
Barbalha 49 F3
Barbaquã, r. 60 C3
Barbosa 58 C4
Barbuda, i. 10 B3; 11 B3
Barcelona 13 B3; 15 D3
Barcelos 42 C4
Barents, mar de 5 B12; 7 B11; 18 I2; 19 I2; 22 B8
Bari 15 C3
Barigui, r. 61 D6
Bariri, repr. 58 D5
Barkly, plto. 20 F3
Barlavento, canal de 10 D3; 11 D3
Barlavento, is. de 10 B4; 11 B4
Barquisimeto 13 B2
Barra 53 C3
Barra, r. da 61 C6
Barra, rch. 51 B5
Barra Bonita 59 D5
Barra Bonita, repr. 59 D5
Barracão 62 A4
Barra de Santo Antônio 52 B4
Barra de São Francisco 57 B2
Barra de São Miguel 51 D6; 52 B4
Barra do Chapéu 58 F5
Barra do Corda 41 D10; 48 C3
Barra do Garças 41 F9; 46 F5
Barra do Jacaré 61 B5
Barra do Piraí 56 C2
Barra do Turvo 59 F5
Barra do Bugres 46 E3
Barra Funda 62 A3
Barra Longa 55 D5
Barra Mansa 41 G11; 56 C1
Barranquilla 13 A2
Barras 48 C4
Barreiras 41 E10; 53 D2
Barreiras, rch. das 50 E4
Barreiras do Piauí 48 E3
Barreirinhas 48 B4
Barreiro, r. 59 F6; 60 C2
Barreiros 51 E7
Barretos 59 B5
Barriga, rch. da 49 C3
Barro Alto 44 C3
Barro Duro 48 C4
Barro Duro, r. 48 B4
Barros, la. 63 C4
Barro Vermelho, pta. 38, detalhe; 50, detalhe
Barrow 9 B3
Barrow, c. 8 B3
Barrow, i. 20 G1
Barueri 59 E7
Basílio, arr. 63 C3
Basra 19 H4
Bass, estr. de 20 H4
Bass, i. de 21 G11
Basseterre 11 B3
Basse-Terre 11 B3
Bastia 15 D3
Bastiões, r. 49 E3
Bastiões, sa. dos 49 E2/3
Bataiporã 47 I5
Bataleira, r. 49 F3
Batalha, r. 62 C6
Batatais 59 B6
Batovi, cox. de 63 C2
Batovi, r. 46 D4
Baturité 49 C4
Baturité, sa. de 49 C3/4
Baú, ig. do 43 E6
Bauchi, plto. de 16 C4
Bauru 41 G10; 58 D5
Bauru, r. 58 D5
Bayamo 11 E2
Bayamón 11 C3
Bayeux 51 D8
Bayreuth 15 C3
Beaufort, mar de 4 B2; 6 B2; 8 B4; B4; 22 B2
Bebedouro 59 B5
Bebedouro, córr. do 54 B4
Bebedouro, r. 59 C6
Beberibe 49 C4
Béchar 17 A3
Beijing 5 D15; 19 E3
Beira 17 G7
Beirute 19 I4
Beitbridge 17 G7
Bela Cruz 49 B2
BELARUS 5 C11; 15 B2
Bela Vista, arr. 63 B1
Bela Vista de Minas 55 D5
Belcher, is. 8 D10; 9 D10
Belém 13 C5; 41 C10; 43 C7; 52 B3
Belém do Brejo do Cruz 51 C5
Belfast 15 E2
Belford Roxo 56 C2
BÉLGICA 4 C10; 15 D2
Belgrado 5 C11; 15 B3
BELIZE 4 E5; 11 G3
Belize City 11 G3
Bellingshausen, mar de 22 C13
Belmiro Braga 55 E5
Belmonte 53 E5; 62 B2
Belmopan 4 E5; 11 G3
Belo Horizonte 13 D5; 41 F11; 55 D5
Belo Jardim 51 E6
Belo Monte 52 B2
Belo Vale 55 D5
Beluchistão 18 G4
Bendengó, sa. da 50 E3/4
Benedito Novo 62 B6
Benevente, r. 57 D2
Bengala, g. de 5 E14; 7 E14; 18 F5; 19 F5
Bengazi 17 A6
BENIN 4 E10; 17 C4
Benin, b. de 16 D4; 17 D4
Benjamin, sa. do 60 D2
Benjamin Constant, r. 60 D2
Bento de Abreu 58 C3
Bento Gomes, r. 47 F3
Bento Gonçalves 63 B4
Benue, r. 16 D5
Bequimão 48 B3
Berbera 17 C8
Bergen 15 D1
Bering, estr. de 4 B1; 6 B1; 8 C2; 9 C2; 22 C3
Bering, mar de 5 C18; 7 C18; 8 C1; 9 C1; 18 B3; 19 B3
Berkner, i. de 22 B14
Berlengas, r. 48 D4
Berlim 5 C10; 15 C2
Bermudas, is. 4 D6; 6 D6; 8 F12; 9 F12
Berna 5 C10; 15 D3
Bernardo José, r. 62 A/B4
Berry, is. 10 E1; 11 E1
Bertioga 59 E8
Bertioga, canal de 59 E7
Bertolínia 48 D4
Beru, i. 20 E7
Beruri 42 C4
Betim 41 G11; 55 D5
Bezerra, r. 44 B4
Bezerros 51 E7
Bialystok 15 B2
Bicudo, r. 55 C5
Bié, plto. de 16 F5
Bighorn, mtes. 8 E8
Biguaçu 62 C7
Bikini, i. de 20 C6
Bilac 58 C3
Bilbao 15 E3
Billings 9 E8
Bimini, is. 10 E1; 11 E1
Bioko, i. de 16 D4
Birigüi 58 C3
Birmingham 9 F10; 15 E2
Biscaia, g. de 4 C9; 6 C9; 14 E3; 15 E3
Bishkek 5 C13; 19 G3
Bismarck 9 E8
Bismarck, arq. de 5 F17; 7 F17; 20 E4
Bismarck, mar de 20 E4
Bissau 4 E9; 17 C2
Bitola 15 B3
Bitteroot, cadeia 8 E7
Bitumirim, r. 61 C5
Bituva, r. 62 B5/6, B6
Blanca, b. 12 F3
Blanquilla, i. 10 B4; 11 B4
Blantyre 17 F7
Bloemfontein 17 G6
Bluefields 11 F4
Blumenau 13 E5; 41 H10; 62 B6/7
Boa Esperança 54 D4; 57 B2; 60 C3
Boa Esperança, c. da 5 G10; 7 G10; 16 H5
Boa Esperança, repr. da 39 D11; 41 D11; 48 D3
Boa Saúde 51 C7
Boa Ventura 50 D4
Boa Viagem 49 D3
Boa Viagem, r. 49 D3
Boa Vista 13 B3; 41 B7; 42 B4
Boa Vista do Ramos 43 C5
Boa Vista, r. 51 D6; 57 B2, D1
Boa Vista, sa. da 44 D3; 51 D6/7; 57 C2; 62 C6
Bobaomby, c. 16, detalhe
Bobo-Dioulasso 17 C3
Boca do Acre 40 D6; 42 E3
Boca do Mato, r. 48 C4
Bocaina 48 D5; 59 D5
Bocaina, r. 59 D9
Bocaiúva 55 C5
Boçoroca 63 B2
Bodele, depressão 16 C5
Bodensee, l. 14 D3; 15 D3
Bodø 15, detalhe à dir.
Bodó 51 B6
Bodocó 50 D3
Bodoquena 47 H3
Bodoquena, sa. da 47 H3
Boêmia, floresta da 14 C3
Bofete 59 E5
Bogotá 4 E6; 13 B2
Boi, rch. do 51 D6
Boi, sa. do 57 D1
Boi Preto, sa. do 60 D2
Boici, arr. 63 C3
Boipeba, i. 53 D5
Bois, r. dos 39 F10; 44 C3, D/E2
Boise 9 E7
Boituva 59 E6
Bola, r. 51 C7
Bolívar, p. 12 B3
BOLÍVIA 4 F6; 13 D3
Bolmen, l. 14 C2; 15 C2
Bolzano 15 C3
Bom, r. 60 B4
Bom Abrigo, i. do 59 G6
Bombaim 19 G5
Bombinhas 62 C7
Bom-Bocadinho, sa. do 51 C6/7
Bom Conselho 51 F6
Bom Despacho 54 D4
Bom Jardim 48 B3; 51 D7
Bom Jardim da Serra 62 D6
Bom Jardim de Goiás 44 D1
Bom Jardim de Minas 55 E5
Bom Jesus, cox. do 62 B4
Bom Jesus 48 E3; 51 B7, C4
Bom Jesus da Gurguéia, sa. 48 E4
Bom Jesus da Lapa 41 E11; 53 D3
Bom Jesus de Goiás 44 E3
Bom Jesus do Itabapoana 56 B4
Bom Jesus do Norte 57 E1
Bom Jesus do Tocantins 43 E7
Bom Princípio do Piauí 48 B5
Bom Repouso 54 E4
Bom Retiro 62 C6
Bom Sucesso 51 C5; 60 B4
Bom Sucesso, rch. 51 B5
Bom Sucesso de Itararé 58 F5
Bonaire, i. de 10 C4; 11 C4
Bondo 17 D6
Bonfim 42 B4
Bonfim, rib. 57 D1
Bonfim do Piauí 48 E4
Bonfinópolis 44 D3
Bongor 17 C5
Bonin, is. 5 D17; 7 D17
Bonita, la. 45 A2
Bonito 47 H3; 51 E7; 53 C4
Bonito de Santa Fé 50 D4
Bonito, r. 44 D2; 56 C2, C3; 60 C3; 62 B5
Bonito, rib. 56 B3; 58 B4, C4
Boothia, g. de 8 B9; 9 B9
Boothia, pen. de 6 B5; 8 B9; 22 C1
Boqueirão 51 D6/7
Boqueirão, aç. 51 D6
Boqueirão, sa. do 48 D4; 50 E3; 53 C3; 63 B2
Boqueirão do Leão 63 B3
Borá 58 D3
Borá, r. 58 C4
Bora-Bora, i. de 21 F10
Boracéia 58 D5
Borba 43 D5
Borboleta, r. 60 C4
Borborema, plto. da 12 C5; 39 D12; 51 C/D6
Bordeaux 15 E3
Borden, i. 8 B6; 9 B6
Borebi 58 D5
Borisov 15 B2
Borley, c. 22 C17
Bornéu, i. de 5 F15; 7 E15; 18 E5; 19 E5
Bornholm, i. 14 C2; 15 C2
BÓSNIA-HERZEGOVINA 5 C10; 15 C3
Bosques, l. dos 8 E9; 9 E9
Bossangoa 17 D5
Boston 9 E12
Bótnia, g. de 14 C1; 15 C1
BOTSUANA 5 G11; 17 G6
Botucatu 59 D5
Botucatu, r. 63 B3
Botucatu, sa. de 59 D/E5
Botumirim 55 B5
Bouar 17 D5
Bougainville, i. de 20 E5
Bounty, is. 20 I7
Braço, r. do 56 C1
Braço do Norte, r. 62 D6
Braço do Trombudo 62 C6
Braço Norte Direito, r. 57 D1
Braço Norte do Araguaia, r. 43 E/F7
Braço Norte do Rio Itaúnas 57 A2
Braço Norte do Rio São Mateus 57 B2
Braço Sul do Rio Itaúnas 57 B2
Braga, sa. do 49 F4; 50 D4
Bragança 41 C10; 43 C8
Bragança Paulista 59 D7
Braganey 60 C2
Branca, sa. 48 C3; 51 C4
Brancas, montanhas 8 E11
Branco da Conceição, r. 59 F6/7
Branco, c. 6 D9; 16 B1; 51 D8
Branco, mte. 14 D3
Branco, r. 38/39 B7; 42 F4; 46 B/C1, D1; 47 H3; 53 C2; 60 C4
Branco, rib. 48 E2
Branquinha 52 B3
Branquinho, r. 42 D2
BRASIL 4 F7; 13 D4; 38/39 (mapa físico); 40/41 (mapa político)
Brasileira 48 C5
Brasileiro, plto. 6 F7; 12 D5
Brasília 4 F7; 13 D5; 41 F10; 44 C4; 45 A2
Brasília de Minas 55 B5
Brasil Novo 43 C6
Brasnorte 46 D3
Brasov 15 B3
Bratislava 15 C3
Braúna 58 C3
Brazlândia 45 A1
Brazos, r. 8 F9
Brazzaville 5 F10; 17 E5
Brejão 51 F6
Brejinho 51 C7
Brejo 48 B4
Brejo, rch. do 48 E4
Brejo Alegre 58 C3
Brejo da Madre de Deus 51 E6
Brejo dos Santos 51 C5
Brejo Grande 52 C3
Brejo Grande, sa. do 53 D2
Brejolândia 53 D3

Brejo Santo **49** F4
Brejo Seco, rch. **51** E5
Bremen **15** D2
Brest **15** B2; **15** E3
Bretanha (pen.) **14** E3
Breu Branco **43** C7
Breves **41** C9; **43** C7
Bridgetown **11** B4
Brighton **15** E2
Brígida, r. da **51** D/E3
Brilhante, r. **47** H4
Brindisi **15** C3
Brisbane **20** G5
Bristol **15** E2
Britânia **44** C2
Britânicas, is. **6** C9; **14** E2
Brno **15** C3
Brodósqui **59** B6
Brooks, cadeia de **6** B2; **8** C3
Broome **20** F2
Brotas **59** D6
Brotas de Macaúbas **53** D3
Bruce, mte. **20** G1
Brumadinho **55** D5
Brumado **53** E4
Brumado, r. **53** D3/4; **55** D5
BRUNEI **5** E15; **19** E5
Brusque **62** C7
Bruxelas **15** D2
Bryansk **19** I3
Bucaramanga **13** B2
Bucareste **5** C11; **15** B3
Budapeste **5** C10; **15** C3
Buenaventura **13** B2
Buenos Aires **4** G7; **13** F3
Buenos Aires, l. **12** G2; **13** G2
Buenos Aires, r. **48** D2
Buffalo **9** E11
Bug, r. **14** B2, B3
Buíque **51** E5
Bujumbura **17** E6
Bulawayo **17** G6
BULGÁRIA **5** C11; **15** B3
Bulha, r. **60** C4
Bumba **17** D6
Bundaberg **20** G5
Buquira, r. do **59** D/E8
Buranhém, r. **53** F5
Burgos **15** E3
Buricá, r. **62** A2
Buriti Alegre **44** E3
Buriticupu, r. **48** C3
Buriti dos Lopes **48** B5
Buriti dos Montes **48** C5
Buritis, rib. **58** B3
Buritizal **59** B6
Buritizeiro **54** C4
BURKINA FASSO **4** E9; **17** C3
BURUNDI **5** F11; **17** E7
BUTÃO **5** D14; **19** F4
Butiá, r. **60** E3
Butte **9** E7
Butuí, r. **63** B1/2
Búzios **56** C4
Búzios, c. dos **56** C4
Búzios, i. dos **59** E9
Bylot, i. **8** B11; **9** B11

C

Caapiranga **42** C4
Caarapó **47** I4
Caatinga, sa. da **49** D4; **51** B4
Cabaçaí, r. **46** E2
Cabaceiras **44** C4; **51** D6
Cabeceiras do Piauí **48** C5
Cabeços, sa. dos **51** C5
Cabedelo **51** C8
Cabelo, rch. do **51** B6/7
Cabeluda, i. **38**, detalhe; **50**, detalhe
Cabinda **17** E4
Cabixi **42** F4
Cabíxi, r. **42** F4; **46** D1
Cabo **51** E7/8
Cabo 215 (r.) **60** B2
Cabo Breton, i. do **8** E13; **9** E13
Cabo Frio **56** C3
Cabo Frio, i. de **56** C4
Cabora Bassa, l. **16** F7
CABO VERDE **4** E8; **17** C1
Cabo Verde, is. de **6** E8; **16** C1
Cabo Verde, r. **54** E4
Cabo York, pen. do **20** F4
Cabral, sa. do **52** C2; **55** C5
Cabrália Paulista **58** D4
Cabreúva **59** E7
Cabrobó **50** E3
Cabuji, r. **51** B6
Cabul **5** D13; **19** G4
Caburaí, mte. **42** A5
Caçador **62** B4
Caçapava **59** E8
Caçapava do Sul **63** C3
Cacaré, r. **51** C4
Caçatuba, r. **51** E7
Cacequi, r. **63** B/C2
Cáceres **13** D4; **15** E4; **41** F8; **46** F3
Cachimbo, sa. do **39** D8/9; **46** B4
Cachoeira **53** D5
Cachoeira, r. **58/59** B5; **61** D7
Cachoeira, rib. **48** D2
Cachoeira, sa. da **52** B4
Cachoeira Alta **44** E2
Cachoeira de Goiás **44** D2
Cachoeira de Minas **54** E4
Cachoeira de Pajeú **55** B6
Cachoeira dos Índios **51** C4
Cachoeira do Sul **41** i9; **63** C3
Cachoeira Dourada **44** E3; **54** C2
Cachoeira Paulista **59** D9
Cachoeiras de Macacu **56** C3
Cachoeirinha **63** B4
Cachoeirinha, rib. **45** A2
Cachoeiro de Itapemirim **57** D1
Caciporé, c. **43** B7
Caciporé, r. **43** B7
Cacoal **41** E7; **42** E4
Cadeado, sa. do **59** F5/6
Cádiz **15** E4
Caen **15** E3
Caetanópolis **55** D5
Caetanos **53** E4
Caeté **55** D5
Caeté, r. **42** E2
Caetité **53** E3
Café, sa. do **52** A4
Cafeara **60** A4
Cafelândia **60** C2
Cafuini, r. **43** B5
Cágados, sa. **52** B1
Cagarra, i. **56** D2
Cagliari **15** D4
Caí, r. **63** B4
Caiabis, sa. dos **46** C3
Caiabu **58** D2
Caiapó, r. **44** C/D2
Caiapônia **44** D2
Caibi **62** C2
Caiçá, r. **52** C2
Caiçá, sa. do **52** C/2
Caiçara do Norte **51** B6
Caiçara do Rio do Vento **51** B7
Caicó **41** D12; **51** C5
Caieiras **59** E7
Caiena **4** E7; **13** B4
Caiganga, rib. **58** C2
Caipó, sa. do **39** F9
Cairns **20** F4
Cairo **5** D11; **17** A6
Cairu **53** D5
Cairuçu, p. **56** D1
Cais, r. **48** C5
Caiuá **58** C2
Cajai, r. **51** D7
Cajamar **59** E7
Cajapió **48** B3
Cajari, la. **48** B3
Cajari, r. **43** C6
Cajati **59** F6
Cajazeiras **51** C4
Cajobi **58** B5
Caju, i. do **48** B4
Calabouço, r. **51** C7
Calais **15** D2
Calama **13** E3
Calçado **51** E6
Calçado, p. do **57** D1
Calçoene **43** B7
Calcutá **19** F4
Caldas **54** E4
Caldas, sa. de **44** D3
Caldas Brandão **51** D7
Caldas Novas **44** D3
Caldeirão, sa. do **51** C/D6
Calgary **9** D7
Cali **13** B2
Califórnia **60** B4
Califórnia, g. da **8** G7; **9** G7
Calindó, r. **55** A5
Calmon **62** B4
Calumbi **50** D4
Camaçari **41** E12; **53** D5
Camacho **54** D4
Camagüey **11** E2
Camagüey, arq. de **10** E2; **11** E2
Camalaú **51** D6
Camamu **53** D5
Camandaí, r. **62** B2
Camapuã **47** G4
Camaquã **63** C4
Camaquã, r. **39** i9; **63** C3
Camará, sa. **49** E4; **51** C4
Camaragibe **51** E8
Camaragibe, r. **52** D4
Camararé, r. **46** D2
CAMARÕES **5** E10; **17** D5
Camarões, mte. **16** D4
Cambará, rib. **60** B4
Cambará do Sul **63** B4
Cambé **60** B4
Cambira **60** B4
Camboinha, pta. **51** D8
CAMBOJA **5** E15; **19** E5
Camboriú **62** C7
Cambriú, i. do **59** G6
Cambuci **56** B4
Cametá **41** C10; **43** C7
Camiranga **43** C8
Camisa, r. **63** B4
Camocim **49** A2
Camocim, b. de **49** A2
Campanário **55** C6
Campeche, b. de **8** G9; **9** G9
Campelo, i. **48** A3
Campelo, la. do **57** B4
Campestre da Serra **63** B4
Campinaçu **44** B3
Campina das Missões **62** A2
Campina do Monte Alegre **59** E5
Campina Grande **13** C6
Campina Grande **41** D12; **51** D7
Campina Grande do Sul **61** D6
Campinápolis **46** E5
Campinas **13** E5
Campinas **41** G10; **59** D7
Campinas do Piauí **48** D5
Campinorte **44** C3
Campo, rib. do **57** B2
Campo Alegre **52** B3
Campo Alegre de Goiás **44** D4
Campo Alegre de Lourdes **53** B3
Campo Belo **54** D4
Campo Belo do Sul **62** C5
Campo Bonito **60** D2
Campo do Tenente **61** D6
Campo Erê **62** B2
Campo Florido **54** D3
Campo Formoso **53** C4
Campo Grande **13** D4; **41** G9; **47** H4; **52** B3
Campo Largo **61** D6
Campo Limpo Paulista **59** E7
Campo Maior **48** C4
Campo Mourão **41** G9; **60** C3
Campo Novo **40** E7; **42** E4; **62** A3
Campo Novo, r. **60** D3
Campo Novo dos Parecis **46** D2/3
Campo Redondo **51** C6
Campos, sa. dos **51** E6
Campos do Jordão **59** D8
Campos dos Goitacazes **13** E5; **41** G11; **57** B4
Campos Novos **62** C4
Campos Novos Paulista **58** D4
Campos Sales **49** F2
Campos Verdes **44** C3
Campo Verde **46** E4
Camurupim, r. **51** B6
Camutanga **51** D7
Canaã **55** D6
Cana Brava, r. **44** B3, C4
Canabrava, rib. **54** B4
Canabrava, sa. da **53** F4/5
Cana Brava do Norte **46** C6
CANADÁ **4** C4; **9** D6; **22** D2/12
Canal, is. do **14** E3; **15** E3
Canal Perigoso **43** C7
Canamã, r. **46** C2
Canamari **42** D1
Cananéia **59** G6
Canarana **46** D5
Canárias, is. **4** D9; **6** D9; **16** B2; **17** B2
Canarreos, arq. de los **10** F2; **11** F2
Canas **59** D9
Canastra, r. **43** E7
Canastra, sa. da **54** D4
Canativa, i. **48** A3
Canaveral, c. **8** G11
Canavieira **48** D4
Canavieiras **53** E5
Canberra **5** G17; **20** H4
Cancela, pta. da **51** C8
Cancún **9** G10
Candeias **53** D5
Candeias, r. **38/39** D7; **42** E4
Candelária **63** B3
Cândido Mendes **48** A3
Cândido Mota **58** D3
Candiota **63** C3
Canela **63** B4
Canelinha **62** C7
Cangalha, sa. da **43** E8; **48** C4
Cangalhas, sa. das **57** D1
Cangati, r. **49** C3
Canguçu **63** C3
Canguçu, sa. do **63** C3
Canhoto, r. **51** E6
Canindé **49** C3
Canindé, r. **39** D11; **48** D4; **49** C3
Canindé de São Francisco **52** B2
Canitar **58** D4
Canoas **41** H9; **63** B4
Canoas, r. **59** C7; **62** C4/6
Canoinhas **62** B5
Canoinhas, r. **62** B5
Cansanção **53** C5
Cantábrica, cord. **14** E3
Cantagalo **56** B3; **60** D3
Cantanhede **48** B3
Cantão **19** E4
Canto do Buriti **48** E4
Cantu, r. **60** C3
Cantu, sa. do **60** C3
Canudos **53** B5
Canumã, r. **43** D5
Canutama **42** D3
Capané, arr. **63** C3
Capanema **43** C8
Capanema, r. **60** D/E2
Capanema, sa. **60** E3
Capanema, sa. do **62** B2
Capão Bonito **59** E5
Capão da Canoa **63** B4
Capão do Leão **63** C3
Capão Fundo, la. **63** C4
Capão Grande, aç. **63** C4
Capão Grande, r. **60** D4
Caparaó **55** D6
Caparaó, sa. do **56** D1
Cap Corse (c.) **14** D3
Capela Nova **55** D5
Capelinha **55** C6
Capelinha, sa. da **52** B2
Capetinga **54** D3
Capiá, rch. **52** B2
Capibaribe, r. **51** D6/E8
Capim, r. **39** C10; **43** C7; **60** A4

Capiravi, r. **61** D6
Capitão, ig. **42** D3
Capitão Andrade **55** C6
Capiti, rch. **51** E5
Capitólio **54** D4
Capivara, r. **48** C5; **52** B2; **58** D3
Capivara, repr. **58** D3; **60** A4
Capivara, rib. **58** D5
Capivara, sa. da **53** E2; **53** B4
Capivari **59** D6
Capivari, r. **47** G3; **56** C3; **59** D/E7, E8; **61** C5; **62** C/D7
Capivari, rib. **44** D2; **58** D3; **59** E5
Capivari Mirim, rib. **59** D6
Capuba, la. **57** D2
Capucapu, r. **43** C5
Caputira **55** D6
Caquetá, r. **12** C2
Carabinani, r. **42** C4
Caracará, r. **49** C3
Caracaraí **41** B7; **42** B4
Caracaraí, sa. do **42** B4
Caracas **4** E6; **13** A3
Caracas, pta. das **50**, detalhe
Caracol **47** H3
Caracol, r. **60** C2
Caracol, sa. do **48** E4; **53** B3
Caraguatatuba **59** E8
Caraiba, rch. **50** E3
Carajari, r. **43** D6
Carajás, sa. dos **39** D9
Carangola **55** D6
Carangola, r. **55** D6
Carapebus, praia de **56** C4
Caratacá, rch. **53** B5
Caratasca, laguna de **10** F3; **11** F3
Caratinga **55** D6
Caratuva, r. **60** C3
Carauari **42** D3
Caravelas **53** F5
Carazinho **62** B3
Carbonita **55** C5
Cardiff **15** E2
Cardoso, i. do **59** G6
Careaçu **54** E4
Careiro **42** C4
Careiro da Várzea **43** C5
Carélia (istmo) **18** I2
Cariacica **57** D2
Caribe, mar do **4** E6; **6** E6; **8** H11; **9** H11; **10** E3; **11** E3; **12** A2; **13** A2
Carindiba, r. **57** D2
Carinhanha **53** E3
Carinhanha, r. **39** E9/F10; **41** E10/11
Cariri do Tocantins **43** E7
Caririaçu **49** F3
Cariris Novos, sa. dos **48** D5; **49** E2
Carlos Gomes **62** A4
Carmo, r. do **51** B5, C5
Carmo, sa. do **51** B5/6
Carmo do Paranaíba **54** C4
Carmópolis **52**
Carnaíba **51** D5
Carnaíba de Dentro, r. **53** E3
Carnaíba de Fora, r. **53** D3
Carnaúba dos Dantas **51** C6
Carnaúba, r. **51** C6
Carneirinho **54** D2
Carneiro, r. **63** B4
Carneiros **52** B2
Carnot, c. **20** H3
Carolina **48** D2
Carolinas, is. **5** E17; **7** E17; **20** D4
Caroline, i. **21** E10
Cárpatos (cadeia) **7** C11; **14** B3
Carpentária, g. de **20** F3
Carpina **51** D7
Carrapateira **50** D4
Carrapateira, r. **49** E2
Carrapatos, rib. **58** E5
Cartagena **13** A2; **15** E4
Cartago **11** F5
Cartum **5** E11; **17** C6
Caru, r. **48** B2
Caruaru **41** D12; **51** E7
Carupina, mte. **43** B7
Carutapera **48** A3
Casablanca **17** A2
Casa Branca **59** C7
Casa Grande **55** D5
Casamento, la. do **63** C4
Casa Nova **53** B4
Casaques, altiplano dos **18** G3
CASAQUISTÃO **5** C13; **19** G3; **22** D7
Casca **63** B3
Casca, r. **46** E4; **55** D6
Cascade, cadeia **8** E6
Cascalho Rico **54** C3
Cascavel **41** G9; **49** C4; **60** C2
Caseiros **62** B4
Caseyr, c. **16** C9
Casimiro de Abreu **56** C3
Casper **9** E8
Cáspio, mar **5** C12; **7** C12; **18** H3; **19** H3
Cassange, r. **47** F3
Cássia dos Coqueiros **59** C6
Cassilândia **47** G5
Castanhal **41** C10; **43** C7
Castanheira **46** C2
Castelândia **44** E2
Castelhano, rib. **44** D4
Castelhanos, pta. dos **57** D2
Castelo **57** D1
Castelo, r. **57** D1
Castelo, sa. do **57** D1
Castelo do Piauí **48** C5
Castilho **58** B2
Castries **11** B4
Castro **60/61** C6
Castro Alves **53** D5
Cat, i. **10** E2; **11** E2
Cataguases **55** E6
Catalão **44** E3
Catamarca **13** E3
Catanduva **58** C5
Catanduvas **60** D2; **62** C4
CATAR **5** D12; **19** H4
Catarina, r. **48** B5
Catende **51** E7
Cati, r. **63** C1
Catiguá **58** C5
Catingueira **51** D5
Catoche, c. **8** G10
Catolé, rch. **51** D5
Catolé, sa. do **50** D4
Catolé do Rocha **51** C5
Catramba, sa. do **52** D2
Catrimani, r. **42** B4
Catu **53** D5
Catu, r. **49** B4; **53** D5
Catual, chapadão do **55** B5
Catuji **55** C6
Catunda **49** C2
Cauauri, r. **42** B3
Caucaia **41** C12; **49** B4
Cáucaso (mtes.) **7** C12; **18** H3
Cautário, r. **42** E3
Cavaleira, sa. **52** C2
Cavalos, rch. **48** C4
Caveiras, r. **62** C5/6
Caverá, arr. **63** B/C2
Caverá, l. **62** E6
Caverá, r. **62** E6
Cavernoso, r. **60** D3
Caviana, i. **43** C7
Caxambu, r. **61** C5
Caxemira **19** G4
Caxias **41** C11; **48** C4
Caxias do Sul **63** B4
Caxitoré, r. **49** B3
Cayman, is. **10** F3; **11** F3
Cayman Brac, i. **10** E3; **11** E3
Ceará, est. do **39** D11/12; **41** D11/12; **49**
Ceará, r. **49** B4
Ceará-Mirim **51** B7
Ceará-Mirim, r. **51** B7
Cedar Rapids **9** E9
Cedral **58** B4
Cedro **50** D3
Cedro, córr. do **45** A2
Cedro, rch. do D5
Cedro de São João **52** C3
Cedros, i. **8** G7; **9** G7
Ceilândia **45** A1
Celebes, i. **5** F16; **7** F16; **18** D6 **19** D6
Celebes, mar de **5** E16; **7** E16; **18** D5; **19** D5
Celso Ramos **62** C4
Centenário **62** A4
Centrais, plans. **8** E10
Central, cord. **10** F5; **12** B2; **14** E3
Central, maciço **14** D3
Central, sa. **55** A5
Central, vale **8** F6
Central de Minas **55** C6
Cerco, rch. do **53** D4
Cerquilha, arr. **63** B4
Cerquilho **59** E6
Cerrado de Fora, rib. **44** D2
Cerro Azul, **61** C6
Cerro Caparro, sa. **42** B2
Cerro Grande do Sul **63** C4
Cerro Negro **62** C5
Cervo, rib. **58** C4/5
Cervo, sa. do **54** E4; **59** C7
Cesário Lange **59** E6
Ceské Budejovice **15** C3
Cezarina **44** D3
Chabocão, rch. **51** C4
Chácara **55** E5
CHADE **5** E10; **17** C5
Chade, l. **5** E10; **7** E10; **16** C5; **17** C5
Chafariz, r. **51** C6
Chagos, arq. **7** F13; **18** G6; **19** G6
Chagu, sa. do **60** D2/3
Chalé **55** D6
Chang Jiang, r. **18** E4; **19** E4
Changsha **19** E4
Chapada **62** B3
Chapada, sa. da **52** C2
Chapadão do Céu **44** E1
Chapadão do Sul **47** G5
Chapadinha **48** B4
Chapecó **41** H9; **62** C3
Chapecó, r. **62** B3/4
Chapecó, sa. do **62** B3/4
Chapéu, sa. do **51** C6
Chã Preta **52** B3
Chari, r. **16** C5
Charleston **9** F10; **9** F10/11
Charlotte **9** F10
Charlotte Amalie **11** C3
Charneca, sa. da **56** C2
Charqueadas **63** B4
Charrua **62** A3
Chata, r. da **51** E6
Chatham, is. **21** I8
Chavantes, repr. **58** E4; **61** B6
Chelyabinsk **19** G3
Chemnitz **15** C2
Chengdu **19** E4
Cherbourg **15** E3
Chernovtsy **15** B3
Cherskogo, mtes. **7** B17; **18** C2
Chesterfield, is. **20** F5
Chetumal **9** H10
Chiapeta **62** A3
Chibata, sa. da **57** C1
Chicago **9** E9
Chiclayo **13** C1
Chico, r. **12** G3
Chidley, c. **8** C12
Chihuahua **9** G8
CHILE **4** G6; **13** F2; **22** D13
Chillán **13** F2
Chiloé, i. de **12** G2; **13** G2
Chilumba **17** F7
Chimborazo (p.) **12** C2
Chimbote **13** C1
CHINA **5** D14; **19** F4; **22** D5
China Meridional, mar da **5** E15; **7** E15; **18** E5; **19** E5
China Oriental, mar da **5** D16; **7** D16; **18** D4; **19** D4; **20** A2
Chinchorro, banco **10** G3; **11** G3
CHIPRE **5** D11; **15** A4
Chipre, i. de **7** D11; **14** A4; **18** I4
Chisinau **5** C11; **15** B3
Chita **19** E3
Chitré **11** F5
Chittagong **19** F4
Choiseul, i. **20** E5
Chongqing **19** E4
Chonos, arq. dos **12** G2; **13** G2
Chopim, r. **60** D2/E4
Choró **49** C3
Choró, aç. **49** C3
Choró, r. **49** C4
Chorrochó **53** B5
Christchurch **20** I7
Chubut, r. **12** G3
Chuí **41** I9; **63** D3
Chukchi, mar de **8** C1; **9** C1; **18** A2; **19** A2; **22** B3
Chupador, r. **60** C3
Churchill **9** D9
Chuuk, is. **20** D5
Cianorte **60** B3
Cícero Dantas **53** C5
Cíclades, is. **14** B4; **15** B4
Cidade da Guatemala **4** E5; **11** H4
Cidade do Cabo **17** H5
Cidade do México **4** E5; **9** H8
Cidade do Panamá **4** E6; **11** E5
Cidade Gaúcha **60** B3
Cidade Ocidental **44** D4
Cidreira **63** C4
Cienfuegos **11** F2
Cincinnati **9** F10
Cinco Irmãos, sa. **60** B4
CINGAPURA **5** E15; **19** E5
Cinta, sa. da **48** D2
Cinza, mtes. **20** G4
Cinzas, r. das **61** A5/C6
Cipó, r. **55** C5
Cipó, sa. do **55** C5
Citaré, r. **43** B6
Citera, i. de **14** B4
Ciudad Bolívar **13** B3
Ciudad Guayana **13** B3
Ciudad Juárez **9** F8
Ciudad Obregón **9** G8
Ciudad Victoria **9** G9
Claraval **54** D3
Claro, córr. **57** B2
Claro, r. **44** C/D2, E2; **54** D3; **58** D5; **59** C6, D6, E/F6; **60** B3; **61** D5
Claro, rib. **58** C2
Claro dos Poções **55** C5
Cláudia **46** C4
Clear, c. **14** E2
Clementina **58** C3
Clermont-Ferrand **15** D3
Cleveland **9** E10
Clipperton, i. **21** C14
Cluj-Napoca **15** B3
Coaraci **53** E5
Coari **42** D4
Coari, l. de **42** D4
Coari, r. **42** D3
Coariari, r. **43** D6
Coats, i. **8** C10
Coats, terra de **22** B14
Cobre, r. **60** D3
Cocal **48** E4
Cocal, rib. **48** D2
Cocal do Sul **62** D6
Cocalinho **46** E6
Cocalzinho de Goiás **44** C3
Cochá, r. **55** A5
Cochabamba **13** D3
Cochin **19** G5
Cochrane, l. **12** G2; **13** G2
Coco, r. **10** F4; **11** F4
Coconho, pta. do **51** B7
Cocorobó, aç. **53** B5
Cod, c. **6** C6; **8** E12
Codajas, i. **42** C4
Codó **48** C4
Codozinho, r. **48** C3
Coelho Neto **48** C4
Coetivy, is. **16**, detalhe; **17**, detalhe
Coiba, i. de **10** F5; **11** F5
Coimbra **15** E3
Coité, r. **51** E5
Coité, rch. **51** C4

Coité do Nóia **52** B3
Coivaras **48** C4
Colatina **41** G11; **57** C2
Colbeck, c. **22** B22
Colégio, r. **56** B4
Colíder **41** E8; **46** C4
Colima **9** H8
Colinas **48** D3
Colinas do Sul **44** C3
Colinas do Tocantins **43** E7
COLÔMBIA **4** E6; **13** B2
Colômbia **58** B5
Colombo **5** E13; **19** G5; **61** D6
Colón **11** F5
Colonel Hill **11** E2
Colônia **15** D2
Colônia do Gurguéia **48** E4
Colônia do Piauí **48** D4
Colorado **63** B3
Colorado, plto. do **8** F7
Colorado, r. **6** D4; **8** F7; **12** F3
Colorado do Oeste **41** E7; **42** F4
Columbia **9** F10
Colúmbia, c. **8** A9
Colúmbia, mte. **6** C4; **8** D7
Colúmbia, plto. de **8** E7
Colúmbia, r. **6** C4
Columbus **9** E10
Comandaí, i. do **43** C6
Combinado **43** F8
Comendador Gomes **54** D2
Comendador Levy Gasparian **56** C2
Comissário, sa. do **51** C4/5
Como, l. de **14** D3; **15** D3
Comodoro **46** D2
Comodoro Rivadavia **13** G3
COMORES **5** F12; **17** F8
Comores, is. **7** F12; **16** F8
Comprida, i. **59** E9, F6
Conacri **4** E9; **17** D2
Conceição, i. da **38**, detalhe; **50**, detalhe
Conceição, r. **46** E4; **49** E2; **63** B3
Conceição, rib. **54** B4
Conceição, sa. da **51** D6
Conceição da Aparecida **54** D4
Conceição da Barra **57** B3
Conceição de Ipanema **55** D6
Conceição do Araguaia **43** E7
Conceição do Canindé **48** D5
Conceição do Coité **53** C5
Concepción **13** E4; **13** F2
Conception, pta. **8** F6
Concord **9** E11
Concórdia **62** C3
Condado **51** C5
Conde **51** D8; **53** C6
Condor **62** B3
Confresa **46** C6
Confusão, rib. **58** D3
Confusão, sa. da **51** C7
Congo **51** D6
Congo, bacia do **16** D5
Congo, r. **7** F10; **16** D6/E5; **17** E5
CONGO, REPÚBLICA DEMOCRÁTICA DO **5** F11; **17** D6
CONGO, REPÚBLICA DO **5** F10; **17** E5
Congonhas **55** D5
Congonhas do Norte **55** C5
Congonhinhas **61** B5
Conquista **54** D3
Conselheiro Lafaiete **55** D5
Conselheiro Mairinque **61** B5
Constança **15** B3
Constantino, sa. **44** C2
Contagem **55** D5
Contagem, chap. da **44** C4
Contagem, rib. da **45** A2
Contas, r. de **39** E11; **41** E11/12; **53** D4/E5
Contenda **61** D6
Contendas do Sincorá **53** D4
Contrato, r. **48** E3
Cook, estr. de **20** I7
Cook, is. **4** F2; **6** G2; **21** F9
Cook, mte. **7** H18; **20** I6
Coopers Town **11** E1
Copacabana, pta. de **56** C2
Copaíba, r. **58** D3
Copenhague **5** C10; **15** C2
Coqueiral **54** E4
Coqueiros do Sul **62** B3
Coquimbo **13** E2
Coração de Jesus **55** B5
Coral, mar de **5** F17; **7** F17; **20** F5
Corcunda, sa. **52** B3
Corda, r. **43** D7; **48** C3
Cordeiro, r. **51** E6
Cordeiros, r. dos **51** D6
Cordilheira Alta **62** C3
Cordisburgo **55** D5
Córdoba **13** F3; **15** E4
Córdoba, sa. de **12** F3
Coreaú, r. **49** B2
CORÉIA DO NORTE **5** C16; **19** D3
CORÉIA DO SUL **5** D16; **19** D4
Coremas, aç. **50** D4
Corfu, i. de **14** C4; **15** C4
Corguinho **47** G4
Corinto **55** C5
Corixa Grande, r. **47** F2
Corixão, r. **47** G3
Cork **15** E2
Cornélio Procópio **61** B5
Corner Brook **9** E13
Coroa de Frade, rib. **60** A3
Coroaci **55** C6
Coroados **58** C3
Coroatá **48** C3
Coromandel **54** C3
Coronel Ezequiel **51** C6
Coronel Fabriciano **55** D6
Coronel Macedo **58** E4
Coronel Murta **55** B6
Coronel Vivida **60** D3
Corpus Christi **9** G9
Córrego Danta **54** D4
Córrego do Bom Jesus **54** E4
Córrego Novo **55** D6
Corrente, arr. **63** C3
Corrente, r. **44** C4, E2; **48** C4/5, D/E3, D4, F3; **53** D2/3
Corrente Grande, r. **55** C6
Correntes, r. **47** F4; **48** C5
Correntina **53** D2
Corrientes **13** E4
Corrientes, c. **8** G8
Córsega, i. da **14** D3; **15** D3
Coruja, r. **59** F6
Corumbá **13** D4; **41** F8; **47** G3
Corumbá, r. **44** D3
Corumbaíba **44** E3
Corumbataí **59** D6
Corumbataí, r. **59** D6; **60** C4
Corumbataí do Sul **60** C3
Corumbiara, r. **42** F4
Coruripe **52** C2
Coruripe, r. **52** C3/4
Corvo, rib. do **60** A3
Cosenza **15** C4
Cosmópolis **59** D6
Cosmorama **58** B4
COSTA DO MARFIM **4** E9; **17** D3
Costa Marques **40** E7; **42** F3
COSTA RICA **4** E5; **11** G4
Costa Rica **47** G5
Costão, pta. do **59** E8
Costeira, cord. **6** C3; **8** D5/F6
Cotaxé, r. **56** B1
Cotegipe **53** D2
Cotejipe, r. **60** D2
Cotia **59** E7
Cotopaxi, vulcão **6** F6; **12** C2
Cotriguaçu **46** B2
Cotunguba, rib. **51** E7
Couto de Magalhães, r. **46** E5
Covil, sa. do **53** C3
Covó, r. **60** D3
Coxilha **62** B3
Coxim **41** F9; **47** G4
Cozumel, i. **8** G10; **9** G10; **11** G2
Cracóvia **15** B2
Craíbas **52** B3
Craiova **15** B3
Crateús **41** D11; **49** D2
Crato **49** F3
Craverá, cox. do **63** C2
Cravinhos **59** C6
Crepori, r. **43** D5
Creta, i. de **5** D11; **7** D11; **14** B4; **15** B4
Creta, mar de **14** B4; **15** B4
Creus, c. **14** D3
Criciúma **41** H10; **62** D6
Criciúma, r. **57** C1
Criciúma, sa. do **56** D1
Criméia (pen. da) **14** A3
Cristais **54** D4
Cristais Paulista **59** B6
Cristal **63** C3
Cristal, rib. do **58** D3
Cristal, sa. do **53** D4
Cristalândia do Piauí **48** F3
Cristália **55** B6
Cristalina **44** D4
Cristalino, r. **43** E6
Cristianópolis **44** D3
Cristinápolis **52**
Cristóbal Colón, p. **12** A2
Crixá, r. **44** C3
Crixá Açu, r. **44** B2
Crixá Mirim, r. **44** B2
CROÁCIA **5** C10; **15** C3
Croas, rch. das **51** B5
Croatá, r. **51** D5
Crooked, i. **10** D2; **11** D2
Crozet, is. **5** H12; **7** H12
Crucilândia **55** D5
Cruxati, r. **49** B3
Cruz, rch. da **48** B4
Cruz Alta **63** B3
Cruz das Almas **53** D5
Cruz do Espírito Santo **51** D7
Cruzália **58** D3
Cruzeiro **45** A2; **59** D9
Cruzeiro da Fortaleza **54** C4
Cruzeiro do Sul **13** C2; **40** D5; **42** D1; **60** A3; **63** B3
Cruzeta **51** C6
Cuango, r. **16** E5
Cuanza, r. **16** F5
CUBA **4** D6; **11** F2
Cuba, i. de **6** D6; **10** E2
Cubango, r. **16** F5
Cubatão **59** E7
Cubatão, mar do **59** F6
Cubatão, r. **56** B4; **62** B7, C7
Cubati **51** C6
Cuchumatanes, sa. dos **10** H3
Cucurucu, r. **53** F4/5
Cúcuta **13** B2
Cuenca **13** C2
Cuernavaca **9** H8
Cuiabá **13** D4; **41** F8; **46** E3
Cuiabá, r. **39** F8; **47** E4/F3
Cuitanaú, r. **42** B4
Cuitegi **51** C7
Culiacán **9** G8
Culuene, r. **39** E9; **46** D5
Cumã, b. de **48** D5
Cumaru **51** E7
Cumaru do Norte **43** D7
Cumbe **52**
Cumberland, estr. de **8** C12; **9** C12
Cumbuco, rch. **52** B2
Cuminá, r. **43** B/C5
Cuminapanema, r. **43** C6
Cuncas, r. das **49** F4
Cunene, r. **16** F5
Cunhãmati, r. **49** C3
Cunhaporanga, r. **61** C6
Cunhaú, r. **51** C7
Cupido, r. **57** C2
Cupim Açu, pta. **38**, detalhe; **50**, detalhe
Curaçá **53** B5
Curaçao, i. de **10** C4; **11** C4
Curicuriari, r. **42** C2
Curimatá, r. **48** D3
Curimatau, r. **51** C7
Curisevo, r. **46** D5
Curitiba **13** E5; **41** H10; **61** D6
Curitibanos **62** C5
Curiús, r. **49** E3
Currais Novos **41** D12; **51** C6
Curral Novo, sa. do **52** D1/2
Curral Velho **50** D4
Curtis, i. **21** H8
Curu, r. **49** B/C3
Curuá, i. **43** B7
Curuaés, r. **43** E6
Curuçá **43** C8
Curuca, r. **42** D1
Curunuri, sa. do **43** B6
Curupira, sa. **42** B3
Cururupu **48** A3
Curvelo **55** C5
Cuscuzeiro, sa. **58** C5
Custódia **51** E5
Cuzco **13** D2

D

Da Nang **19** E5
Daca **5** D14; **19** F4
Dacar **4** E9; **17** C2
Dakhla **17** B2
Dalhousie, c. **8** B5
Dalian **19** D4
Dallas **9** F9
Damasco **5** D11; **19** I4
Damavand (p.) **7** D12
Damianópolis **44** C4
Danúbio, r. **14** B3; **15** C3
Dar Es Salaam **17** E7
Daraá, r. **42** B3
Darien, g. de **10** E5; **11** E5
Darling, r. **7** G17; **20** H4
Darnley, c. **22** C18
Darwin **20** F2
Datas **55** C5
Daugava, r. **14** B2
Daugavpils **15** B2
Davao **5** E16; **19** D5
David **11** F5
Davis, estr. de **4** B7; **6** B7; **8** C13; **9** C13; **22** C11
Davis, mar de **22** C18
Dawson **9** C5
Dayton **9** F10
De Aar **17** H6
Deadman's Cay **11** E2
Deccan **7** D13; **18** G5
Delfim Moreira **54** E4
Delfinópolis **54** D4
Delgado, c. **16** F8
Délhi **19** G4
Delmiro Gouveia **52** B2
Demerval Lobão **48** C4
Demin, r. **42** B4
Denise **46** E3
Denver **9** F8
Deputado Irapuan Pinheiro **49** D3
Derrubadas **62** A3
Descalvado **59** C6
Descoberto **55** E5
Descoberto, r. **44** D3
Desespero, mo. do **57** B2
Desna, r. **14** A2
Desordem, sa. da **48** B2/3, C2/3
Detroit **9** E10
Devon, i. **6** B5; **8** B10; **9** B10; **22** B12
Dezesseis de Novembro **62** B2
Dezoito, córr. do **57** B2
Diadema **59** E7
Diamante **50** D4
Diamante d'Oeste **60** C1
Diamante do Norte **60** A3
Diamantina **41** F11; **55** C5
Diamantina, chap. **12** D5; **39** E11; **53** D3/C4
Diamantina, r. **44** D1
Diamantino **41** F9; **46** E3
Dias d'Ávila **53** D5
Dijon **15** D3
Dikson **19** F2
Dili **19** D6
DINAMARCA **5** C10; **15** D2
Dinamarca, estr. da **4** B8; **6** B8; **8** C16; **9** C16; **22** C10
Diogo de Vasconcelos **55** D5

Dionísio Cerqueira 62 B2
Dire Dawa 17 C7
Disappointment, l. 20 G2
Distrito Federal 41 F10; 44 C4; 45
Divina Pastora 52 C2
Divino das Laranjeiras 55 C6
Divino de São Lourenço 57 D1
Divinópolis 41 G11; 54/55 D5
Divinópolis de Goiás 44 B4
Divisa Nova 54 E4
Divisa, sa. da 56 B1
Divisões, sa. das 44 D2
Divisópolis 55 B7
Divisor, sa. do 38 D5; 42 E1
Djado, plto. 16 B5
Djedda 19 I4
Djelfa 17 A4
DJIBUTI 5 E12; 17 C8
Djibuti 17 C8
Dnepropetrovsk 15 A3
Dnieper, r. 7 C11; 15 A3
Dniester, r. 14 B3
Dobrada 59 C5
Doce, r. 39 F/G11; 41 F/G11; 44 D2; 51 B7; 55 D6/7; 57 C2
Dodecaneso (arq.) 14 B4; 15 B4
Dodge City 9 F9
Dodoma 5 F11; 17 E7
Doha 19 H4
Dois de Setembro, r. 57 B2
Dois Irmãos, i. 38, detalhe; 50, detalhe
Dois Irmãos, sa. 48 E5; 50 E1
Dois Irmãos das Missões 62 A3
Dois Irmãos do Buriti 47 H4
Dois Lajeados 63 B4
Dois Rios, r. 56 B4
Dois Vizinhos 60 D2
Dolcinópolis 58 B3
Dolomitas (cadeia) 14 C3
Dom Aquino 46 E4
Dom Eliseu 41 C10; 43 D8
Dom Joaquim 55 C5
Dom Pedrito 63 C2
Domingos Martins 57 D2
DOMINICA 4 E6; 11 B3
Dominica, i. de 10 B3
Don, r. 18 I3; 19 I3
Dona Eusébia 55 E6
Dona Inês 51 C7
Donets, r. 14 A3
Dór, r. 60 D3
Dordonha, r. 14 D3
Dores do Rio Preto 57 D1
Doresópolis 54 D4
Dormente, rch. do 50 E2
Dormentes 50 E2
Dortmund 15 D2
Dourada, la. 55 C6
Dourada, sa. 43 F7
Douradina 47 I4; 60 B2
Douradinho, rib. 44 D1
Dourado 59 D5
Dourado, córr. 57 B3
Dourado, r. 58 C4
Douradoquara 54 C3
Dourados 41 G9; 47 I3/4
Dourados, r. 47 I4
Dourados, sa. dos 60 B2/C3
Douro, r. 14 E3; 15 E3
Doutor Camargo 60 B3
Doutor Pedrinho 62 B6
Doverlândia 44 D1
Dra, r. 16 B3
Dracena 58 C2
Drake, passagem de 12 H3; 13 H3; 22 D13
Drakensberg (maciço) 16 H6
Drogobych 15 B3
Druza (p.) 7 B17
Duala 17 D5
Duarte, p. 10 D3
Duas Barras 56 C3
Duas Barras, r. 56 C3
Duas Barras, sa. 56 C3
Duas Estradas 51 C7
Duas Onças, i. das 60 A2
Dublin 4 C9; 15 E2
Dubrovnik 15 C3
Duerê 43 E7
Duff, is. 20 E6
Duluth 9 E9
Dumont 59 C6
Dunedin 20 I7
Duque de Caxias 56 C2
Duque de Gloucester, is. 21 G11
Duques, r. dos 56 C3
Durandé 55 D6
Durango 9 G8
Durão, la. 57 C3
Durban 17 H7
Duro, arr. 63 C4
Dushanbe 5 D13; 19 G4
Dvina, r. 14 B2
Dzungaria 7 C14

E

East London 17 H6
Eauripik, i. 20 D4
Ebon, i. 20 D6
Ebro, r. 14 E3
Echaporã 58 D4
Ecoporanga 57 B2
Edéia 44 D3
Edimburgo 15 E2
Edmonton 9 D7
Eduardo, l. 16 E6
Edwards, plto. de 8 F8
Efate, i. 20 F6
Egeu, mar 14 B4; 15 B4
EGITO 5 D11; 17 B6
Éguas, r. das 53 D2
Eiao, i. 21 E11
Eirunepé 40 D6; 42 D2
El-Aiun 4 D9; 17 B2
Elba, i. de 14 C3; 15 C3
Elba, r. 14 C2
Elbert, mte. 8 F8
Elburz, mtes. 18 H4
El Djouf 16 B3
Eldorado 59 F6
Eldorado do Carajás 43 D7
Eldorado do Sul 63 C4
Eleuthera, i. 10 E1; 11 E1
El Faiyum 17 B6
El Fasher 17 C6
Eliseu Martins 48 E4
Elizabeth, recife 20 G5
Ellesmere, i. 4 B6; 6 A6; 8 B10; 9 B10; 22 B12
Ellsworth, terra de 22 B24
El Minya 17 B6
El Obeid 17 C6
El Paso 9 F8
El Real 11 E5
EL SALVADOR 4 E5; 11 G4
Ema, rch. da 48 E3
Emas 51 D5
Emauranas, sa. das 49 E3
Embaúba 58 B5
Embira, r. 38 D5/6
Emborcação, repr. 44 E4
Emborcação, repr. de 54 C3
Embu 59 E7
Embu-Guaçu 59 E7
Emi Koussi (p.) 7 E10; 16 B5
Emilianópolis 58 C2
EMIRADOS ÁRABES UNIDOS 5 D12; 19 H4
Encantadas, sa. das 63 C3
Encanto 51 C4
Encanto, rch. 51 C4
Enderbury, i. 21 E8
Enderby, terra de 22 C17
Endimari, r. 42 E3
Enewetak, i. 20 C6
Engano, córr. do 57 B2
Engano, r. do 62 C3
Engano, rib. do 61 B5
Engenheiro Ávidos, aç. 50 D4
Engenheiro Caldas 55 D6
Engenheiro Coelho 59 D6
Engenheiro Navarro 55 C5
Engenho Velho 62 A3
Ennedi, maciço 16 C6
Entebbe 17 D7
Entrecasteaux, is. 20 E5
Entre Folhas 55 D6
Entre Rios 53 C6
Entre Ríos 12 F4
Enugu 17 D4
Envira 42 D2
EQUADOR 4 F5; 13 C2
Erebango 62 A3
Erechim 62 A3
Ererê 49 E4
Erevan 5 C12; 19 H3
Erexim, r. 62 A3
Erfurt 15 C2
Erie 9 E11
Erie, l. 8 E10; 9 E10
ERITRÉIA 5 E11; 17 C7
Ernestina 63 B3
Ernestina, repr. 63 B3
Erromango, i. 20 F6
Erval Grande 62 A3
Erval Seco 62 A3
Erval Velho 62 C4
Esbjerg 15 D2
Escada 51 E7
Escalvada, i. 57 D2
Escandinávia (pen.) 14, detalhe à dir.
Escandinávia 7 B10
ESCÓCIA 15 E2
Escondido, r. 10 G4
ESLOVÁQUIA 5 C10; 15 C3
ESLOVÊNIA 5 C10; 15 C3
Esmeralda 62 B4
Esmeraldas 13 B1; 55 D5
Esmirna 19 I4
Espalha, r. 42 E2
ESPANHA 4 C9; 15 E3
Esperança 51 D7
Esperança, r. 62 C6/7
Esperança, sa. da 60/61 D4/5
Esperantina 48 B4
Esperantinópolis 48 C3
Espigão d'Oeste 42 E4
Espigão Mestre 53 C1/D3
Espigão, sa. do 57 C1; 62 B5
Espingardas, r. 44 C2
Espinhaço, mo. do 38, detalhe; 50, detalhe
Espinhaço, sa. do 39 F11; 53 D3; 55 B5/6, C5, D5
Espinharas, r. 51 C5
Espinosa 55 A6
Espírito Santo, est. do 39 F/G11; 41 F/G11; 56
Espiritu Santo, i. 20 F6
Espírito Santo do Pinhal 59 D7
Espírito Santo do Turvo 58 D4
Esplanada 53 C6
Estação 62 A3
Estados, i. de los 12 H3; 13 H3
ESTADOS UNIDOS 4 C4; 9 F6; 22 C2/3
Estados Unidos, cord. dos 8 A10
Estância 52 D2
Estância Velha 63 B4
Estepes 18 G3
Estiva 54 E4
Estiva, r. 56 C2; 61 D6
Estiva Gerbi 59 D7
Estocolmo 5 C10; 15 C2
ESTÔNIA 5 C11; 15 B2
Estrasburgo 15 D3
Estreito, repr. 54 D3
Estreito, sa. do 53 C3
Estrela, sa. da 43 B6; 46/47 F4/5; 49 E2
Estrela d'Alva 55 E6
Estrela d'Oeste 58 B3
Estrela do Indaiá 54 D4
Estrela do Norte 44 B3; 58 D2
Estrela do Norte, r. 57 D1
Estrela do Norte, sa. da 57 D1
Estrela do Sul 54 C3
Estrelas, r. das 60 E4
ETIÓPIA 5 E11; 17 D7
Etiópia, maciço da 16 C7
Etna, mte. 14 C4
Etosha, depressão 16 F5
Eubéia, i. de 14 B4; 15 B4
Euclides da Cunha 53 C5
Euclides da Cunha, repr. 59 C7
Euclides da Cunha Paulista 58 D1
Eufrates, r. 18 H4
Eugene 9 E6
Eugenia, p. 8 G7
Eugênio de Castro 63 B2
Eugenópolis 55 E6
Eunápolis 53 F5
Europa 14 (mapa físico); 15 (mapa político)
Eusébio 49 B4
Everest, mte. 7 D14; 18 F4
Everglades 8 G10
Extrema 54 E4
Extrema, rib. 45 A2
Exu 41 D12; 50 D3
Eyre, l. 20 G3

F

Fagundes Varela 63 B4
Faina 44 C2
Fairbanks 9 C4
Fais, i. 20 D4
Faisalabad 19 G4
Fakaofo, i. 21 E8
Falkland, is. 4 H7; 6 H7;12 H3; 13 H3; 22 D14
Falsino, r. 43 B7
Falso Braço Norte 60 C1
Falso Braço Sul 60 C1
Fama 54 E4
Fanado, r. 55 B6, C6
Fangatau, i. 21 F12
Faraulep, i. 20 D4
Farewell, c. 6 C7; 8 D14; 22 D11
Fargo 9 E9
Farias, r. 60 E4
Farinha, r. 48 D2; 51 D6
Faro 15 E4
Faroe, is. 4 B9; 6 B9
Farofa, sa. da 62 C5/6
Farquhar, is. 16, detalhe; 17, detalhe
Farroupilha 63 B4
Fartura, r. 58 B/C4, C/D3
Fartura, sa. da 60 E3/4; 62 B3
Fartura do Piauí 48 E4
Fátima 43 E7
Fátima do Sul 47 I4
Fatu Liva, i. 21 F11
Faú, r. 59 F6
Fauxinal, r. 60 C4
Favela, rch. da 49 E2
Faxa, b. de 14, detalhe à esq.; 15, detalhe à esq.
Faxinais, sa. dos 62 C6
Faxinal, rib. do 61 D6
Faxinal do Soturno 63 B3
Fazenda Nova 44 D2
Fdérik 17 B2
Feia, la. 57 B4
Feijão Preto ou Furado, r. 47 F3
Feijó 40 D6; 42 E2
Feio, r. 43 E7; 58 C2/4
Feio, r. do 44 B4
Feira de Santana 13 D6; 41 E12; 53 D5
Feira Nova 52
Feiticeiro, sa. do 51 B6
Feitoria, i. da 63 C3/4
Felício dos Santos 55 C5
Felipe Guerra 51 B5
Felisburgo 55 B7
Feliz, deserto 52 C3
Fênix 60 B4
Fernando de Noronha, arq. de 4 F8; 6 F8; 12 C6; 13 C6; 38, detalhe; 40, detalhe; 50, detalhe
Fernando Pedrosa 51 B6
Fernandópolis 58 B3
Fernando Prestes 58 C5
Ferraz de Vasconcelos 59 E7
Ferreira Gomes 41 B9; 43 B7
Ferreto, r. 44 C2
Ferro, r. 46 D4
Fez 17 A3
Fianarantsoa 17 G8
Fidalgo, r. 48 D4
Figueira 61 B5
Figueiredo, r. 49 D4
Figuras, sa. das 53 C2
FIJI 20 G7

Fiji, is. **7** F18
Filadélfia **9** F11
Filchner, gel. de **22** B14
FILIPINAS **5** E16; **19** D5
Filipinas, arq. das **7** E16
Filipinas, mar das **5** E16; **7** D16; **18** D5; **19** D5
Filippo, recife de **21** E10
Fimbul, gel. de **22** B15
Finisterra, c. **14** E3
FINLÂNDIA **5** B11; **15** B1; **22** C9
Finlândia, g. da **14** B2; **15** B2
Firminópolis **44** D2
Flamengo, pta. do **51** B7
Flamengo, sa. do **49** E3
Flattery, c. **8** E6
Flinders, cadeia **20** H3
Flint, i. **21** F10
Flor, r. **48** D2
Flora Rica **58** C2
Floraí **60** A3
Floreal **58** B4
Florença **15** C3
Flores **11** H3
Flores, mar das **18** E6; **19** E6
Flores, r. das **48** C3; **56** C2
Flores de Goiás **44** C4
Flores do Piauí **48** D4
Floresta **50** E4; **60** B3
Florestal **55** D5
Floriano **41** D11; **48** D4
Floriano, r. **60** D2
Florianópolis **13** E5; **41** H10; **62** C7
Flórida **60** B4
Florida Keys (is.) **8** G10; **9** G10
Flórida, estr. da **8** G10; **9** G10; **10** F2; **11** F2
Florínia **58** D3
Fogo, cox. do **63** C3
Fogo, la. do **51** B7
Fome, r. da **48** B4
Fongafale **20** E7
Fonseca, g. de **10** G4; **11** G4
Fonte Boa **42** C3
Fora, i. de **51** E8
Fora, la. de **63** C4
Formate, r. **57** D2
Formentera, i. **14** D4
Formiga **54** D4
Formiga, r. **56** C3
Formiga, sa. da **51** B6
Formigueiro **63** B3
FORMOSA **5** D16; **19** D4
Formosa **44** C4
Formosa, estr. de **20** B1
Formosa, i. **7** D16; **18** D4
Formosa, sa. **46** C/D4
Formosa do Sul **62** B3
Formoso **44** B3; **54** A4
Formoso, r. **43** F7; **44** D1; **53** D/E2; **60** C3
Forno, pta. do **56** C4
Forqueta, r. **63** B3
Forquetinha, r. **63** B3
Forquilha **49** B2
Forquilha, aç. **49** B2
Fort McMurray **9** D7
Fort Nelson **9** D6
Fort Providence **9** C6
Fort Vermillion **9** D7
Fort Worth **9** F8
Fortaleza **13** C6; **41** C12; **49** B4
Fortaleza, r. **61** C5
Fortaleza de Minas **54** D4
Fortaleza dos Valos **63** B3
Fort-de-France **11** B4
Fortim **49** C5
Foxe, bacia de **4** B6; **6** B6; **8** C11; **9** C11; **22** C12
Foz do Areia, repr. de **60** D4
Foz do Iguaçu **13** E4; **41** H9; **60** D1
Frade, i. do **38**, detalhe; **50**, detalhe
Frade, p. do **56** C4
Frade, rch. **51** D5
Fraiburgo **62** C5
Franca **41** G10; **59** B6
Franca, sa. de **54** D3; **59** B6
FRANÇA **4** C10; **15** D3
França, repr. **59** E6
Francês mo. do **38**, detalhe; **50**, detalhe
Francês, i. do **57** D2
Franceville **17** E5
Francinópolis **48** D4
Francisco, sa. do **53** B4
Francisco Aires **48** D4
Francisco Alves **60** C2
Francisco Alves, r. **63** B3
Francisco Beltrão **60** E2
Francisco Dantas **51** C4
Francisco Dumont **55** C5
Francisco Morato **59** E7
Franco, sa. do **49** E4
Franco da Rocha **59** E7
Frankfurt **15** D2
Fraser, i. **20** G5
Fraser, r. **6** C3
Frecheirinha **49** B2
Frederico Westphalen **62** A3
Freeport **11** E1
Freetown **4** E9; **17** D2
Frei Gaspar **55** C6
Frei Inocêncio **55** C6
Frei Martinho **51** C6
Freicheiras, sa. **56** B3/4
Fresco, r. **43** D7
Fresno **9** F7
Frio, c. **12** E5; **56** C3
Frísias, is. **14** D2
Frísias Set., is. **14** D2
Frohavet (b.) **14**, detalhe à dir.; **15**, detalhe à dir.
Frome, l. **20** H4
Fronteira **54** D2
Fronteira dos Vales **55** B7
Frøya, i. **14**, detalhe à dir.
Fruta, pta. da **57** D2
Frutal **54** D3
Fruteira, r. **57** D1
Fugidos, rib. dos **58** C5
Fukuoka **19** D4
Fumaça, r. da **57** D2
Funafuti, i. **20** E7
Fundão, i. do **56** C2
Fundão, r. **57** C2
Fundo, r. **48** E4
Fundo, rch. **45** A1; **48** D5
Funil, pta. do **51** D8
Funil, r. do **56** C1
Furado, praia do **57** C4
Furnas, repr. **54** D4
Furneaux, is. **20** H4
Furo Carandazinho, r. **47** F3
Futuna, i. **21** F8
Fuxin **19** D3
Fuzhou **19** E4
Fyn, i. **14** C2; **15** C2

G

GABÃO **5** F10; **17** E5
Gabès, g. de **16** A5; **17** A5
Gaborone **5** G11; **17** G6
Gabriel Antunes Maciel, sa. **42** F4
Gabriel Monteiro **58** C3
Gado Bravo, sa. do **48** D2
Gaiba, la. **47** F3
Gajuapara, r. **48** C2
Galápagos, is. **4** E5; **6** E5
Galati **15** B3
Galdhøpiggen (p.) **6** B10; **14** D1
Galera, r. **46** E1/2
Gália **58** D4
Galinhas, pta. de **51** B6
Galinhos **51** B6
Gallinas, pta. **12** A2
Galvão **62** B3
Gama **45** B1
GÂMBIA **4** E9; **17** C2
Gambier, is. **21** G12
Gamboa, pta. da **51** E8
Gameleira, pta. da **51** B7
Gameleira, r. **48** C4, D2
Gameleira, rch. **48** C5
Gameleira, sa. da **48** D4
GANA **4** E9; **17** D3
Ganchos, i. dos **62** C7
Gandu **53** D5
Ganges, r. **7** D14; **18** G4; **19** F4
Gannet, p. **8** E8
Gao **17** C3
Garanhuns **41** D12; **51** E6
Gararu, r. **52** B/E2
Garça **58** D4
Garça, r. da **50** E2/3
Garças, r. das **46** E5
Garda, l. de **14** C3; **15** C3
Gardiner, l. **20** H3
Garganta, r. **51** C6
Garian **17** A5
Garibaldi **63** B4
Garona, r. **14** E3
Garopaba **62** D7
Garruchos **62** B2
Garry, l. **8** C8; **9** C8
Garuva **62** B7
Gaspar **62** B7
Gaspé, pen. **8** E12
Gastão Vidigal **58** B3
Gata, c. **14** A4
Gata, c. de **14** E4
Gaurama **62** A3
Gavião, r. **53** E3/4
Gävle **15** C1
Gdansk **15** C2
Genebra **15** D3
Genebra, l. de **14** D3; **15** D3
General Câmara **63** B4
General Carneiro **46** E5
General Sampaio **49** C3
Gênova **15** D3
Gentio do Ouro **53** C3
George Town **11** E2
Georgetown **4** E7; **11** F3; **13** B4
GEÓRGIA **5** C12; **19** H3
Geórgia do Sul, i. **4** H8; **6** H8; **12** H6; **13** H6
Gerais, chap. das **54** C4
Geral, sa. **39** H9; **44** B4; **53** D/E4; **56** D1; **59** C/D6; **60** D4; **62** B5, D6; **63** B4/5
Geral de Goiás, sa. **39** E/F10; **43** E8
Geraldton **20** G1
Getz, gel. de **22** B23
Ghadamis **17** A5
Ghanzi **17** G6
Ghardaia **17** A4
Ghat **17** B5
Ghats Ocidentais (cadeia) **7** E13; **18** G5
Ghats Orientais (cadeia) **7** E13; **18** G5
Gibraltar, estr. de **14** E4; **15** E4
Gibson, deserto **7** G16; **20** G2
Gilbert, is. **20** D7
Gilbués **48** E3
Gipóia, i. **56** D1
Girau do Ponciano **52** B3
Giruá **62** B2
Giurgiu **15** B3
Gláma, r. **14** C1
Glasgow **15** E2
Glicério **58** C4
Gliwice **15** C2
Glória **53** B5
Glória, r. **55** D6; **62** E6
Glória de Dourados **47** I4
Glória d'Oeste **46** E2
Glória do Goitá **51** E7
Gobi (plto. Desértico) **7** C15; **18** E3
Godoy Moreira **60** C4
Goiabeiras, rch. do **51** D5
Goiana **51** D8
Goiana, r. **51** D7
Goianésia **44** C3
Goianésia do Pará **43** C7
Goiânia **13** D4; **41** F10; **44** D3
Goiás **41** F9; **44** C2
Goiás, est. de **39** F9-10; **41** F9-10; **44**
Goiatá, r. **51** D7
Goiatins **43** D8
Goiatuba **44** D3
Goioerê **60** C2
Goio-Erê, r. **60** B/C3
Gomel' **15** A2
Gonaïves **11** D3
Gonâve, i. de la **10** D3
Gonçalves Dias, r. **60** D2
Gonder **17** C7
Gonzaga **55** C6
Gore **17** D7
Görlitz **15** C2
Gorutuba, r. **55** B5
Göta, r. **14** C2
Gothenburg **15** C2
Gotland, i. **14** C2; **15** C2
Gouvelândia **44** E2
Governador Valadares **41** F11; **55** C6
Governador, i. do **56** C2
Governor's Harbour **11** E1
Grã-Bretanha, i. da **14** E2
Graça Aranha **48** C3
Gracho Cardoso **52**
Gracias a Dios, c. **10** F4
Graciosa, sa. da **61** D7
Grajaú **48** C2
Grajaú, r. **39** C/D10; **41** C10/11; **48** B3
Graju, r. **51** C8
Gramado **63** B4
Gramame, r. **51** D7/8
Graminha, repr. **59** C7
Grampian, mtes. **14** E2
Gran Chaco **12** E3
GRANADA **4** E6; **11** B4
Granada **11** G4; **15** E4
Granada, i. de **10** B4
Granadinas, is. **10** B4
Grand Bahama, i. **10** E1; **11** E1
Grand Canyon **8** F7
Grand Cayman, i. **10** F3; **11** F3
Grande, b. **12** H3; **13** H3
Grande, i. **56** D1; **58** B2; **60** B1; **63** C4
Grande, la. **49** A2; **52** B4
Grande, laje **60** C1
Grande, pta. **53** D5
Grande, r. **6** D4; **8** F/G8; **9** F/G8; **39** E10-11, G10; **52** B2; **53** C3/D2; **54** D2; **55** E5; **56** B/C3; **58/59** A3/B6; **61** D6
Grande, rch. **52** B2
Grande, sa. **42** E4; **46** B1; **48** D3, C/D5; **49** D1/2; **53** C1, D3
Grande, valão **56** B4
Grande Bacia **6** C4; **8** E7
Grande Bacia Artesiana **20** G4
Grande Baía Australiana **5** G16; **7** G16; **20** H2
Grande Barreira de Recifes **7** F17; **20** F4
Grande cadeia Divisória **7** G17; **20** F4/H4
Grande de Gurupá, i. **43** C7
Grande de Manacapuru, l. **42** C4
Grande de Santa Isabel, i. **48** B5
Grande deserto de Areia **7** G16; **20** G2
Grande deserto Vitória **7** G16; **20** G2
Grande do Falaca, i. **43** C6
Grande Erg Ocidental (dunas) **16** B3
Grande Erg Oriental (dunas) **16** B4
Grande Fossa Africana **16** D/E7
Grande Karoo (cadeia) **16** H6
Grande Khingan, cadeia do **18** D3
Grande Lago do Escravo **4** B4; **6** B4; **8** C7; **9** C7
Grande Lago do Urso **4** B3; **6** B3; **8** C6; **9** C6
Grande Lago Salgado **8** E7; **9** E7
Grande Prairie **9** D7
Grandes Antilhas (arq.) **6** D6; **10** E3; **11** E3
Grandes Lagos **4** C5; **6** C5
Grandes Planícies **6** C4; **8** E8
Grand Rapids **9** E10
Grand Turk **11** D2
Granito **50** D3
Granja **41** C11; **49** B2
Granjeiro **49** E3
Grataú, r. **56** C1
Gravatá **51** E7
Gravatá, r. **50** D2/E3
Gravatá, rch. **51** C6
Gravatá, rib. **55** C6
Gravataí, r. **63** B4
Gravatal **62** D6
Graz **15** C3
Great Abaco, i. **10** E1; **11** E1
Great Exuma, i. **10** E2; **11** E2
Great Falls **9** E7
Great Inagua, i. **10** D2; **11** D2
GRÉCIA **5** D11;**15** B4
Green Bay **9** E10

Green River 9 E7
Gregório, r. 44 B3
Gregório, sa. do 62 C3
Grenoble 15 D3
Groaíras 49 B2
Groaíras, r. 49 C2
Grodno 15 B2
Groenlândia 4 B7; 6 B7; 8 B14; 9 B14; 22 B11
Groenlândia, mar da 4 B9; 6 B9; 8 B18; 9 B18; 22 B10
Groote Eylandt, i. 20 F3
Grossa de Parati, pta. 56 D1
Grossos 51 A5
Grozny 19 H3
Grudzadz 15 C2
Grupiara 54 C3
Guabiraba, r. 60 D1
Guachos, rib. dos 58 C/D3
Guaçu, arr. 60 C1
Guaçuí 57 D1
Guadalajara 9 G8
Guadalcanal, i. de 20 F5
Guadalquivir, r. 14 E4
Guadalupe, i. de 4 E6; 8 G7; 9 G6; 10 B3; 11 B3; 21 B13
Guadiana, r. 14 E4
Guaíba 63 C4
Guaíba, r. 63 C4
Guaiçara 58 C4
Guaimbê 58 C4
Guaíra 60 C1; 59 B5
Guairaçá 60 A3
Guaiúba 49 C4
Guajará 43 D5
Guajará-Mirim 40 E7; 42 E3
Guajiru, r. 51 B7
Guam, i. de 5 E17; 7 E17; 20 C4
Guamá, r. 39 C10
Guamaré 51 B6
Guanabara, b. de 56 C2
Guanacaste, cord. 10 F4
Guanambi 41 E11; 53 E3
Guandu, p. do 57 D1
Guandu, r. 51 C7; 56 C2; 57 C1
Guane 11 F2
Guanhães 55 C6
Guanhães, r. 55 C5
Guantánamo 11 D2
Guapeú, r. 59 F7
Guapiaçu, r. 56 C3
Guapiara 59 F5
Guapiara, r. 59 F6
Guapimirim 56 C3
Guapirama 61 B5
Guaporé, r. 39 E/F8; 42 F4; 46 D1/E2; 63 B3
Guaporema 60 B3
Guará 45 A2
Guarabira 51 C7
Guaraçaí 58 C2
Guaraci 58 B5; 60 A4
Guaraciaba do Norte 49 C2
Guaraíras, la. 51 C7
Guarajus, r. 42 F4
Guaramiranga 49 C4
Guarani 55 E5
Guarani, r. 60 D2/3
Guaraniaçu 60 D3
Guarani das Missões 62 B2
Guarani de Goiás 44 C4
Guarani d'Oeste 58 B3
Guarantã 58 C4
Guarapari 57 D2
Guarapari, r. 57 D2
Guarapuava 41 H9; 60 D4
Guaraqueçaba 61 D7
Guaraqueçaba, r. 61 D7
Guarará 55 E5
Guararapes 58 C3
Guaratinga 53 F5
Guaratinguetá 59 D8
Guaratuba 61 D7
Guaratuba, b. de 61 D7
Guaraú, sa. do 59 F6
Guarda Mor 54 C3
Guareí 59 E6
Guareí, r. 59 E5/6
Guariba 59 C5
Guaribas, r. 48 D5; 53 C3
Guaribas, sa. das 49 D2
Guarinos 44 C3
Guarita, r. 62 A3
Guarujá 59 F7
Guarujá do Sul 62 B2
Guarulhos 59 E7
Guatambu 62 C3
Guatapará 59 C6
GUATEMALA 4 E5; 11 H3
Guaviare, r. 12 B2
Guaviruva, r. 59 F6
Guaxindiba, r. 57 B4
Guaxupé 54 E4
Guayaquil 13 C1
Guayaquil, g. de 12 C1; 13 C1
Guia Lopes da Laguna 47 H3
GUIANA 4 E7; 13 B4
Guiana Francesa 4 E7; 13 B4
Guianas, plto. das 6 E6; 12 B3
Guidoval 55 E6
Guimarães, chap. dos 46 E3/4
Guimarânia 54 C4
GUINÉ 4 E9; 17 C2
Guiné, g. da 6 E10; 16 D3; 17 D3/4
Guiné, plto. da 6 E9
GUINÉ-BISSAU 4 E9; 17 C2
GUINÉ EQUATORIAL 5 E10; 17 D4
Gulu 17 D7
Gurguéia, r. 39 D11; 48 D4
Gurinhatã 54 D2
Gurjão 51 D6
Gurupá 43 C7
Gurupi 41 E10; 43 E7
Gurupi, r. 39 C10; 43 C8; 48 B2
Gurupi, sa. do 48 C2
Guzolândia 58 B3
Gyda, pen. de 18 G2

H

Ha'apai, is. 21 F8
Haia 15 D2
Hai Phong 19 E4
Hainan, i. de 5 E15; 7 E15; 18 E5; 19 E5
HAITI 4 E6; 11 D3
Hakodate 19 C3
Halifax 9 E12
Hall, is. 20 D5
Halmahera, i. de 5 E16; 7 E16; 18 D5; 19 D5
Hamburgo 15 C2
Hamersley, cadeia 20 G1
Hangayan, mtes. 18 F3
Hangzhou 19 D4
Hannover 15 D2
Hanói 5 D15; 19 E4
Hao, i. 21 F11
Harare 5 F11; 17 F6
Harbin 19 D3
Hargeysa 17 D8
Hartford 9 E11
Hatteras, c. 6 D6; 8 F11
Havaí, i. do 21 C10
Havaí, is. do 4 D2; 6 D2; 21 B10
Havana 4 D5; 11 F2
Hébridas Exteriores, arq. das 14 E2; 15 E2
Heidelberg 15 D3
Hejaz 18 I4
Hekla, mte. 6 B9
Helsinki 5 B11; 15 B1
Henderson, i. 21 G13
Heracléia 15 B4
Herat 19 G4
Hercílio, r. 62 B6
Herculândia 58 D3
Hermosillo 9 G7
Herney, bacia de 8 E6
Herval 63 D3
Hidrolândia 49 C2
Hiiumaa, i. 14 B2; 15 B2
Himalaia (cord.) 7 D14; 18 F4
Hindu Kush (maciço) 7 D13; 18 G4
Hiroshima 19 D4
Hispaniola, i. de 6 E6; 10 D3
Hiva Oa, i. 21 F12
Ho Chi Minh 19 E5
Hobart 20 I4
Hokkaido, i. de 5 C17; 7 C17; 18 C3; 19 C3
Holambra 59 D7
HOLANDA *ver* PAÍSES BAIXOS
Holguín 11 E2
HONDURAS 4 E5; 11 G4
Honduras, g. de 10 G3; 11 G3
Hong Kong 5 D15; 19 E4
Honiara 5 F17; 20 E5
Honolulu 21 B10
Honshu, i. de 5 D17; 7 D17; 18 D4; 19 D4
Horizonte 49 C4
Horizonte, sa. do 57 D1
Horn, c. 4 H6; 6 H6; 12 H3; 22 D13
Hortolândia 59 D6
Houston 9 F9
Howe, c. 20 H5
Howland, i. 21 D8
Hradec-Králové 15 C2
Huallaga, r. 12 C2
Huambo 17 F5
Huancayo 13 D2
Hudson, b. de 4 C5; 6 B5; 8 C10; 9 C10; 22 D12
Hudson, c. 22 C21
Hudson, estr. de 4 B6; 6 B6; 8 C11; 9 C11
Hulha Negra 63 C3
Humaitá 42 D4; 62 A3
Humaitá, r. 42 E1
HUNGRIA 5 C10; 15 C3
Huron, l. 8 E10; 9 E10
Hyderabad 19 G5

I

Iacanga 58 C5
Iaciara 44 C4
Iacri 58 C3
Iaçu 53 D5
Iapó, r. 61 C5
Iaras 58 D5
Iaundê 5 E10; 17 D5
Ibadan 17 D4
Ibaiti 61 B5
Ibaté 59 C6
Ibatiba 57 D1
Ibema 60 D2
Ibérica, pen. 6 C9
Ibiaçá 62 B4
Ibiapaba, sa. da 12 C5; 39 C/D11; 48 C5; 49 B1/C2
Ibiara 50 D4
Ibicaraí 53 E5
Ibicoara 53 D4
Ibicuí, r. 39 H8/9; 63 B1/2
Ibicuí da Armada, r. 63 C2
Ibicuí-Mirim, r. 63 B2
Ibicutinga 49 D4
Ibimirim 51 E5
Ibipeba 53 C3
Ibiporã 61 B5
Ibirá 58 C4
Ibiraci 54 D3
Ibiraçu 57 C2
Ibirapitanga 53 E5
Ibirapuã 53 F4
Ibirapuitã 63 B3
Ibirapuitã, r. 63 BC/2
Ibirarema 58 D4
Ibirité 55 D5
Ibirocaí, arr. 63 B1
Ibitinga 58 C5
Ibitinga, repr. 58 C5
Ibitirá, r. 63 B4
Ibitirama 57 D1
Ibituruna 55 E5
Ibiúna 59 E6
Ibiza, i. de 14 D4; 15 D4
Ibotirama 53 D3
Ibucuí da Faxina, arr. 63 C2
Ica 13 D2
Icamaguã, r. 63 B2
Içana, r. 38/39 B6
Icapuí 49 C5
Içara 62 D6
Icém 58 B4
Icó 49 E4
Iconha, r. 57 D2
Idaho Falls 9 E7
Ielmo Marinho 51 B7
IÊMEN 5 E12; 19 H5
Ienissei, r. 7 B14; 18 F2; 19 F2
Iepê 58 D3
Ifalik, i. 20 D4
Igaci 52 B3
Igarapava 59 B6
Igarapava, repr. 54 D3
Igarapé 55 D5
Igarapé-Mirim 43 C7
Igarassu 51 D8
Igaratá 59 E7/8
Igloolik 9 C10
Igreja, mo. da 62 D6
Igrejinha 63 B4
Iguá, r. 56 C3
Iguaçaba, sa. do 63 B3
Iguaçu, cataratas do 60 D1
Iguaçu, r. 39 H9; 41 H9; 60/61 D2/6; 62 B5
Iguape 59 F6
Iguará, r. 48 B4
Iguaraçu 60 B4
Iguariacá, arr. 63 B2
Iguariaçá, sa. do 63 B2
Iguatemi 47 I4
Iguatemi, r. 47 I4
Iguatu 41 D12; 49 E3
Ijsselmeer, l. 14 D2
Ijuí 41 H9; 62 B3
Ijuí, r. 39 H9; 62 A2
Ijuizinho, r. 63 B2
Ilebo 17 E6
Ilha, rib. da 58 C2
Ilhabela 59 E8
Ilha Comprida 59 F6
Ilha das Flores 52 C3
ILHAS MARSHALL 5 E18; 20 C6
Ilha Solteira 58 B2
Ilha Solteira, repr. 47 H6; 58 B2
ILHAS SALOMÃO 5 F17; 20 E6
Ilhéus 13 D6; 41 E12; 53 E5
Ilhotas, pta. das 51 E7
Iliamna, l. 8 D3; 9 D3
Ilicínea 54 D4
Illinois, r. 8 E10
Imabu, r. 43 C5
Imaculada 51 D5
Imaruí, la. 62 D7
Imbaú, r. 61 C5
Imbauzinho, r. 61 C5
Imbé, r. 56 B4
Imbituba 62 D7
Imbituva 61 D5
Imbituva, r. 61 C5
Imbuia 62 C6
Imerari, sa. 42 A4
Imeri, sa. 38 B6/7; 42 B3
Imigrante 63 B4
Imirim, l. 62 D7
Imperatriz 41 D10; 48 C2
Impfondo 17 D5
Inácio Dias, pta. 61 D7
Inajá 60 A3
Inajá, r. 43 E7
Indaiá, r. 54 C/D4
Indaial 62 B6
Indaiatuba 59 E6
Independência 49 D2
Independência, rch. 49 D2
ÍNDIA 5 D13; 19 G4
Indiana 58 D3
Indianapolis 9 F9
Indianópolis 54 C3; 60 B3
Indiara 44 D2
Indiaroba 52 D2
Indiavaí 46 E2
Indigirka, r. 18 C2
Índios, r. dos 60 B3, D1
Indo, r. 7 D13; 18 G4; 19 G4
INDONÉSIA 5 F15; 19 E6
Indore 19 G4
Inferninho, r. 62 C4
Infusão, córr. 44 B3

Ingaí, r. **55** E5
Ingazeira **51** D5
INGLATERRA **15** E2
Ingul, r. **14** A3
Ingulets, r. **14** A3
Inhacapetum, arr. **63** B2
Inhacorá **62** A2
Inhacorá, r. **62** A3
Inhambupe **53** C5
Inhambupe, r. **53** C5-6
Inhandava, r. **62** A/B4
Inhanduí, arr. **63** B1
Inhapim **55** D6
Inhaúma, sa. da **48** C3, D3; **53** E4
Inhopi, r. **47** I4
Inhumas **44** D3
Inhumas, r. **48** D4
Inn, r. **14** C3
Inocência **47** G5
Inúbia Paulista **58** C3
Inuvik **9** C5
Inveja, sa. da **51** E5
Invernadinha, rib. **44** D1
Ipaba **55** D6
Ipanema, r. **51** E6/F5; **52** B2
Ipaporanga **49** C2
Ipatinga **41** F11; **55** D6
Ipê **63** B4
Ipeúna **59** D6
Ipiaçu **54** C2
Ipiaú **53** E5
Ipiguá **58** B4
Ipira **62** C4
Ipirá **53** D5
Ipiranga, r. **57** C3
Ipiranga do Piauí **48** D5
Ipiranga do Sul **62** A3
Ipixuna **42** D2
Ipixuna do Pará **43** C8
Ipojuca **51** E7
Ipojuca, r. **51** E6/7
Iporá **44** D2
Iporã **60** B2
Iporanga **59** F5
Ipswich **15** D2
Ipu **49** C2
Ipueira **51** C5
Ipueira, rch. **50** E3
Ipueiras **49** C2
Iqaluit **9** C12
Iquererim, mo. **62** B7
Iquique **13** D2
Iquiri, r. **42** E3
Iquitos **13** C2
IRÃ **5** D12; **19** H4
Iraí de Minas **54** D3
Iramaia **53** D4
Irani, sa. do **62** C3/B4
Irapuã **58** C4
Irapuá, arr. **63** C3
Irapuã, r. **62** B5
Irapuru **58** C2
Iraquara **53** D4
IRAQUE **5** D12; **19** H4
Irati **61** D5; **62** B3
Iratim, r. **60** E4
Irazu, vulcão **10** F5
Irecê **53** C4
Ireng, r. **42** B4
Iricoumé, sa. **43** B5
Irineópolis **62** B5
Iriri, r. **39** D9; **43** C/E6
Iririaçu, b. de **48** A3
Iriri Novo, r. **46** B4/5
Irkutsk **19** E3
IRLANDA **4** C9, **15** E2
Irlanda, i. da **14** E2
Irlanda, mar da **14** E2; **15** E2
IRLANDA DO NORTE **15** E2
Iron Mountain **9** E10
Irrawaddy, r. **18** F4
Irtysh, r. **7** C13; **18** G3
Irupi **57** D1
Isabel, rib. **44** C2
Isabel, sa. **53** E3
Isabella, cord. **10** G4
Isaías Coelho **48** D5
Isiro **17** D6
Islamabad **5** D12; **19** G4
ISLÂNDIA **4** B8; **15**, detalhe à esq.; **22** C10
Islândia, i. da **6** B9; **14**, detalhe à esq.
Isolina, r. **60** D2
ISRAEL **5** D11; **19** I4
Israelândia **44** D2
Istambul **15** B3; **19** I3
Itá **62** C3
Itã, aç. de **51** C6
Itabaiana **51** D7; **52** D2
Itabaianinha **52** D2
Itabapoana, r. **57** E1
Itaberaba **53** E4
Itabira **55** D5
Itabira, l. **42** D4
Itabirito **55** D5
Itaboraí **56** C3
Itabuna **41** F11; **53** E5
Itacaiúna, r. **39** D9/10; **43** D7
Itacambira **55** C5
Itacambiruçu, r. **55** B5/6
Itacaré **53** E5
Itacoatiara **41** C8; **43** C5
Itacoca, rib. **60** B3
Itacolomi, r. **49** B2
Itacurubi **63** B2
Itacurubi, arr. **63** B2
Itacuruçá, i. de **56** C2
Itaeté **53** D4
Itaguaçu da Bahia **53** C3
Itaguaí **56** C2
Itaguajé **60** A4
Itaguara **55** D5
Itaguari **44** C3
Itaiacoca, sa. de **61** C6
Itaíba **51** E5
Itaiçaba **49** C5
Itaim, r. **48** D5; **59** E9
Itaim, rch. **48** E5
Itaió, mo. do **62** B6
Itaiópolis **62** B6
Itaipu, pta. de **56** C2
Itaipu, repr. **39** H9; **41** G/H9; **60** D1
Itaitinga **49** C4
Itaituba **41** C8; **43** D5
Itajá **44** E2; **51** B6
Itajaí **41** H10; **62** B7
Itajaí, sa. do **62** C6
Itajaí d'Oeste, r. **62** C5/6
Itajaí do Norte, r. **62** B6
Itajaí do Sul, r. **62** C6
Itajaí-Mirim, r. **62** B/C7
Itaju **58** D5
Itajubá **54** E4
ITÁLIA **5** C10; **15** C3
Itamaracá, i. de **51** D8
Itamaraju **53** F5
Itamarandiba **55** C6
Itamarandiba, r. **55** C6
Itamarati **42** D2
Itambaracá **61** B5
Itambé **51** D7; **60** B4
Itambé do Mato Dentro **55** D5
Itamogi **54** D4
Itanhaém **59** F7
Itanhém **53** F4
Itanhém, r. **53** F4/5
Itaoca **58** F5
Itapagé **49** B3
Itapajipe **54** D2
Itapanhaú, r. **59** E8
Itaparica **53** D5
Itaparica, i. de **53** D5
Itaparica, repr. de **50** E4; **53** B5
Itapecerica da Serra **59** E7
Itapecuru Mirim **48** B3
Itapejara d'Oeste **60** D3
Itapema **62** C7
Itapemirim **57** E2
Itapemirim, r. **57** D1/2
Itaperuna **41** G11; **56** A4
Itapetinga **53** E4
Itapetininga **59** E6
Itapetininga, r. **59** E6
Itapeva **41** G10; **58** F5
Itapevi **59** E7
Itapevi, la. **63** B5
Itapicuru, r. **39** C11, E12; **48** B3; **51** F6; **53** C5/6
Itapicuru, sa. do **48** D3
Itapicuru-Açu, r. **53** C4/5
Itapicuru-Mirim, r. **53** C4/5
Itapicuruzinho, r. **48** C4
Itapipoca **41** C12; **49** B3
Itapira **59** D7
Itapiranga **43** C5
Itapirapuã **44** C2
Itapirapuã, mo. do **61** C6
Itapirapuã, r. **58** F4; **61** C6;
Itapiúna **49** C4
Itapoá **62** B7
Itapoaí, r. **62** B7
Itapocuzinho, r. **62** B6
Itápolis **58** C5
Itaporana, r. **42** D4
Itapororó, arr. **63** B1
Itapuã, pta. **57** D2
Itapucá **63** B3
Itapuí **58/59** D5
Itapura **58** B2
Itapuranga **44** C3
Itaquaquecetuba **59** E7
Itaquatiara, rch. **48** E5
Itaqueré, rib. **58/59** C5
Itaqui **63** B1
Itararé **58** F4
Itararé, r. **39** G10; **58** E/F4; **61** B/C6;
Itarema **49** A3
Itariri, r. **59** F6/7
Itarumã **44** E2
Itata, r. **43** D6
Itatiaia **56** C1
Itatiaiuçu **55** D5
Itatiba **59** D7
Itatins, sa. do **59** F6/7
Itatuba **51** D7
Itaúba **46** C4
Itauçu **44** D3
Itaueira **48** D5
Itaueira, r. **48** D4
Itaueiras, r. **48** D2
Itaúna **55** D5
Itaúna, rib. **58** C3
Itaúna do Sul **60** A3
Itaúnas, r. **57** A2
Itauninhas, r. **57** B2
Itaverava **55** D5
Itinga, r. **43** D8; **48** C3; **55** B6
Itinguçu, r. **59** F6
Itiquira **47** F3
Itiquira, r. **39** F8/9; **47** F3/4
Itirapina **59** D6
Itirapuã **59** B6
Itiúba **53** C5
Itobi **59** C7
Itu **59** E6
Itu, r. **63** B2, B4
Itucumã, r. **42** D2
Itueta **55** D6
Ituiutaba **41** F10; **54** C2
Itumbiara **41** F10; **44** E2
Itumbiara, repr. **44** E3; **54** C2/3
Itupararanga, repr. **59** E6
Itupeva **59** E7
Itupiranga **41** C10; **43** D7
Iturama **54** D2
Ituverava **59** B6
Ituxi, r. **42** D3
Iuiú **53** E3
Iúna **57** D1
Ivaí, r. **39** G/H9; **41** G/H9; **60** B2/C4; **63** B3
Ivaiporã **60** C4
Ivatuba **60** B3
Ivinheima, r. **47** I4
Ivinhema **41** G9; **47** I4
Ivolândia **44** D2

J

J. Antunes, sa. **42** F4
Jaboatão **41** D13; **51** E7
Jaborá **62** C4
Jaborandi **59** B5
Jaboti **61** B5
Jaboticabal **59** C5
Jaboticabal, sa. de **59** C5
Jabre, p. do **39** D12; **51** D5
Jaçanã **51** C6
Jacaré, r. **42** D4; **51** C7, F5; **52** B2, C2; **53** C4; **55** D5
Jacareacanga **43** D5
Jacaré-Guaçu, r. **58/59** C5/D6
Jacaregueaú, r. **46** E5
Jacareí **59** E8
Jacareí, r. **48** B5; **59** D7
Jacareí, rib. **60** A3
Jacaré Pepirá, r. **58/59** C/D5
Jacarezinho **61** B5
Jacarezinho, r. **61** B6
Jacarta **5** F15; **19** E6
Jaciparaná, r. **42** E3
Jackson **9** F10
Jacksonville **9** F10
Jacmel **11** D3
Jacobina **41** E11; **53** C4
Jacobina do Piauí **48** D5
Jacocá, r. **52** C2
Jacu, pta. **57** D2
Jacu, r. **51** C7; **57** D2
Jacu, rch. **51** C6
Jacuba, r. **44** D1
Jacuí **54** D4
Jacuí, r. **39** i9; **41** H9; **59** E9; **63** B3
Jacuí Mirim, r. **59** E9
Jacuí-Mirim, r. **63** B3
Jacuípe **52** A4
Jacuípe, r. **51** E7; **52** A4; **53** C4/D5
Jacuizinho, r. **63** B3
Jacundá **41** C10; **43** D7
Jacupiranga **59** F6
Jacupiranginho, r. **59** F5-6
Jacutinga **62** A3
Jacutinga, r. **62** C4
Jaffna **19** F5
Jaguaquara **53** D5
Jaguara, repr. **54** D3; **59** A6
Jaguarão **63** D3
Jaguarão, arr. **63** C3
Jaguarão, r. **63** D3
Jaguarari **53** C4
Jaguaré **57** B3
Jaguari, r. **59** D7, E7; **63** B2
Jaguari, repr. **59** D7, E8
Jaguariaíva **61** C6
Jaguariaíva, r. **61** C6
Jaguaribara **49** D4
Jaguaribe **49** D4
Jaguaribe, r. **39** D11/12; **49** D4
Jaguari-Mirim, r. **59** C6/7
Jaguaripe **53** D5
Jaguariúna **59** D7
Jaguarizinho, arr. **63** B2
Jaguaruana **41** D12; **49** C5
Jaguaruçu **55** D6
Jaguaticaju, r. **61** C6
Jaíba **55** B5
Jaibaras, r. **49** C2
Jaipur **19** G4
Jales **58** B3
JAMAICA **4** E6; **11** E3
Jamaica, canal da **10** E3; **11** E3
Jamaica, i. da **10** E3
Jamanta, i. da **59** E9
Jamanxim, r. **39** C8, D8/9; **43** D6
Jamari, r. **42** E4
Jambeiro **59** E8
James, b. de **8** D10; **9** D10
Jaminaua, r. **42** E2
Jammu **19** G4
Jampruca **55** C6
Jamundá, r. **39** C8; **41** B/C8
Jan Mayen, i. **8** B18; **9** B18; **22** B10
Janaúba **55** B5
Janaucu, i. **43** B7
Jandaia **44** D2
Jandaíra **51** B6; **53** C6

Janduís **51** B6
Jangada, r. **51** C4; **60** E4; **62** B4
Jangada, rib. **58** C3; **60** C2
Janiópolis **60** C3
Januária **41** F11; **55** B5
JAPÃO **5** D16; **19** C4
Japão, mar do **5** C16; **7** C16; **18** D3; **19** D4
Japão, sa. do **52** B3
Japaraíba **54** D4
Japaratinga **52** B4
Japaratuba, r. **52** C2/3
Japeri **56** C2
Japi **51** C7
Japira **61** B5
Japorã **47** I4
Japurá **42** C3; **60** B3
Japurá, r. **12** C3; **38/39** C6/7; **40** C6; **42** C2
Jaquirana **63** B4
Jaquirana, r. **63** B3
Jaraguá, sa. de **62** B6
Jaraguá do Sul **62** B6
Jaraguari **47** H4
Jaramataia **52** B3
Jaraqui, r. **42** D3
Jararaca, sa. da **51** D/E6
Jarauçu, r. **43** C6
Jardim **47** H3
Jardim, r. **45** A2; **49** F4
Jardim, rch. **49** F3
Jardim, rib. **45** A2
Jardim de Angicos **51** B7
Jardim de Piranhas **51** C5
Jardim do Mulato **48** D4
Jardim Olinda **60** A3
Jardines de la Reina, arq. **10** E2; **11** E2
Jardinópolis **59** C6
Jari, l. **42** D4
Jari, r. **39** B9; **41** B9; **42** D4; **43** B6
Jari, sa. do **43** B6
Jarina, r. **46** C5
Jaru **42** E4
Jarvis, i. **21** E9
Jataí **44** D2
Jatapu, r. **43** C5
Jati **49** F3
Jatobá, r. **46** D4; **49** C2; **51** C7
Jatobá, sa. do **53** C2; **49** E3
Jaú **59** D5
Jaú, r. **42** C4; **59** D5
Jauaperi, r. **39** B7/8
Jaundá, r. **43** C7
Jaupaci **44** D2
Jauquara, r. **46** E3
Jauru, r. **46** F2
Java, i. de **5** F15; **7** F15; **18** E6; **19** E6
Java, mar de **5** F15; **7** F15; **18** E6; **19** E6
Javaés, r. **43** E/F7; **44** B2
Javari, r. **12** C2; **38** C/D5
Jebel Toubkal (p.) **6** D9; **16** A3
Jenipapo, r. **43** D7
Jequiá, r. **52** B3
Jequié **41** E11; **53** D4
Jequié, r. **53** D5
Jequitaí **55** B5
Jequitaí, r. **55** C5
Jequitibá **55** D5
Jequitinhonha, r. **39** F11/12; **41**; **53** E5, F11; **55** B6/7
Jérémie **11** D3
Jeremoabo **53** C5
Jericó **51** C5
Jericoacoara **49** A2
Jericoacoara, pta. **49** A2
Jeriquara **59** B6
Jerônimo Monteiro **57** D1
Jerumenha **48** D4
Jerusalém **5** D11; **19** I4
Jesuânia **54** E4
Jibão, r. **54** a4
Jibóia, córr. **45** A2
Jijoca de Jericoacoara **49** A2
Jilib **17** D8
Ji-Paraná **41** E7; **42** E4
Ji-Paraná, r. **38/39** E7; **42** E4
Jiquiriçá, r. **53** D5
Jirituba, r. **52** B4
Joaçaba **62** C4
Joanópolis **59** D7
João Alfredo **51** D7
João Câmara **51** B7
João Dias **51** C5
João Dourado **53** C4
João Lisboa **48** C2
João Neiva **57** C2
João Pessoa **13** C6; **41** D13; **51** D8
João Pinheiro **54** C4
João Ramalho **58** D3
Joaquim Felício **55** C5
Joaquim Távora **61** B6
Johannesburgo **17** G6
Johnston, is. **21** C9
Jóia **63** B2
Joinville **41** H10; **62** B7
Jônicas, is. **14** B4; **15** B4
Jônico, mar **14** C4; **15** C4
Jönköping **15** C2
JORDÂNIA **5** D11; **19** I4
Jordânia **55** B7
Jordão, r. **60** D4
Jorge V, terra de **22** C20
Jos, plto. de **16** C4
José Bonaparte, g. **20** F2
José Bonifácio **58** C4
José da Penha **51** C4
José de Freitas **48** C4
José Dias, pta. **62** B7
José Pedro, r. **57** D1
Juan Fernández, is. **12** F2; **13** F1
Juara **41** E8; **46** C3
Juarez Távora **51** D7
Juatinga, pta. **56** D1
Juatuba **55** D5
Juazeiro **13** C6
Juazeiro **41** D11; **53** B4
Juazeiro, r. **53** D3
Juazeiro do Norte **41** D12; **49** F3
Juba **17** D7
Juba, r. **16** D8
Jucá, r. **49** E2
Júcar, r. **14** E4
Juçaral, r. **48** B4
Jucu, r. **57** D2
Jucu Braço Norte, r. **57** D2
Jucu Braço Sul, r. **57** D2
Juína **46** C2
Juína, r. **46** D2
Juiz de Fora **41** G11; **55** E5
Jujari, r. **42** C4
Juliaca **13** D2
Juliana, p. **12** B4
Júlio de Castilhos **63** B3
Júlio Mesquita **58** D4
Juma, r. **42** D3, **43** D5
Junco, l. do **55** C6
Junco do Seridó **51** C6
Jundi, r. **51** B7
Jundiá, r. **56** C4; **57** B2/3; **62** D6
Jundiá Seca, córr. **57** B2
Jundiaí **59** E7
Jundiaí, r. **59** E6/7
Jundiaí do Sul **61** B5
Juneau **9** D5
Juparanã, la. **57** C2
Juparanã-Mirim, la. **57** C2
Jupi **51** E6
Jupiá, repr. **47** H5; **58** B2
Juquiá, r. **59** E7
Juquiá, sa. **60/ 61** D3
Juquiá-Guaçu, r. **59** F6
Juquitiba **59** E7
Jura (cadeia) **14** D3
Juramento **55** B5
Juranda **60** C3
Juréia, pta. da **59** F7
Jurema, sa. da **53** E4
Juripiranga **51** D7
Juruá **42** C3
Juruá, r. **12** C3; **38** D5/6; **42** D2/E1
Juruaia **54** E4
Juruá Mirim, r. BE **42** E1
Jurubatuba, rib. **44** D3
Juruena **46** C2
Juruena, r. **39** D/E8; **43** E5; **46** B/D2
Jurumirim, repr. **58/59** E5
Juruna, r. **46** C5
Jurupari, r. **42** D2
Juruti **43** C5
Jussara **44** C2; **60** B3
Jussiape **53** D4
Jutaí **42** D2
Jutaí, r. **38** C5/6; **42** C3/D2
Juti **47** I4
Jutlândia (pen.) **14** D2; **15** D2
Juturnaíba, la. **56** C3
Juventud, i. **10** F2; **11** F2

K

K2 (p.) **7** D13; **18** G4
Kabwe **17** F6
Kadavu, i. **20** F7
Kaédi **17** C2
Kakhovskoye, repr. **14** A3
Kalaallit Nunaat **4** B7; **6** B7; **9** B14; **22** B11
Kalahari, deserto de **7** G10; **16** G6
Kalemie **17** E6
Kalgoorlie **20** H1
Kaliningrado **15** B2
Kaloré **60** B4
Kamchatka, pen. **7** C17; **18** C3
Kamen (p.) **7** B14; **18** F2
Kamina **17** E6
Kampala **5** F11; **17** D7
Kandahar **19** G4
Kangaroo, i. **20** H3
Kankan **17** D2
Kano **17** C4
Kansas City **9** F9
Kanton, i. **21** E8
Kaohsiung **19** D4
Kapingamarangi, i. **20** D5
Kara, mar de **5** B13; **7** B13; **18** G2; **19** G2; **22** B7
Karachi **19** G4
Karaganda **19** G3
Kara Kum, deserto de **18** G4
Kariba, l. **5** F11; **7** F11; **16** F6
Karlsruhe **15** D3
Karlstad **15** C2
Kárpathos, i. **14** B4
Kasai, r. **16** E5
Kashi **19** G4
Kassala **17** C7
Kassel **15** D2
Kathmandu **5** D14; **19** F4
Kattegat (estr.) **14** C2; **15** C2
Kauai, i. **21** B10
Kaukura, i. **21** F10
Kaunas **15** B2
Kayes **17** C2
Kazan **19** H3
Keetmanshoop **17** G5
Keller, rib. **60** B4
Kelowna **9** E7
Kenora **9** D9
Kerch' **15** A3
Kerguelen, is. **5** H13; **7** H13
Kerinci (p.) **7** F15
Kermadec, is. **21** G8
Kerman **19** H4
Key West **9** G10
Kharkov **15** A3
Khaskovo **15** B3
Kiel **15** C2
Kielce **15** B2
Kiev **5** C11; **15** A2
Kigali **17** E6
Kigoma **17** E7
Kilimanjaro (p.) **7** F11; **16** E7
Kimberley **17** G6
Kimberley, plto. **20** F2
Kinabalu, mte. **7** E15; **18** E5
Kindu **17** E6
King, i. **20** I4
Kingman, recife **21** D9
Kingsmill, is. **20** E7
Kingston **4** E6; **11** E3
Kingstown **11** B4
Kinshasa **5** F10; **17** E5
Kiolen, montanhas **14** D1
KIRIBATI **5** E18; **20** D7
Kirinyaga (p.) **7** E11; **16** E7
Kiritimati, i. de **21** D10
Kismaayo **17** E8
Kisumu **17** D7
Kivu, l. **16** E6
Klaipeda **15** B2
Klar, r. **14** C1
Klyuchevskaya Sopka (p.) **18** B3
Knox, Costa de **22** C19
Kodiak **9** D3
Kodiak, i. **8** D3; **9** D3
Kola, pen. de **18** I2
Kolwezi **17** F6
Kolyma, mtes. **7** B18; **18** C2
Kolyma, plan. do **7** B17; **18** C2
Kolyma, r. **18** C2
Koror **20** D3
Koryak, mtes. **7** B18; **18** B2
Kosciuszko, mte. **7** G17; **20** H4
Kosice **15** B3
Kosrae, i. **20** D6
Kotuy, r. **18** E2
Kotzebue **9** C2
Kovel' **15** B2
Kragujevac **15** B3
Krasnoyarsk **19** F3
Kremenochugskoye, repr. **14** A3
Kristiansand **15** D2
Krivoy Rog **15** A3
Kuala Lumpur **5** E15; **19** E5
Kufra, oásis **16** B6
Kugluktuk **9** C6
Kumasi **17** D3
Kunlun, mtes. **7** D14; **18** F4
Kunming **19** E4
Kuopio **15**, detalhe à dir.
Kure, i. **21** B8
Kuria, i. **20** D7
Kurilas, is. **5** C17; **7** C17; **18** C3; **19** C3
Kuujjuaq **9** D11
KUWAIT **5** D12; **19** H4
Kwajalein, i. **20** D6
Kyoga, l. **16** D7
Kyushu, i. de **5** D16; **7** D16; **18** D4; **19** D4
Kyzyl Kum, deserto de **18** G3
Kzyl-Orda **19** G3

L

Labé **17** C2
Labrador (pen.) **8** D12
Labrador City **9** D12
Lábrea **40** D7; **42** D3
La Ceiba **11** G3
Laco, r. **42** E2
La Coruña **15** E3
Ladário **47** G3
Ladoga, l. **5** C11; **7** C11; **18** I2; **19** I2
Lae **20** E4
Lagamar **54** C4
Lagarto **41** E12; **52** C2
Lågen, r. **14** C1
Lages **41** H9; **62** C5
Lagoa **51** C5
Lagoa da Confusão **43** E7
Lagoa da Prata **54** D4
Lagoa de Dentro **51** C7
Lagoa de Velhos **51** C7
Lagoa do Barro do Piauí **48** E5
Lagoa dos Patos **55** B5
Lagoa dos Três Cantos **63** B3
Lagoa Grande **54** C4
Lagoão **63** B3
Lagoa Salgada **51** C7
Lagoa Santa **55** D5
Lagoa Vermelha **62** B4
Lago Eyre, bacia do **20** G3
Lagoinha **59** E8
Lago Norte **45** A2
Lagos **17** D4
Lago Sul **45** A2
Laguna **62** D7
Laguna Caarapã **47** I4
Lahore **19** G4

Lahti **15** B1
Lajeado **63** B3
Lajeado, arr. **63** B2
Lajeado, r. **48** D2
Lajeado do Bugre **62** A3
Laj. do Buriti (r.) **63** B4
Laje de Santos, i. **59** F7
Lajedo **51** E6
Laje do Engenho, r. **63** B3
Laje do Muriaé **56** B3
Lajes **51** B6
Lajes, mo. das **56** C1
Lajes, r. **48** D2
Lajes Pintadas **51** C6
Lamarão, córr. do **45** A2
Lambari, rib. **58** B3
Lambari do Oeste **46** E2
Lamim **55** D5
Lança, r. **62** B6
Lancaster, estr. de **8** B10; **9** B10
Land's End (c.) **14** E2
Landri Sales **48** D4
Lanin, vulcão **12** F2
Lanzhou **19** E4
LAOS **5** E15; **19** E5
Lapa **61** D6
La Paz **4** F6; **13** D3
Lapônia **7** B11; **14**, detalhe à dir.
La Plata **13** F4
Laptev, mar de **5** B16; **7** B16; **18** D2; **19** E2; **22** B5
Laquedivas, is. **5** E13; **7** E13; **18** G5; **19** G5
Laranja da Terra **57** C1
Laranja Doce, rib. da **58** D2/3
Laranjal **55** E6
Laranjal, rib. **58** B/C4
Laranjal do Jari **41** C9; **43** C6
Laranjeiras, b. das **61** D7
Laranjeiras do Sul **60** D3
Laranjinha, r. **61** B5
Laranjinhas, r. **61** A5
Larga, sa. **44** C3/4
Lárisa **15** B4
La Rochelle **15** E3
La Ronge **9** D8
Larsen, gel. de **22** C13
La Serena **13** E2
Las Palmas **17** B2
Las Vegas **9** F7
Lassance **55** C5
Lastro **51** C4
Lau, is. **21** F8
Launceston **20** I4
Laurenciano, plto. **6** C6; **8** D12
Lauro de Freitas **53** D5
Lava-Tudo, r. **63** B4
Lavínia **58** C3
Lavras **54** E4
Lavras, sa. de **56** C3
Lavras de Mangabeiras **49** E4
Lavras do Sul **63** C3
Lavrinhas **59** D9
Laysan, i. **21** B8
Lealdade, is. **20** G6
Leandro Ferreira **54** D4
Leão, g. de **14** D3; **15** D3
Leeuwin, c. **7** G15; **20** H1
Le Havre **15** D3
Le Mans **15** D3
Leipzig **15** C2
Leme **59** D6
Lena, r. **7** B16; **18** E3; **19** E3
Lençóis **53** D4
Lençóis Paulista **58** D5
Lençóis, b. dos **48** A3
León **9** G8; **11** G4; **15** E3
Leopoldina **55** E6
Leópolis **61** B5
Lérida **15** D3
Lesbos, i. de **14** B4; **15** B4
Les Cayes **11** D3
LESOTO **5** G11; **17** G6
L'Esperance, recife **21** H8
Leste, c. **20** H7
LETÔNIA **5** C11; **15** B2
Leveque, c. **20** F2
Lever, r. **43** E7
Lhasa **19** F4
LÍBANO **5** D11; **19** I4
Liberato Salzano **62** A3
Liberdade, r. **43** E6; **46** C5
LIBÉRIA **4** E9; **17** D2
LÍBIA **5** D10; **17** B5
Líbia, deserto da **7** D11; **16** B6
Líbia, plto. da **16** A6
Libreville **5** E10; **17** D5
Lica, rib. do **60** B3
Lichinga **17** F7
LIECHTENSTEIN **5** C10; **15** D3
Liepaja **15** B2
Lifou, i. **20** G6
Ligeiro, r. **60** B3
Ligúria, mar da **14** D3
Lilongüe **5** F11; **17** F7
Lima **4** F6; **13** D2
Limão, Cabeços do **51** B7
Limeira **41** G10; **59** D6
Limeira do Oeste **54** D2
Limnos, i. de **14** B3
Limoeiro **51** D7
Limoeiro, córr. **57** B2
Limoeiro, sa. do **57** C2
Limoeiro do Norte **49** D4
Limón **11** F4
Limpa, la. **57** B4
Limpopo, r. **7** G11; **16** G6
Lincoln **9** E9
Lindi **17** E8
Lindoeste **60** D2
Linha, is. da **4** F2; **6** F2; **21** E10
Linhares **41** F11; **57** C2
Lins **58** C4
Lisboa **4** D9; **15** E4
Lisianski, i. **21** B8
Little Inagua, i. **10** D2; **11** D2
Little Rock **9** F9
LITUÂNIA **5** C11; **15** B2
Liubliana **15** C3
Liungan, r. **14** C1
Liusnan, r. **14** C1
Liverpool **15** E2
Livingstone **17** F6
Livramento **51** D6
Livramento, rch. **51** B5
Livramento do Brumado **53** D4
Llano Estacado (plan.) **8** F8
Llanos (plan.) **12** B2/3
Llanos de Chiquitos (plan.) **12** D3
Lobato **60** A4
Lobito **17** F5
Lódz **15** C2
Logan, mte. **6** B2; **8** C4
Loire, r. **14** E3
Lomami, r. **16** D6
Lombarda, sa. **43** B7
Lombo, sa. do **51** B6
Lomé **4** E10; **17** D4
Londonderry **15** E2
Londres **4** C9; **15** D2
Londrina **41** G9; **60** B4
Long Island (i.) **8** E11; **9** E11; **10** D2; **11** D2
Longá, r. **48** B5
Lontra **55** B5
Lontra, r. **43** D7; **47** H4
Lontras **62** C6
Lontras, r. **60** C3
Lord Howe, i. **20** H5
Lorena **59** D9
Loreto **48** D3
Los Angeles **9** F6; **13** F2
Los Mochis **9** G8
Los Roques, is. **10** C4; **11** C4
Lot, r. **14** D3
Lourdes **58** C3
Luanda **5** F10; **17** E5
Lubango **17** F5
Lübeck **15** D2
Lublin **15** B2
Lubumbashi **17** F6
Lucas do Rio Verde **46** D3
Lucena **51** C8
Lucena, i. do **38**, detalhe; **50**, detalhe
Lucena, pta. **51** C8
Lucianópolis **58** D4
Luciara **46** C6
Lucrécia, aç. **51** C5
Lüderitz **17** G5
Lugansk **15**
Luís Alves, r. **62** B7
Luís Antônio **59** C6
Luís Correia **48** B5
Luís Domingues **48** A3
Luisíada, arq. **20** F5
Luisiânia **58** C3
Luiziana **60** C3
Lulalaba, r. **16** E6
Lule, r. **14**, detalhe à dir.
Luleå **15**, detalhe à dir.
Lunardelli **60** C4
Lupércio **58** D4
Lupionópolis **60** A4
Lusaka **5** F11; **17** F6
Lutécia **58** D3
LUXEMBURGO **4** C10; **15** D3
Luxemburgo **15** D3
Lúxor **17** B7
Luziânia **41** F10; **44** D4
Luzilândia **48** B4
Luzon, estr. de **18** D4; **19** D5
Luzon, i. de **5** E16; **7** E16; **18** D5; **19** D5
Lyakhov, is. **18** C2
Lyon **15** D3
L'vov **15** B3

M

Maanihi, i. **21** F11
Macabuzinho, r. **56** C4
Macacão, córr. **44** C4
Macacos, r. **44** C4
Macacos, rib. **58** C3
Macacu, r. **56** C3
Macaé **56** C4
Macaé, r. **56** C4
Macaé, sa. **56** C3
Macaíba **41** D12; **51** B7
Maçambaba, praia de **56** C3
Macambira **52** C2
Macambira, r. **49** C2
Macapá **13** B4; **41** B9; **43** C7
Macau **41** D12; **51** B6
Macaubal **58** B4
Macaúbas **53** D3
Macaúbas, rib. **55** C5
Macaxeira, pta. de **38**, detalhe; **50**, detalhe
Macdonnell, cadeia **20** G3
MACEDÔNIA **5** C11; **15** B3
Macedônia **58** B3
Maceió **13** C6; **41** D12; **52** B4
Maceté, r. **53** C5
Machacalis **55** C7
Machadinho **62** A4
Machadinho, r. **42** E4
Machadinho d'Oeste **42** E4
Machado **54** E4
Machado, r. **42** E4; **54** E4
Machado, sa. do **49** C3
Machala **13** C2
Macieira **62** B4
Mackay, l. **20** G2
MacKenzie, b. **22** C18
Mackenzie, mtes. **6** B3; **8** C5
Mackenzie, r. **6** B3; **8** C5; **9** C6
Macururé, r. **53** B5
MADAGASCAR **5** G12; **17** F8
Madagascar, i. de **7** F12; **16** F8
Madeira, i. da **4** D9; **6** D9; **16** A2; **17** A2; **56** C2
Madeira, r. **12** C3; **38/39** C8/D7; **42** D/E4
Madras **19** F5
Madre do Sul, sa. **8** H8
Madre Ocidental, sa. **6** D4; **8** G8
Madre Oriental, sa. **6** D4; **8** G8
Madri **4** C9; **15** E3
Madrubá, l. **43** C5
Mãe d'Água **51** D5
Mãe do Rio **43** C8
Mãe Luzia, r. **62** D6
Mafia, i. **16** E8
Mafra **62** B6
Magadan **19** C3
Magalhães, estr. de **12** H3; **13** H3
Magda **58** B3
Magdalena, r. **12** B2
Magdeburg **15** C2
Magé **56** C2
Magé, r. **56** C2
Magu, r. **48** B4
Mahajanga **17** F8
Mahe, i. **16**, detalhe; **17**, detalhe
Maiduguri **17** C4
Maimbá, la. **57** D2
Mai Ndombe, l. **16** E5
Maiorca, i. de **14** D4; **15** D4
Maiquinique **53** E4
Mairinque **59** E6
Mairiporã **59** E7
Maíz, is. Del **10** F4; **11** F4
Majari, r. **42** B4
Major Gercino **62** C7
Major Vieira **62** B5
Majuro **20** D7
Makgadikgadi, depressão salgada **16** G6
Makin Meang, i. **20** D7
Makira, i. **20** E6
Malabo **5** E10; **17** D4
Malacacheta **55** C6
Málaga **15** E4
Malaia, pen. **18** E5
Malaita, i. **20** E6
Malakal **17** C7
Malakula, i. **20** F6
Malanje **17** E5
Malar, l. **14** C2; **15** C2
MALÁSIA **5** E15; **19** E5
MALAUÍ **5** F11; **17** F7
Malauí, l. **7** F11; **16** E7
MALDIVAS **5** E13; **19** G5
Maldivas, is. **7** E13
Male **5** E13; **19** G5
Malhada, sa. da **51** C7
Malhada de Pedras **53** E3
MALI **4** E9; **17** C3
Malindi **17** E8
Malin Head (c.) **14** E2
Malmö **15** C2
Maloelap, i. **20** D7
MALTA **5** D10; **15** C4
Malta **51** C5
Malta, i. de **14** C4
Malvinas, is. **4** H7; **6** H7; **12** H3; **13** H3; **22** D14
Mamanguape **51** C7
Mamanguape, pta. do **51** C8
Mamanguape, r. **51** C7/8
Mambaí **44** C4
Mambaú, r. **59** E7
Mambucaba, r. **56** C1
Mamonas **55** B6
Mamoré, r. **42** E3
Mamori, l. **42** C4
Mamuru, r. **43** C5
Man, i. de **14** E2
Manã, l. **42** D3
Manacapuru **40/41** C7; **42** C4
Manágua **4** E5; **11** G4
Manágua, l. de **10** G4; **11** G4
Manama **19** H4
Manaus **13** C4; **41** C7; **42** C4
Mancha, canal da **14** E3; **15** E2
Manchester **15** E2
Manchúria **18** D3
Manchúria, plan. da **7** C16
Mandacaru, rch. **51** E5
Mandaguari **60** B4
Mandaguari, rib. **58** C/D2
Mandantes, r. dos **50** E4
Mandaú-Mirim, r. **51** E6
Mandioré, la. **47** G3
Mandirituba **61** D6
Manduba, pta. **59** F7
Manduri **58** E4
Manga **55** A5
Mangabeiras, chap. das **39** D10/11; **43** E8; **48** E2/F3; **53** C2
Mangabeiras, sa. das **53** D3
Mangaia, i. **21** G9

Mangaratiba 56 C1
Manguaba, r. 52 B4
Mangueira, la. 39 i9; 41 i9; 63 D3
Mangueirão, r. 63 B3
Mangueirinha 60 D3
Manguinhos, pta. de 51 E7
Mangunça, b. de 48 A3
Manhuaçu 55 D6
Manhuaçu, r. 55 D6
Manhumirim 55 D6
Maniçauã-Miçu, r. 46 C4/5
Manicoré 41 D7; 42 D4
Manicoré, r. 42 D4
Manihiki, i. 21 F9
Manila 5 E16; 19 D5
Manizales 13 B2
Mansa 17 F6
Mansel, i. 8 C10; 9 C10
Manso, r. 44 B4; 46 E4
Mantena 55 C7
Mantiqueira, sa. da 12 E5; 39 G10; 54/55 E4/5; 59 D7/8
Manuel Alves Grande 48 D2
Manuel Urbano 42 E2
Manzanillo 11 E2
Mão Esquerda, r. 52 C2
Mapuera, r. 39 C8; 43 C5
Maputo 5 G11; 17 G7
Maquiné 63 B4
Maquiné, r. 63 B4
Mar de Espanha 55 E5
Mar Del Plata 13 F4
Mar Vermelho 52 B3
Mar, i. do 59 E9
Mar, sa. do 12 E5
Mar, sa. do 39 G/H10; 59 E8/9; 61 D6/7; 62 B6/7
Mara Rosa 44 C3
Maraã 40 C6; 42 C3
Marabá 13 C4; 41 D10; 43 D7
Marabá Paulista 58 D2
Maracá, i. de 12 B4; 43 B7
Maracá, r. 43 B6
Maracaçumé 48 B2
Maracaçumé, r. 48 A3
Maracaibo 13 A2
Maracajá 62 D6
Maracaju 47 H4
Maracaju, sa. de 47 H3/4
Maracanaú 41 C12; 49 B4
Maracás 53 D4
Maradi 17 C4
Maragogi 52 B4
Maragogipe 53 D5
Marahuaca (p.) 6 E6
Marajó, b. de 43 C7
Marajó, i. de 12 C4; 13 C4; 39 C10; 43 C7
Marambaia, p. da 56 D2
Marambaia, rest. da 56 D2
Marambas, r. 62 C5
Maranguape 49 B4
Maranhão, est. do 39 D10/11; 41 D10/11; 48
Maranhão, r. 44 C3
Marañón, r. 12 C2; 13 C2
Marapi, r. 43 B5
Marapoama 58 C5
Maratagá, r. 48 C4
Maraú 53 E5
Marauaú, r. 42 B4
Maravilha, r. 57 D2
Maravilha, rib. 48 D2
Maravilhas 55 D5
Marcelândia 46 C4
Marcelino Ramos 62 A4
Marcelino Vieira 51 C4
Marco 49 B2
Marcolândia 48 D5
Marechal Cândido Rondon 60 C1
Marechal Floriano 57 D2
Marema 62 B3
Margarita, i. 10 B4; 11 B4; 12 A3; 13 A3
Margherita, p. 16 D6
Maria, i. 21 G10
Maria Helena 60 B2
Marialma, rib. 60 B4
Marialva 60 B4
Mariana 55 D5
Mariana Pimentel 63 C4
Marianas do Norte, is. 5 E17; 7 E17; 20 C4
Mariápolis 58 C3
Mariato, pta. 10 F5
Maricá 56 C3
Maricá, la. de 56 C3
Marié, r. 42 C3
Marie Byrd, terra de 22 B23
Marie-Galante, i. 10 B3; 11 B3
Marilândia 57 C2
Marilena 60 A2
Marília 41 G10; 58 D4
Marimbondo, repr. 54 D2; 58 B5
Maringá 41 G9; 60 B4
Marinheiros, i. dos 63 C3/4
Marinópolis 58 B3
Marins, p. dos 39 G10; 59 D9
Mariópolis 60 E3
Marique, r. 48 B4
Mariricu, r. 57 B3
Marituba, r. 52 C3
Marliéria 55 D6
Marmeleiro, r. 60 E2
Marmelos, r. dos 42 D4
Marne, r. 14 D3
Maroua 17 C5
Marquesas, is. 4 F3; 6 F3; 21 E12
Marra, mtes. 16 C6
Marrakech 17 A2
Marrecas, r. 60 E2, C4
Marrecas, rib. 58 C2
Marrecas, sa. das 53 B4
MARROCOS 4 D9; 17 A3
Marsala 15 C4
Marselha 15 D3
Martim Vaz, is. 4 F8; 6 F8; 38, detalhe; 40, detalhe
Martinica, i. da 4 E6; 10 B4; 11 B4
Martinópole 49 B2
Martins de Sá, pta. 59 E8
Maruim, r. 62 C7
Marumbi 60 B4
Marutéa, i. 21 G12
Marzagão 44 D3
Mascate 5 D12; 19 H4
Maseru 5 G11; 17 H6
Mashhad 19 H4
Massagana, r. 42 E4
Massapé 49 B2
Mata 63 B2
Mata, rch. da 48 D2
Mata, rib. da 58 B3
Mata de São João 53 D5
Matadi 17 E5
Matagalpa 11 G4
Mata Grande 52 B2
Matanzas 11 F2
Matão 59 C5
Matão, sa. do 43 E7
Matapan, c. 14 B4
Matapi, r. 43 B7
Mataraca 51 C7/8
Matas, sa. das 49 C2
Matauré, r. 42 D4
Mata Verde 55 B7
Mateiros 43 E8
Mathias Lobato 55 C6
Matias Cardoso 55 A5
Matina 53 E3
Matipó, r. 55 D6
Mato, r. do 62 B4
Mato Castelhano 62 B3
Matões 48 C4
Mato Grosso do Sul, est. de 39 F8/9; 41 F8/9; 47
Mato Grosso, est. de 39 E8/9; 41 E8/9; 46/47
Mato Grosso, plto. de 12 D4
Mato Grosso, pta. de 51 D8
Mato Grosso, rib. 58 B3/4
Matos, r. dos 48 C5
Matos Costa 62 B4
Matrinchã 44 C2
Matterhorn (p.) 14 D3
Matthew Town 11 D2
Matupá 46 C4
Matutina 54 D4
Mau, r. 42 B4
Mauá 59 E7
Maués Açu, r. 43 C5
Maués 43 C5
Maui, i. 21 B10
Mauna Kea, mte. 21 C10
MAURÍCIO 5 G12; 17, detalhe
Maurício, i. 7 G12; 16, detalhe
Maurilândia 44 D2
MAURITÂNIA 4 E9; 17 B2
Mauriti 49 F4
Maxaranguape 51 B7
Maxaranguape, r. 51 B7
Maya, mtes. 10 G3
Mayaguana, i. 10 D2; 11 D2
Mayotte, i. 16 F8; 17 F8
Mayumba 17 E4
Mazagão 43 C7
Mbabane 5 G11; 17 G7
Mbala 17 E7
Mbandaka 17 D5
Mbeya 17 E7
Mbuji-Mayi 17 E6
McClure, estr. de 8 B6; 9 B6
McKean, i. 21 E8
McKinley, mte. 6 B2; 8 C3
Mead, l. 8 F7; 9 F7
Mearim, r. 48 C3
Medan 19 F5
Medeiros m. do 38, detalhe; 50, detalhe
Medellín 13 B2
Medianeira 60 C4
Medicine Hat 9 E7
Mediterrâneo, mar 5 D10; 7 D10; 14 D4; 15 D4; 16 A4; 17 A5; 18 I4
Medonho, r. 48 E2
Meia Ponte, r. 44 E3
Meio, i. do 38, detalhe; 50, detalhe
Meio, la. do 57 C2, C3
Mekong, r. 7 E15; 18 E5
Mel, i. do 61 D7
Mel, la. do 54 B3
Mel, pta. do 51 A6
Mel, rch. do 51 E5
Mel, sa. do 51 B5/6
Melado, sa. do 51 C/D5
Melancias, sa. das 49 E/D4; 51 C4
Melanésia 5 F18; 7 F18; 20 E4
Melbourne 20 H4
Melchior, r. 45 A1
Melgaço, r. 57 D2
Melissa, r. 60 C2
Melitopol' 15 A3
Melville, i. 6 B4; 8 B7; 9 B7; 20 F2; 22 B1
Melville, pen. de 6 B5; 8 C10
Memphis 9 F10
Mendocino, c. 6 C3; 8 E6
Mendonça 58 C4
Mendoza 13 F3
Meno, r. 14 C3
Menongue 17 F5
Mequéns, r. 42 F4
Mérida 9 G9
Mérida, cord. de 12 B2
Meridiano 58 B3
Mesopotâmia 18 H4
Messias 52 B4
Messias Targino 51 C5
Messina 15 C4
Metz 15 D3
Mexiana, i. 43 C7
Mexicali 9 F7
MÉXICO 4 D4; 9 G8
México, g. do 4 D5; 6 D5; 8 G9; 9 G9; 10 H1; 11 H1
Miami 9 G11
MIANMAR 5 D14; 19 F4
Michigan, l. 8 E10; 9 E10
MICRONÉSIA 5 E17; 20 D4
Midway, is. 21 B8
Miguel, sa. do 51 C4
Miguel Alves 48 C4
Miguel Calmon 53 C4
Milagres 49 F4; 53 D5
Milagres, sa. dos 51 C7
Milão 15 D3
Milhã 49 D3
Mili, i. 20 D7
Milwaukee 9 E9
Mimoso de Goiás 44 C3
Mimoso do Sul 57 E1
Minaçu 41 E10; 44 B3
Minador do Negrão 52 B3
Minas do Leão 63 C3
Minas Gerais, est. de 39 F11; 41 F11; 54/55
Minas Novas 55 C6
Mindanao, i. de 5 E16; 7 E16; 18 D5; 19 D5
Mineiros 41 F9; 44 D1
Mineiros do Tietê 59 D5
Minerva, recife de 21 G8
Minneapolis 9 E9
Minorca, i. de 14 D3; 15 D3
Minsk 5 C11; 15 B2
Mira Estrela 58 A4
Miracema 56 B3
Mirador 60 B3
Mirador, sa. 62 C6
Miranda 47 H3
Miranda, r. 39 F/G8; 47 G/H3
Mirandópolis 58 C3
Mirante 53 E4
Mirante do Paranapanema 58 D2
Mirante, sa. do 58 D4/5
Miraselva 60 A4
Mirassol 58 B4
Mirassolândia 58 B4
Mirassol d'Oeste 41 F8; 46 E2
Miratuba, l. 43 C5
Mirim, la. 39 i9; 41 i9; 63 D3
Miriri, r. 51 C/D7
Mirtoo, mar de 14 B4; 15 B4
Miskitos Cays (is.) 10 F4; 11 F4
Miskolc 15 B3
Misratah 17 A5
Missão Velha 49 F3
Mississípi, delta do 8 G10; 9 G10
Mississípi, r. 6 D5; 8 F9; 9 E9
Missões, sa. das 48 D5
Missoula 9 E7
Missouri, r. 6 C4; 8 E9; 9 E9
Moaci Ávidos, r. 57 C2
MOÇAMBIQUE 5 F11; 17 F7
Moçambique, canal de 16 G7; 17 G7
Mocambo, vda. do 53 C3
Mocidade, sa. da 42 B4
Mocó, r. 42 C3
Mococa 59 C7
Mocós, r. 48 C5
Modelo 62 B2
Moeda 55 D5
Moeda, sa. da 55 D5
Moema 54 D4
Mogadíscio 5 E12; 17 D8
Mojave, deserto de 8 F7
Moji das Cruzes 59 E7
Moji-Guaçu 59 D7
Moji-Guaçu, r. 59 C6/D7
Moji-Mirim 59 D7
Moju 41 C10; 43 C7
Moju, r. 43 C7
MOLDÁVIA 5 C11; 15 B3
Mollendo 13 D2
Molopo, r. 16 G6
Molucas, is. 5 F16; 7 F16; 18 D6; 19 D6
Mombaça 49 D3
Mombasa 17 E8
Momuna, r. 59 F6
Mona, canal de 10 C3
Mona, i. 10 C3; 11 C3
MÔNACO 4 C10; 15 D3
Monção 48 B3
Mondaí 62 C2
Mongaguá 59 F7
MONGÓLIA 5 C15;19 F3
Mongólia Interior 7 C15; 18 E3
Mongu 17 F6
Mongubas, sa. dos 43 B7
Monjolos 55 C5
Monróvia 4 E9; 17 D2
Monsarás, la. 57 C3
Monsenhor Paulo 54 E4
Montanhas 51 C7
Montão de Trigo, i. do 59 E8
Montauri 63 B3

Monte, sa. do **51** D6
Monte Alegre **43** C6
Monte Alegre, r. **44** D2
Monte Alegre de Goiás **44** B4
Monte Alegre de Sergipe **52** C2
Monte Alegre do Piauí **48** E3
Monte Alegre do Sul **59** D7
Monte Alto **59** C5
Monte Alto, sa. **53** E3
Monte Azul **55** B6
Monte Carlo **62** C4
Monte Carmelo **54** C3
Monte Castelo **62** B5
Monte das Gameleiras **51** C7
Montego Bay **11** E3
Monte Horebe **50** D4
Monteiro **51** D5
Monteiro, r. **51** D6
Monteiro Lobato **59** D8
Monteirópolis **52** B2
Monte Mor **59** D6
Monte Negro **63** B4
Monterrey **9** G9
Monte Serra, rib. **58** C3
Montes Altos **48** C2
Monte Santo **53** C5
Montes Claros **13** D5
Montes Claros **41** F11; **55** B5
Montes Claros de Goiás **44** C2
Montevidéu **4** G7; **13** F4
Montezuma **55** B6
Montgomery **9** F10
Montividiu **44** D2
Montpelier **9** E11
Montreal **9** E11
Montserrat, i. de **10** B3; **11** B3
Moosonee **9** D10
Morada Nova **49** D4
Morada Nova de Minas **54** C4
Morais, rib. **58** C/D4
Morais, sa. do **49** E3
Morané, i. **21** G12
Moraújo **49** B2
Morena, sa. **14** E4
Moreno **51** E7
Mormaço **63** B3
Moroni **17** F8
Morretes **61** D7
Morrinhos **44** D3
Morrinhos do Sul **63** B5
Morro Agudo **59** B6
Morro Agudo de Goiás **44** C2
Morro da Garça **55** C5
Morro da Viúva, i. **38**, detalhe; **50**, detalhe
Morro do Chapéu **53** C4
Morro do Leão, i. **38**, detalhe; **50**, detalhe
Morro Redondo **63** C3
Morte, vale da **8** F7
Mortes, r. das **39** E/F9; **46** E4, D6; **55** D/E5
Mortlock, is. **20** D5
Morto, r. **62** D6
Morungaba **59** D7
Moscou **5** C11; **19** I3
Mosela, r. **14** D3
Mosquitos, g. dos **10** F5; **11** F5
Mossâmedes **44** D2
Mossoró **13** C6; **41** D12; **51** B5
Mossoró, r. **51** B5
Mostardas **63** C4
Mota, i. do **49** A1
Motoró, rch. **51** E5
Moundou **17** D5
Mourão, r. **60** C3
Moxotó, r. **39** D12; **50/51** E5/F4; **52** B1
Moyale **17** D7
Mozyr' **15** B2
Muaná **43** C7
Mucajaí **42** B4
Mucajaí, r. **38/39** B7; **42** B4
Mucajaí, sa. **42** B4
Muchinga, mtes. **16** F6
Mucugê **53** D4
Mucuim, r. **42** D3
Mucuitu, rch. **51** D6
Mucunambiba, i. **48** B4
Mucura, r. **48** C3
Mucuri **53** G5
Mucuri, r. **39** F11/12; **53** G4/5; **55** C7
Mucurici **57** B2
Mulato, rch. **51** C5
Mulhouse **15** D3
Mulungu **49** C4; **51** D7
Mulungu, r. **51** D5
Mumbaba, r. **51** D7/8
Mundaú, r. **49** B3; **51** F6; **52** B4
Mundo Ñovo **53** C4
Mundubim, rch. **50** E2
Munhoz **54** E4
Munhoz de Melo **60** B4
Munim, r. **48** B4
Munique **15** C3
Münster **15** D2
Muqui do Sul, r. **57** E1
Muquié do Norte, r. **57** D1
Muquilão, r. **60** C3
Murallón (p.) **12** G2
Mures, r. **14** B3
Muriaé **41** G11; **55** E6
Muriaé, r. **57** B4
Muribeca **52** C2/3
Murici **52** B4
Muritiba, córr. do **57** B2
Murmansk **19** I2
Murray, r. **7** G17; **20** H4
Muru, r. **42** E2
Mururoa, i. de **21** G11
Mutare **17** F7
Mutum **55** D6
Mutum, r. **43** B6; **47** F3/4; **57** C2
Mutum, sa. do **57** C2
Mutumparaná, r. **42** E3
Mutuoca, pta. da **48** A3
Mwanza **17** E7
Mweru, l. **16** E6

N

Nabileque, r. **47** H3
Nacala **17** F8
Nachingwea **17** F7
Nagpur **19** G4
Nairóbi **5** F11; **17** E7
Nakuru **17** E7
Namibe **17** F5
NAMÍBIA **5** G10; **17** G5
Namíbia, deserto da **16** F5
Nampula **17** F7
Nantes **15** E3
Nanumea, i. **20** E7
Nanuque **55** C7
Nápoles **15** C3
Napuka, i. **21** F12
Narandiba **58** D2
Narew, r. **14** B2
Narodnaya (p.) **7** B12
Nashville **9** F10
Nassau **11** E1
Nassau, i. de **21** F9
Nasser, l. **5** D11; **7** D11; **16** B6; **17** B6
Natal **13** C6; **41** D13; **51** B7
Natchez **9** F9
Natividade **43** E7; **56** A4
Natividade da Serra **59** E8
NAURU **5** F18; **20** E6
Navegantes **62** B7
Navio, rch. do **50** E4
Naviraí **41** G9; **47** I4
Nazaré **53** D5
Nazaré da Mata **51** D7
Nazaré do Piauí **48** D4
Nazareno **55** E5
Nazret **17** D7
N'Djamena **5** E10; **17** C5
Ndola **17** F6
Neblina, p. da **6** E6; **12** B3; **38** B6; **42** B3
Necker, i. **21** B9
Negra, la. **63** C4
Negra, pta. **12** C1; **51** B7
Negra, sa. **43** E8; **48** D2; **52** B2
Negrinho, r. **62** B6
Negro, mar **5** C11; **7** C11; **14** A3; **15** A3; **18** I3; **19** I3
Negro, r. **12** C3, F/G3; **13** C3; **38/39** C6/7; **42** B3, C4; **47** G3; **56** B3; **61** E6; **62** B5/6; **63** C2
Nelson, r. **8** D9
Néma **17** C3
Neman, r. **14** B2
NEPAL **5** D14; **19** F4
Nerópolis **44** D3
Neuquén **13** F3
Nevada, sa. **6** D4; **8** F6; **14** E4
Nevado Coropuna (p.) **12** D2
Nevado de Illampu (p.) **12** D3
Nevado Huascaran (p.) **12** C2
Nevado Ojos Del Salado (p.) **12** E3
Nevado Sajama (p.) **12** D3
Neves, r. **48** D3
Névis, i. **10** B3; **11** B3
Newark **9** E11
Newcastle upon Tyne **15** E2
New Georgia, is. **20** E5
New Orleans **9** G10
New Providence, i. **10** E2
Ngami, l. **16** G6
Ngaoundéré **17** D5
Ngulu, i. **20** D3
Nhamundá, r. **43** C5
Niamei **4** E10; **17** C4
Niassa, l. **5** F11; **7** F11; **16** E7
NICARÁGUA **4** E5; **11** G4
Nicarágua, l. de **10** F/G4; **11** FG/4
Nicobar, is. **5** E14; **7** E14; **18** F5; **19** F5
Nicósia **15** A4
Nicoya, g. de **10** F5
Nicoya, pen. de **10** G4
NÍGER **5** E10; **17** C4
Níger, r. **6** E9; **16** C3/D4; **17** C3
NIGÉRIA **5** E10; **17** C4
Nihoa, i. **21** B9
Niihau, i. **21** B9
Níjni Novgórod **19** H3
Nikolayev **15** A3
Nilo, r. **7** E11; **16** B7; **17** B7
Nilo Azul, r. **16** C7
Nilo Branco, r. **16** D7
Nilo Peçanha **53** D5
Nilópolis **56** C2
Nina Rodrigues **48** B4
Nipigon, l. **8** E10; **9** E10
Nipoã **58** B4
Niquelândia **41** E10; **44** C3
Nis **15** B3
Niterói **41** G11; **56** C2
Niuato, i. **20** E7
Niue, i. **21** F9
Niulakita, i. **20** F7
Nogales **9** F7
Nonoai **62** A3
Nonouti, i. **20** E7
Nordvik **19** E2
Norfolk **9** F11
Norfolk, i. **20** G6
Noril'sk **19** F2
Normandia **41** B8; **42** B5
Normandia, colinas da **14** D3
Noroeste, c. **7** G15
Norrköping **15** C2
Norte, c. **7** B11; **14**, detalhe à dir.; **20** H7
Norte, c. do **43** B7
Norte, i. do **5** G18; **7** G18; **20** H7; **38**, detalhe
Norte, mar do **4** C10; **6** C10; **14** D2; **15** D2
Norte, r. do **62** B6
Norte, sa. do **46** C2; **57** B2
Norte-Européia, plan. **14** B2
NORUEGA **5** B10; **15** D1
Noruega, sa. da **55** C5/6
Norvegia, c. **22** B15
Norwich **15** D2
Nossa Senhora Aparecida **52** C2
Nossa Senhora da Glória **52** C3
Nossa Senhora das Dores **52** C2
Nossa Senhora das Graças **60** A4
Nossa Senhora de Lourdes **52** C2
Nossa Senhora do Livramento **46** E3
Nossa Senhora do Socorro **52** C2
Nossa Senhora dos Remédios **48** C4
Nouadhibou **17** B1
Nouakchott **4** E9; **17** C2
Nouméa **20** G6
Nova Aliança **58** C4
Nova Aliança do Ivaí **60** B3
Nova Alvorada **63** B3
Nova Alvorada do Sul **47** H4
Nova América **44** C3
Nova América da Colina **61** B5
Nova Andradina **47** I5
Nova Araçá **63** B4
Nova Aurora **44** E3
Nova Bandeirante **46** B3
Nova Brasilândia **46** E4
Nova Bretanha, i. da **5** F17; **7** F17; **20** E4
Nova Caledônia, i. da **5** G18; **7** G18; **20** G6
Nova Campina **58** F5
Nova Canaã Paulista **58** B3
Nova Crixás **44** C2
Nova Cruz **51** C7
Nova Délhi **5** D12; **19** G4
Nova Escócia **8** E12
Nova Esperança **60** B3
Nova Esperança do Sul **63** B2
Nova Europa **59** C5
Nova Fátima **61** B5
Nova Floresta **51** C6
Nova Friburgo **56** C3
Nova Glória **44** C3
Nova Guarita **46** C4
Nova Guataporanga **58** C2
Nova Guiné, i. da **5** F17; **7** F17; **18** C6; **20** E3
Nova Iguaçu **13** E5; **56** C2
Nova Iguaçu de Goiás **44** C3
Nova Independência **58** C2
Nova Iorque **48** D3
Nova Irlanda, i. **20** E5
Novais **58** B5
Nova Itaberaba **62** B3
Nova Itacuruba **50** E4
Nova Lima **55** D5
Nova Lombardia, r. **57** C2
Nova Luzitânia **58** B3
Nova Marilândia **46** E3
Nova Maringá **46** D3
Nova Mutum **46** D3
Nova Odessa **59** D6
Nova Olímpia **46** E3; **60** B2
Nova Olinda do Norte **41** C8; **43** C5
Nova Olinda, rch. **48** E4
Nova Palmeira **51** C6
Nova Palmeira, rib. **58** C2
Nova Roma **44** B4
Nova Russas **49** C2
Nova Santa Rosa **60** C2
Nova Serrana **54** D4
Nova Sibéria, arq. da **5** B17; **7** B17; **18** C2; **19** C2; **22** B5
Nova Tebas **60** C4
Nova Trento **62** C7
Nova Venécia **57** B2
Nova Veneza **44** D3
Nova Viçosa **41** F12; **53** F5
Nova Xavantina **46** E5
Novaya Zemlya, is. **5** B12; **7** B12; **18** H2; **19** H2; **22** B7
Nova York **9** E11
NOVA ZELÂNDIA **5** G18; **20** H6
Novi Sad **15** C3
Novilho de Cinda, r. **44** B3
Novo, r. **44** C3; **57** D2; **58** D4; **58/59** D5
Novo Airão **42** C4
Novo Aripuanã **42** D4
Novo Brasil **44** C2
Novo Cruzeiro **55** C6
Novo Hamburgo **41** H9; **63** B4
Novo Horizonte **58** C4
Novo Jardim **43** E8
Novo Machado **62** A2
Novo Oriente **49** D2
Novo Oriente do Piauí **48** D5
Novo Planalto **44** B3
Novo Progresso **43** D6
Novo Repartimento **43** D7
Novo São Joaquim **46** E5
Novosibirsk **19** F3
Novo Tiradentes **62** A3
Núbia, deserto da **16** B7

Núcleo Bandeirantes **45** A2
Nueva Gerona **11** F2
Nui, i. **20** E7
Nuku Hiva, i. **21** E11
Nukualofa **21** G8
Nukufetau, i. **20** E7
Nukumanu, i. **20** E6
Nukuoro, i. **20** D5
Nullabor, plan. de **20** H2
Nunivak, i. **8** C2; **9** C1
Nuporanga **59** B6
Nuremberg **15** C3
Nuuk **9** C13
Nyala **17** C6

O

Oahu, i. **21** B10
Oates, terra de **22** C21
Oaxaca **9** H9
Ob, r. **7** B13; **18** F3; **19** F3
Óbidos **41** C8; **43** C6
Ocauçu **58** D4
Oceania (mapa físico e político) **20/21**
Ocidental, cord. **12** B2
Ocidental, gel. **22** C18
Oder, r. **14** C2
Odessa **15** A3
Oeiras **48** D4
Ogaden **16** D8
Ohio, r. **8** F10
Oiapoque **41** B9; **43** B7
Oiapoque, r. **39** B9; **43** B6
Okavango, Delta do **16** F5
Okeechobee, l. **8** G10; **9** G10
Okhotsk, mar de **5** C17; **7** C17; **18** C3; **19** C3
Oklahoma City **9** F9
Öland, i. **14** C2; **15** C2
Olaria **55** E5
Olenjok, r. **18** E2
Olho d'Água **51** D5
Olho d'Água, sa. **50** E4; **51** D5
Olho d'Água Grande **52** C/2
Olímpia **58** B5
Olinda **41** D13; **51** E8
Olivedos **51** C6
Oliveira dos Brejinhos **53** D3
OMÃ **5** D12; **19** H5
Omdurman **17** C6
Omsk **19** G3
Onça, córr. da **58** C/D3
Onça, r. da **48** C5
Onça, rib. da **58** C5; **59** C6
Onda Verde **58** B4
Onega, l. **18** I2; **19** I2
Ono-i-Lau, i. **21** G8
Onotoa, i. **20** E7
Ontário, l. **8** E11; **9** E11
Oradea **15** B3
Oran **17** A3
Orange, c. **43** A7
Orange, r. **7** G10; **16** G5
Oratório, mo. do **57** B2
Órcadas, is. **14** E2; **15** E2
Órcadas do Sul, is. **22** C14
Orel', r. **14** A3
Orenburg **19** H3
Órgãos, sa. dos **56** C3
Oriental, cord. **12** B2
Oriental, deserto **16** B7
Oriente **58** D4
Orindiúva **58** B4
Orinoco, r. **6** E6; **12** B3; **13** B3
Oriximiná **41** C8; **43** C6
Orizaba, p. de **8** H9
Orlândia **59** B6
Orlando **9** G10
Orléans **15** D3
Orobó, r. **51** D7
Orobó, sa. do **51** E6
Oroluk, i. **20** D5
Orona, i. **21** E8
Orós **49** E4
Orós, aç. de **49** E3
Ortigueira **61** C5
Oruro **13** D3
Osaka **19** D4
Osasco **59** E7
Oscar Bressane **58** D3
Osijek **15** C3
Oslo **5** B10; **15** C2
Osório **63** B4
Osorno **13** G2
Ostend **15** D2
Österdal, r. **14** C1
Östersund **15**, detalhe à dir.
Ostras, pta. das **56** C4
Ostrava **15** C3
Osvaldo Cruz **58** C3
Otacílio Costa **62** C5
Otelo, r. **57** C2
Otra, r. **14** D2
Otranto, estr. de **14** C3; **15** C3
Ottawa **4** C6; **9** E11
Ottawa, is. **8** D10; **9** D10
Ottawa, r. **8** E11
Ouachita, mtes. **8** F9
Oudtshoorn **17** H5
Oujda **17** A3
Oulu **15**, detalhe à dir.
Ouricana, sa. da **53** E4
Ouricuri **41** D11; **50** D2
Ouricuri, sa. do **52** B3
Ourilândia do Norte **43** D7
Ourinhos **41** G10; **58** D4
Ourives, r. **48** C3
Ourizona **60** B3
Ouro **62** C4
Ouro, r. do **42** F4; **62** B3
Ouro Branco **51** C6; **52** B2; **55** D5
Ouro Fino **54** E4
Ourolândia **53** C4
Ouro Preto **41** G11; **55** D5
Ouro Preto, r. **42** E3
Ouro Preto d'Oeste **42** E4
Ouro Velho **51** D5
Ouro Verde **58** C2; **62** B3
Ouro Verde de Goiás **44** D3
Ouro Verde de Minas **55** C6
Ouro Verde do Oeste **60** C2
Oviedo **15** E3
Oxford **15** E2
Ozark, plto. **8** F9

P

Pacaás Novos, r. **42** E3
Pacaás Novos, sa. dos **38/39** E7; **42** E3
Pacajá **41** C9; **43** D7
Pacajus **49** C4
Pacajus, aç. **49** C4
Pacaraima, sa. **12** B3; **38/39** B7/8; **42** B4
Pacati, r. **49** C4
Pacatuba **49** C4
Paciência, r. **62** B5
Paço do Lumiar **48** B3
Pacoti, aç. **49** C4
Pacuí, r. **55** B5
Pacujá **49** B2
Pacuneiro, r. **46** D5
Padang **19** E6
Padre, rch. do **51** C/D6
Padre, sa. do **49** E4
Padre Paraíso **55** C6
Paes Landim **48** D4
Pagan, i. **20** C4
Pai Passo, arr. **63** B/C2
Paiçandu **60** B3
Paiçandu, rib. **60** B3
Paim Filho **62** A4
Paineiras **54** C4
Pains **54** D4
PAÍS DE GALES **15** E2
PAÍSES BAIXOS **4** C10; **15** D2
Paiva **55** E5
Pajeú, r. **50** E4/D5
PALAU **5** E16; **20** D3
Palermo **15** C4
Palestina **58** B4
Palestina de Goiás **44** D2
Palhano **49** C5
Palhano, r. **49** C4
Palhoça **62** C7
Palikir **20** D5
Palma **15** D4
Palma, r. da **39** E10
Palma, sa. da **45** A1
Palmares **51** E7
Palmas **13** C5
Palmas **41** E10; **43** E7; **60** E4
Palmas, c. **6** E9; **16** D2
Palmeira **61** D5
Palmeira, r. **44** C2
Palmeira das Missões **62** A3
Palmeira do Piauí **48** E3
Palmeira dos Índios **52** B3
Palmeiral, r. **44** B2/C3
Palmeirante **43** D7
Palmeiras, rib. **45** A2
Palmeiras, sa. das **52** B3; **60** C1/2
Palmeirina **51** F6
Palmeirópolis **43** F7
Palmelo **44** D3
Palmer, terra de **22** B13
Palminópolis **44** D2
Palmital, r. **60** E4
Palmital, sa. do **59** D/E8
Palmópolis **55** B7
Palmyra, i. **21** D9
Palotina **60** C2
Pampá, r. **55** C7
Pampas **12** F3
Pamplona **15** E3
Pamplona, rib. **44** D4
PANAMÁ **4** E5; **11** F5
Panamá **44** E3
Panamá, canal do **10** F4; **11** F4
Panamá, g. do **10** E5; **11** E5; **12** B2; **13** B2
Panamá, sa. do **57** D1
Panambi **62** B3
Pancas **57** C2
Pancas, r. **57** C2
Pandeiros, r. **55** B5
Panelas **51** E7
Panelas, sa. das **52** B2
Pantanal, plan. do **47** F3
Pantanal Mato-Grossense **12** D4; **39** F8
Pântano Grande **63** C3
Papagaio, mo. do **56** D1
Papagaio, r. **46** D/E2
Papagaios, r. **61** D6
Papeete **21** F10
Papua, g. de **20** E4
PAPUA-NOVA GUINÉ **5** F17; **20** E4
Papua Ocidental **18** D6; **19** D6
Paquequer, r. **56** C3
PAQUISTÃO **5** D13; **19** G4
Pará, est. do **39** D9; **41** D9; **43** D6
Pará, r. **43** C7; **54/55** D4/5
Paracaí, r. **60** B2
Paracambi **56** C2
Paracatu **41** F10; **54** C4
Paracatu, r. **39** F10; **54** B/C4
Paracuru **49** B3
Pará de Minas **55** D5
Parafuso, sa. do **52** B2
Paragominas **41** C10; **43** C8
Paraguaçu, r. **39** E11/12; **53** D4
Paraguaçu Paulista **58** D3
PARAGUAI **4** G7; **13** E3
Paraguai, r. **6** G6; **12** E4; **13** E4; **39** F8; **47** E3/H2
Paraí **63** B4
Paraíba, est. da **39** D12/13; **41** D12/13; **51**
Paraíba, r. **39** D12/13; **51** D6/8, F6; **52** B3
Paraíba do Sul **56** C2/B4
Paraíba do Sul, r. **39** G11; **59** D8/9
Paraibuna, r. **56** C2
Paraibuna, repr. **59** E8/9
Paraim, r. **44** C4; **48** E3
Paraipaba **49** B3
Paraíso **58** C5; **62** B2
Paraíso, r. **54** B6; **55** B6
Paraíso, rib. **44** D1
Paraíso do Norte **60** B3
Paraíso do Tocantins **41** E10; **43** E7
Paraju, r. **57** B2
Paramaribo **4** E7; **13** B4
Parambu **49** E2
Paramirim, r. **53** C3
Paraná **13** F4; **51** C4
Paraná, est. do **39** H9/10; **41** H9/10; **60/61**
Paraná, r. **6** G7; **12** E4/F3; **13** E4/F3; **39** G9; **41** G9; **47** I4/5; **48** B3; **58** D1/C2; **60** B2/D1
Paranã, r. **39** E10; **44** B/C4
Paranacity **60** A3
Paranaguá **41** H10; **61** D7
Paranaguá, b. de **61** D7
Paranaíba **41** F9; **47** G/H6
Paranaíba, r. **39** F/G9; **44** E4; **47** G6; **54/55** C3/4; **58** A/B3
Paranaiguara **44** E2
Paranaíta **46** B3
Paranaíta, r. **46** B/C3
Paranapanema, r. **39** G9; **58** D3/4; **59** F6; **61** A5
Paranapiacaba, sa. do **12** E5; **58/59** F5/E7; **61** C/D6
Paranapoema **60** A3
Paranapuanga, r. **59** E/F5
Paranatinga **46** E4
Paranavaí **60** B3
Paranhos **47** I4
Paranoá **45** A2
Paranoá, l. **45** A2
Paranoá, r. **45** A2
Paraopeba, r. **55** C5, D5
Parati **56** D1
Parati, sa. de **56** D1
Paratinga **53** D3
Paratinga, r. **59** D9
Paraú **51** B5
Paraú, r. **51** B5
Parauapebas **43** D7
Paraúna **44** D2
Parazinho **51** B7
Pardinho, r. **63** B3
Pardo, r. **39** F11/12, G9, G1; **47** H50; **53** E4/5; **55** B6; **57** D1; **58/59** D4/6; **59** B6/C7, F/G5; **61** C7; **63** B3
Parecis, chap. ou sa. dos **12** D3; **38/39** E7/8; **42** E4; **46** E2
Parecis, r. **46** D3
Pari, r. **58** D3-4
Parima, sa. **38** B7; **42** B3
Parimé, r. **42** B4
Parintins **41** C8; **43** C5
Paripiranga **53** C6
Pariqueraçu, r. **59** F6
Paris **4** C10; **15** D3
Parisi **58** B4
Parma **15** C3
Parnaguá, l. de **48** F4
Parnaíba **13** C5; **41** C11; **48** B5
Parnaíba, r. **12** C5; **39** D10/C11; **46** C/D5; **48** B4
Parnaibinha, r. **48** E2
Parnamirim **51** B7
Parnarama **48** C4
Parnavaí, rib. **60** B3
Parobé **63** B4
Parry, is. **4** B4; **6** B4; **8** B8; **22** B1
Partido, Cerro **63** C3
Paru, r. **39** C9
Paru do Oeste, r. **39** B/C8; **43** B/C5
Páscoa, i. da **4** G4; **6** G4; **21** G14
Passa Dois, r. **61** D5
Passagem **51** C7, D6
Passagem Franca do Piauí **48** C4
Passa Nove, sa. dos **44** C3
Passa Quatro **54** E4
Passatempo **55** D5
Passa Vinte **55** E5
Passero, c. **14** C4
Passira **51** D7
Passo de Torres **62** E6
Passo do Sobrado **63** B3
Passo Fundo **41** H9; **62** B3
Passo Fundo, r. **62** A/B3
Passo Fundo, repr. **62** A3
Passo Real, repr. **63** B3
Passos **41** G10; **54** D4
Passos Maia **62** B3
Pasto **13** B2
Patagônia **6** H6; **12** G2
Pataque, rch. **51** C6
Pataxás, r. **51** B6

Pateirão, rch. **53** E4
Pati, r. **42** D2
Patiribu, r. **63** B3
Patna **19** F4
Pato Branco **60** E3
Pato Branco, r. **60** E3
Patos **41** D12; **51** D5
Patos, la. dos **39** i9; **41** i9; **63** C4
Patos, r. dos **44** C3; **46** D3; **61** D5
Patos, rib. dos **54** C2, D2; **58** B4, D5
Patos de Minas **41** F10; **54** C4
Patos do Piauí **48** D5
Patras **15** B4
Patrocínio **54** C4
Patrocínio Paulista **59** B6
Patuca, r. **10** G4
Paty do Alferes **56** C2
Pau **15** E3
Pau, la. **57** C3
Pau-a-Pique, r. **53** C5
Pau Atravessado, r. **57** C2
Pau Branco, córr. **49** C4
Pau d'Arco **43** D7
Pau d'Alho **51** D7
Pau Gigante, r. **57** C2
Pau Grosso, r. **48** C3
Pauini **42** D3
Pauini, r. **42** D2
Paula Freitas **61** E5
Paulínia **59** D7
Paulista **51** D8
Paulista, praia do **57** C4
Paulista, r. **53** C/D4
Paulista, rib. **60** C2
Paulistana **41** D11; **48** E5
Paulistas **55** C6
Paulo, rch. **49** B3
Paulo Afonso **41** D12; **53** B5
Paulo Afonso, usina de **53** B5
Paulo de Faria **58** B4
Paulo Frontin **61** E5
Paulo Jacinto **52** B3
Paulo Lopes **62** D7
Paulo Ramos **48** C3
Pavão, r. do **55** C6-7
Paverama **63** B4
Pavuna, r. **56** C2
Paysandu **13** F4
Paz, r. da **60** D2
Peace, r. **6** C4; **8** D7
Pecados Mortais, pta. dos **56** C4
Peças, i. das **61** D7
Pechora, r. **18** H2
Pecos, r. **8** F8
Pécs **15** C3
Pederneiras **58** D5
Pederneiras, r. **58** D5
Pedra, la. da **54** A4; **57** B4
Pedra Azul, p. **57** D1
Pedra Bela **59** D7
Pedra Branca (p.) **56** C2
Pedra Branca **49** D3; **50** D4
Pedra Branca, sa. da **62** C5/6
Pedra do Indaiá **54** D4
Pedra Grande **51** B7
Pedra Lavrada **51** C6
Pedra Preta **51** B6
Pedranópolis **58** B4
Pedrão **53** D5
Pedras, r. das **45** A1; **59** F6; **60** D4
Pedras, rib. das **44** E1; **58** B4
Pedras Altas, cox. **63** C2/3
Pedras de Fogo **51** D7
Pedras de Maria da Cruz **55** B5
Pedras Pretas, pta. das **51** E8
Pedreado, r. **59** F8-9
Pedreira **59** D7
Pedreiras **48** C3
Pedrinhas **52** D2
Pedrinho, r. **60** C4
Pedrinópolis **54** D3
Pedro Cays (is.) **10** E3; **11** E3
Pedro de Toledo **59** F6
Pedro Gomes **47** G4
Pedro Leopoldo **55** D5
Pedro Osório **63** C3
Pedro II **48** C5
Pedro Teixeira **55** E5
Pega-Bem, sa. do **57** B2
Peipus, l. **14** B2; **15** B2
Peixe **43** F7
Peixe, la. do **63** C4
Peixe, r. **39** G9
Peixe, r. do **43** E8; **44** B/C2; **51** C4; **53** C/D5; **55** C5, D5; **57** D1; **58** C2; **59** E8, D/E8
Peixes, r. dos **46** C3, E5
Peixoto, repr. **54** D4
Peixoto de Azevedo **41** E9; **46** C4
Peixoto de Azevedo, r. **46** C4
Pejuaba, r. **48** C5
Pelada, sa. **43** D7; **53** E4
Pelado, sa. do **51** C6
Pelotas **13** F4; **41** i9; **63** C3
Pelotas, r. **39** H9/10; **41** H9/10; **62** A4, C4/D6
Pelotinhas, r. **62** D5
Pemba **17** F8
Pemba, i. **16** E8
Penaforte **49** F3
Penalva **48** B3
Penápolis **58** C4
Pendenga, rib. **58** C2
Penedo **52** C2
Peninos (mtes.) **14** E2
Penitente, sa. do **48** E2
Penrhyn, i. **21** E10
Pentecoste **49** B3
Pentecoste, aç. **49** B3
Peperi-Guaçu, r. **62** B2
Pequenas Antilhas (arq.) **6** E6; **10** B3, C4; **11** B3, C4
Pequeno, mar **59** F6
Pequim **5** D15; **19** E3
Perdida, r. **39** D/E10; **43** E7
Perdido, r. **47** H3
Pereira **13** B2
Pereira Barreto **58** B3
Pereiras **59** E6
Pericumã, r. **48** B3
Peritoró, r. **48** B3
Perm **19** H3
Pernambuco, est. de **39** D11/13; **41** D11/13; **51**
Pérola **60** B2
Perolândia **44** D1
Pérsico, g. **5** D12; **7** D12; **18** H4
Perth **20** H1
PERU **4** F6; **13** C2
Peruaçu, r. **55** B5
Peruíbe **59** F7
Pescador **55** C6
Pescadores, i. dos **59** E9
Pescara **15** C3
Pesqueira **51** E6
Petiguá, arr. **63** C3
Petita, r. **43** E6
Petrolândia **50** E4; **62** C6
Petrolina **41** D11; **50** F2
Petropavlovsk-Kamchatskiy **19** C3
Petrópolis **41** G11; **56** C2
Petrozavodsk **19** I2
Phnom Penh **5** E15; **19** E5
Phoenix **9** F7
Phoenix, is. **21** E8
Piabanha, la. da **57** D2
Piabanha, r. **56** C2
Piacatu **58** C3
Piancó, r. **50** D4/C5
Piatã **53** D4
Piató, la. do **51** B6
Piau **55** E5
Piauí, est. do **39** D11; **41** D11; **48**
Piauí, r. **39** D11; **48** D4; **52** C2
Piauí, rch. **49** C2
Piauí, sa. do **48** E4; **53** B3
Piautinga, r. **52** D2
Picada Café **63** B4
Piçarras **62** B7
Pico, mo. do **38**, detalhe; **50**, detalhe
Picos **41** D11; **48** D5
Picui, r. **51** C6
Piedade **59** E6
Piedade, rib. **43** E7
Piedade, sa. da **51** D5
Piedade do Rio Grande **55** E5
Piedras Negras **9** G8
Piên **61** E6
Pierre **9** E9
Pietersburg **17** G6
Pilão Arcado **53** B3
Pilão Arcado, vda. **53** B3
Pilar **52** B4
Pilar de Goiás **44** C3
Pilar do Sul **59** E6
Pilcomayo, r. **12** E3
Pilões **51** C4, C7
Pilões, r. **44** D2
Pilões, rch. dos **51** D5
Pilões, sa. dos **54** C3; **57** D1
Pilõezinhos **51** C7
Pimenta **54** D4
Pimenta Bueno **41** E7; **42** E4
Pimenteiro, vda. **53** B3
Pinaki, i. **21** F12
Pinar Del Río **11** F2
Pindaibal **45** A2
Pindamonhangaba **59** D8
Pindaré, r. **48** C3
Pindaré Mirim **48** B3
Pindo, mtes. **14** B3/4
Pindoba **52** B3
Pindoba, r. **51** B6
Pindorama **58** C5
Pindoretama **49** C4
Pingelap, i. **20** D5
Pinguim, rib. **60** B4
Pinhal, r. **59** E6
Pinhalão **61** B5
Pinhalzinho **59** D7
Pinhão **52** C2; **60** D4
Pinheiro **41** C11; **48** B3
Pinsk **15** B2
Pintada, sa. **50** D4
Pintado, deserto **8** F7
Pintado, r. **44** B3
Pio XII **48** B3
Pioré, rch. **51** E5
Piorini, l. **42** C4
Piquerobi **58** C2
Piqui, r. **46** E2
Piquiá, i. **42** C3
Piquiri, r. **39** G9; **60** C/2
Piquiri, rib. **60** B/C1
Piquiri, sa. do **60** C3
Piracanjuba **44** D3
Piracanjuba, r. **44** D3
Piracema **55** D5
Piracicaba **59** D6
Piracicaba, r. **55** D6
Piracuruca **48** B5
Piracuruca, r. **48** C5
Piraí **56** C2
Piraí, r. **56** C1; **62** B7; **63** C2
Piraí-Mirim, r. **61** C5
Piraju **58** E4
Pirajuba **54** D3
Pirambu **52** C3
Piranhas **44** D2
Piranhas, r. **39** D12; **43** E7; **44** D2; **50/51** D4/C5
Piranhinha, sa. **48** B3
Piranji, r. **48** B5; **49** C4
Piranjuba, r. **44** D3
Pirapetinga, r. **56** C1
Pirapó **62** B2
Pirapó, r. **60** A3/B4
Pirapora **41** F10; **55** C5
Pirapora, r. **59** E6
Piraquara **61** D6
Piraquê-Açu, r. **57** C2
Pirassununga **59** C6
Piratinga, r. **54/55** A4-5
Piratini, r. **62** B2
Piratininga **58** D5
Piratuba **62** C4
Pireneus (mtes.) **14** E3
Pireneus, sa. dos **44** C3/4; **45** A1
Pirenópolis **41** F10; **44** C3
Pires do Rio **41** F10; **44** D3
Pires Ferreira **49** C2
Piriá, r. **48** B4
Piripau, r. **45** A2
Piripiri **41** C11; **48** C5
Pirituba, r. **58** E/F5
Pitanga **60** C4
Pitangueiras **59** C5
Pitangui, r. **61** C5
Pitcairn, i. **21** G13
Pite, r. **14**, detalhe à dir.
Pitimbu **51** D8
Pitimbu, r. **51** B7
Pitombeira, rch. **51** D/E3
Pittsburgh **9** E11
Pium **43** E7
Pium, r. do **43** E7
Piúma **57** D2
Piura **13** C1
Piutá, r. **51** E5
Pixuna, r. **42** D4
Placas **43** C6
Plácido de Castro **40** E6; **42** E3
Planaltina **44** C4; **45** A2
Planaltina do Paraná **60** B3
Planalto **58** C4
Planalto da Serra **46** E4
Planura **54** D3
Platina **58** D4
Platte, r. **8** E8
Plenty, b. de **20** H7
Pleven **15** B3
Plymouth **11** B3; **15** E2
Po, r. **14** C3
Poá **59** E7
Pobeda (p.) **18** C2
Poção **51** E6
Poção, sa. do **51** C5
Poço da Cruz, aç. **51** E5
Poço d'Anta, sa. do **52** C1/2
Poço das Antas, rch. **50** E2
Poções **53** E5
Poço Redondo **52** B2
Poconé **41** F8; **46** F3
Poços de Caldas **41** G10; **54** E4
Poço Verde **52**
Podgorica **15** C3
Pohnpei, i. **20** D5
Poinsett, c. **22** C19
Pointe-Noire **17** E4
Poitiers **15** D3
Pojuca **53** D5
Polacos, sa. dos **57** C2
Polinésia **21** E9
Polinésia Francesa **4** F2; **6** F2; **21** F11
Pólo Norte **22** A6
Pólo Norte Magnético **8** B7; **9** B7; **22** B1
Pólo Sul **22** A18
Pólo Sul Magnético **22** C20
Poloni **58** B4
POLÔNIA **5** C10; **15** C2
Pombal **51** C5
Pombas, r. **42** D4; **55** E5-6;
Pompéu **54** D4
Ponce **11** C3
Pongaí **58** C4
Pongaí, r. **57** D2
Ponta da Pescada **43** B7
Ponta das Caracas, i. **38**, detalhe
Ponta de Caiobá **61** D7
Ponta do Boi, Farol da **59** E8
Ponta do Morro, sa. da **53** D3
Ponta Grande, la. da **51** B6
Ponta Grossa **41** H9; **43** B7; **61** D5
Ponta Grossa, Farol da **59** E9
Ponta Porã **41** G8; **47** I3
Pontal **59** C6
Pontal, r. do **61** D7
Pontal, rch. do **50** E2
Pontal de Regência **57** B2
Pontal do Araguaia **46** F5
Pontalina **44** D3
Pontalinda **58** B3
Pontão **62** A/B3
Ponte Alta **62** C5
Ponte Alta do Norte **62** C5
Ponte Branca **47** F5
Ponte de Pedra, r. **46** D3
Ponte de Terra, córr. **45** B1

Ponte Nova 55 D6
Ponte Nova, repr. 59 E8
Pontes e Lacerda 46 E2
Pontes Gestal 58 B4
Poopó, l. 12 D3; 13 D3
Popayán 13 B2
Popocatépetl (p.) 6 E4; 8 H8
Populina 58 A3
Poranga 49 C2
Porangaba 59 E6
Porangatu 41 E10; 44 B3
Porcos, r. dos 53 D2; 58 C5; 62 D6
Porongas, córr. 60 B2
Portalegre 51 C5
Portão, r. 62 C4/5
Port-au-Prince 4 E6; 11 D3
Port-de-Paix 11 D2
Porteira, la. da 63 C4
Porteirinha 55 B5/6
Portel 43 C7
Port Elizabeth 17 H6
Port Harcourt 17 D4
Port Louis 5 G12; 17, detalhe
Port Moresby 5 F17; 20 F4
Port Said 17 A7
Port Sudan 17 C7
Port-Gentil 17 E4
Portland 9 E6, E11/12
Porto 15 E3
Porto Acre 42 E3
Porto Alegre 13 F4; 41 i9; 63 C4
Porto Amazonas 61 D6
Porto Colômbia, repr. 54 D3; 58/59 B5
Porto de Moz 43 C6
Porto de Pedras 52 B4
Porto dos Gaúchos 46 C3
Porto Esperidião 46 E2
Porto Estrela 46 E3
Porto Feliz 59 E6
Porto Ferreira 59 C6
Porto Franco 48 D2
Port-of-Spain 11 B4
Porto Grande 41 B9; 43 B7
Porto Lucena 62 A2
Porto Murtinho 41 G8; 47 H2
Porto Nacional 41 E10; 43 E7
Porto-Novo 4 E10; 17 D4
Porto Primavera, repr. 47 I5; 58 D1
Porto Rico 60 A2
Porto Rico, i. de 10 C3; 11 C3
Porto Seguro 41 F12; 53 F5
Porto União 62 B4
Porto Velho 13 C3; 40 D7; 42 E4
Porto Vitória 60 E4
PORTUGAL 4 C9; 15 E4
Port-Vila 5 F18; 20 F6
Porucaba, r. 52 C3
Posadas 13 E4
Posse, rch. da 50 E4
Posses, rib. das 58 E5
Potengi 49 F3
Potengi, r. 51 B7/C6
Poti, r. 48 C5; 49 D2
Potinga, braço do 61 D5
Potiretama 49 D4
Potosí 13 D3
Pouso Alegre 41 G10; 54 E4
Pouso Novo 63 B3
Poxim, la. 52 B/D3
Poxim, r. 52 C3
Poznan 15 C2
Prado 53 F5
Pradópolis 59 C6
Prados 55 D5
Praga 5 C10; 15 C2
Praia 17 C1
Praia Grande 59 F7; 62 E6
Prainha 43 C6
Pranchita 60 E2
Prata 51 D5
Prata, r. 56/57 B4
Prata, r. da 12 F4; 13 F4; 44 E1; 54 D2/3, C4; 57 C2; 62 B5/6
Prata do Piauí 48 C4
Pratápolis 54 D4
Pratinha 54 D4
Preguiça, barra da 48 B4
Preguiças, r. 48 B4
Presidente Alves 58 D4
Presidente Bernardes 55 D5
Presidente Castelo Branco 60 B3
Presidente Dutra 48 C3
Presidente Epitácio 58 C2
Presidente Figueiredo 42 C4
Presidente Juscelino 48 B3; 55 C5
Presidente Kennedy 43 E7; 57 E1
Presidente Médici 42 E4
Presidente Prudente 41 G9; 58 D2
Presidente Vargas 48 B3
Presidente Venceslau 58 C2
Preto, r. 42 B3, C4; 44 B4, E2; 45 A2; 48 B4; 53 C2; 54 B3/4; 55 E5; 56 C2; 57 B2, B3, D1, E1; 58 B4; 59 F7; 62 B6
Pretória 5 G11; 17 G6
Primavera do Leste 46 E4
Prince George 9 D6
Princesa Elizabeth, terra da 22 C18
Príncipe, i. 16 D4
Príncipe, i. de 17 D4
Príncipe Charles, i. 9 C11
Príncipe de Gales, i. 6 B4/5; 8 B8; 9 B8; 22 B1
Príncipe de Gales, i. 8 D5; 9 D5
Príncipe Eduardo, i. 5 H11; 7 H11
Príncipe Patrick, i. 6 B3; 8 B6; 9 B6
Prinzapolka 11 F4
Pripet, r. 14 B2
Promissão 58 C4
Promissão, repr. 58 C4
Propriá 52
Protásio Alves 63 B4
Providence, c. 20 I6
Providencia, i. 10 F4; 11 F4
Providence, i. 16, detalhe; 17, detalhe
Providência, sa. da 46 C1
Prudente de Morais 55 D5
Prudentópolis 61 D5
Prut, r. 14 B3
Przemysl 15 B3
Psël, r. 14 A2
Pskov, l. 14 B2; 15 B2
Público Cruzeta, aç. 51 C6
Pucallpa 13 C2
Pucumã, r. 48 C3
Puebla 9 H9
Pueblo 9 F8
Puerto Barrios 11 H3
Puerto Montt 13 G2
Puerto Plata 11 D2
Puiú, r. 49 E2
Pukapuka, i. 21 F9
Pukarua, i. 21 F12
Puluwat, i. 20 D4
Punau, r. 51 B7
Pune 19 G5
Pungá, l. 42 D3
Punta Arenas 13 H2
Punta Gorda 11 H3
Pureza 51 B7
Purus, r. 6 F6; 12 C3; 38/39 D6/C7; 40 D6; 42 E2/D4
Pusan 19 D4
Putinga 63 B3
Putumayo, r. 12 C2
Pyongyang 5 D16; 19 D4

Q

Qaanaaq 9 B12
Qaidam Pendi 18 F4
Qattara, depressão de 16 B6
Qikiqtaluk, i. 8 B11; 9 B11; 22 C12
Qilian Shan (cadeia) 7 D14; 18 F4
Qiqihar 19 D3
Qom 19 H4
Quadros, la. dos 63 B5
Quaraí, r. 39 i8; 63 C1
Quaraí-Mirim, r. 63 C1
Quatiguá 61 B6
Quatis 56 C1
Quatro Barras 61 D6
Quebec 9 E11
Quebra-Anzol, r. 54 D3-4
Quebra Cuia, rib. 59 C6
Quebrada, sa. 51 D6
Quebra-Dentes, r. 63 B4
Quedas do Iguaçu 60 D3
Queimada, i. 43 C7
Queimada, sa. 51 C6; 59 E6/7
Queimada Grande, i. 59 F7
Queimada Pequena, i. 59 F7
Queimada Redonda, sa. 51 D/E4
Queimadas 51 D7; 53 C5
Queimadas, sa. das 51 C6
Queimado, la. do 51 B6
Queimados 56 C2
Queirós 58 C3
Quelimane 17 F7
Queluz 59 D9
QUÊNIA 5 E11; 17 D7
Querência 46 D5
Querétaro 9 G9
Quevedos 63 B2
Quezaltenango 11 H4
Quilombo, córr. 45 A2
Quilombo, r. 59 F6
Quinquelerê, r. 49 F2
Quinquelerê, sa. 49 F/E2
Quinta do Sol 60 B3
Quintana 58 D3
Quintos, sa. dos 51 C/D6
Quinze de Novembro, r. 57 B2; 62 B4
Quios, i. de 14 B4; 15 B4
Quioto 19 D4
QUIRGUISTÃO 5 C13; 19 G3
Quirina, sa. da 44 C3/4
Quirino, r. 48 C2; 57 B2
Quirinópolis 41 F9; 44 E2
Quito 4 E6; 13 C2
Quixaba 51 D5
Quixaba, rch. 51 F6
Quixabá 51 D5
Quixadá 41 D12; 49 C3
Quixeramobim 49 D3
Quixeramobim, r. 39 D12; 49 C/D3
Quixerê, r. 49 D4

R

Rabat 4 D9; 17 A3
Race, c. 6 C7; 8 E13
Rafael Godeiro 51 C5
Rafard 59 E6
Rainha Carlota, estr. 8 D5; 9 D5
Rainha Carlota, is. da 4 C3; 6 C3; 8 D5; 9 D5
Rainha Elizabeth, is. 6 B4; 8 B7; 9 B7; 22 B12
Rainha Mary, terra da 22 B15; 22 C19
Rainier, mte. 8 E6
Raïvavaé, i. 21 G11
Raizama, sa. do 44 C3
Rajada, sa. da 51 C5
Rakahanga, i. 21 E9
Raleigh 9 F11
Ralik, is. 7 E18; 20 D6
Ramalho sa. do 53 E3
Ramuro, r. 46 D4
Rancagua 13 F2
Rancharia 58 D3
Rancho Alegre 61 B5
Raoul, i. 21 G8
Rapa, i. 21 G11
Rapid City 9 E8
Rarotonga, i. 21 G9
Rãs, rch. das 53 D3
Rasa, i. 38, detalhe; 50, detalhe; 56 D2
Ras Dashen (p.) 7 E11; 16 C7
Rata, i. 38, detalhe; 50, detalhe
Ratak, is. 7 E18; 20 D6
Ratos, arr. dos 63 C3/4
Raul Soares 55 D6
Rauma 15 B1
Real, r. 53 C5
Rebeca, la. da 46 E1/2
Rebouças, r. 60 C2
Recanto das Emas 45 A1
Recife 13 C6; 41 D13; 51 E8
Recreio, sa. do 50 E2
Recursolândia 43 E8
Redenção 41 D9; 43 D7
Redenção da Serra 59 E8
Redenção do Gurguéia 48 E3
Redentora 62 A3
Redonda, i. 56 D2
Redonda, pta. 51 A6
Refugiado, r. 63 B4
Reggio di Calabria 15 C4
Regina 9 E8
Reginópolis 58 C4
Registro 41 G10; 59 F6
Reikjavik 4 B8; 15, detalhe à esq.
Reindeer, l. 8 D9; 9 D9
REINO UNIDO 4 C9; 15 E2
Reis Magos, r. 57 C2
Relvado 63 B3
Remanso 53 B3
Renascença 60 E3
Rennell, i. 20 F6
Rennes 15 E3
Reno 9 F7
Reno, r. 14 D2; 15 D2
REPÚBLICA CENTRO-AFRICANA 5 E10; 17 D6
REPÚBLICA DOMINICANA 4 E6; 11 D3
REPÚBLICA TCHECA 5 C10; 15 C3
Reriutaba 49 C2
Resende 56 C1
Resende Costa 55 D5
Reserva 61 C5
Reserva, la. 63 C4
Reserva do Cabaçal 46 E3
Resistencia 13 E3
Resplendor, rib. 55 D6
Restinga 59 B6
Restinga Seca 63 B3
Retiro do Meio, córr. 45 A2
Reunião, i. de 5 G12; 7 G12; 16, detalhe; 17, detalhe
Revillagigedo, is. 8 H7; 9 H7; 21 C14
Riachão 48 D2
Riachão, r. 48 D4; 55 B5
Riachão, rch. 51 C5
Riachão do Jacuípe 53 C5
Riachinho 54 B4
Riacho, l. do 48 D4
Riacho de Santana 51 C4; 53 D3
Riacho do Sangue, aç. 49 D4
Riacho dos Cavalos 51 C5
Riacho Fundo 45 A1
Riachuelo 52 C2
Riad 5 D12; 19 H4
Rialma 44 C3
Rianápolis 44 C3
Ribas do Rio Pardo 47 H5
Ribeira 58 F5
Ribeira, la. da 57 C4
Ribeira, r. 58 F5; 61 C6/7
Ribeira de Iguape, r. 39 G10
Ribeira do Pombal 53 C5
Ribeirão 51 E7
Ribeirão, r. 55 B6; 59 F6
Ribeirão Cascalheira 46 D6
Ribeirão Corrente 59 B6
Ribeirão das Lajes, repr. do 56 C2
Ribeirão das Neves 55 D5
Ribeirão do Sul 58 D4
Ribeirão Grande 59 F5
Ribeirão Pires 59 E7
Ribeirão Preto 13 E5; 41 G10; 59 C6
Ribeirão Vermelho 54 E4
Ribeirinha, r. 61 D6
Ribeirópolis 52 C2
Richmond 9 F10
Rifaina 59 B6
Riga 5 C11; 15 B2
Riga, g. de 14 B2; 15 B2
Riiser-Larsen, gel. de 22 B15
Riiser-Larsen, pen. 22 C17
Rijeka 15 C3
Rio Acima 55 D5
Rio Bananal 57 C2
Rio Bom 60 B4
Rio Bonito 56 C3
Rio Bonito, sa. 56 C3
Rio Braço Norte Esquerdo 57 D1
Rio Branco 13 C3; 40 D6; 42 E3
Rio Branco do Sul 61 D6

Rio Claro **59** D6
Rio das Antas **62** B4
Rio das Flores **56** C2
Rio das Ostras **56** C4
Rio de Janeiro **13** E5; **41** G11; **56** C2
Rio de Janeiro, est. do **39** G11; **41** G11; **56**
Rio Descoberto, l. do **45** A1
Rio do Campo **62** C5
Rio do Oeste **62** C6
Rio do Prado **55** B7
Rio do Sul **62** C6
Rio Doce **55** D6
Rio dos Bois **43** E7
Rio dos Índios **62** A3
Rio Formoso **51** E7
Rio Fortuna **62** D6
Río Gallegos **13** H3
Rio Grande **13** F4; **41** i9; **63** D3
Rio Grande da Serra **59** E7
Rio Grande do Norte, est. do **39** D12; **41** D12; **51**
Rio Grande do Piauí **48** D4
Rio Grande do Sul, est. do **39** H/I9; **41** H/I9; **62/63**
Rio Lajeado **48** D2
Riolândia **58** A4
Rio Largo **52** B4
Rio Maria **43** D7
Rio Matozinhos **56** C2
Rio Negrinho **62** B6
Rio Negro **47** G4; **60/61** E6
Rio Paranaíba **54** D4
Rio Pardo **63** B3
Rio Pardo de Minas **55** B6
Rio Preto **55** E5
Rio Preto da Eva **43** C5
Rio Preto, sa. do **56** B3/4
Rio Quente **44** D3
Rio Real **53** C6
Rio Rufino **62** C6
Rio Sereno **48** D2
Rio Verde **41** F9; **44** D2
Rio Verde de Mato Grosso **47** G4
Riozinho **63** B4
Riozinho, r. **43** E7; **48** E2, E3
Riversul **58** E4
Road Town **11** B3
Robson, mte. **8** D7
Rocas, atol das **38**, detalhe; **40**, detalhe
Rochedo **47** G/H4
Rochedos Shag (is.) **12** H5; **13** H5
Rochosas, montanhas **6** C4; **8** D7
Ródano, r. **14** D3; **15** D3
Rodeados, rib. **45** A1
Rodeio **62** B6
Rodeio Bonito **62** A3
Rodeiro **55** E6
Rodelas **53** B5
Rodes, i. de **14** B4; **15** B4
Ródope, mtes. **14** B3
Rodrigues, i. do **59** F6
Rolândia **60** B4
Roma **5** C10; **15** C3
Romaria **54** C3
Romelândia **62** B2
ROMÊNIA **5** C11; **15** B3
Roncador, sa. do **39** E9; **46** B5/C6
Rondon **60** B3
Rondon do Pará **43** D7
Rondônia, est. de **38/39** E6/7; **40/41** E6/7; **42** E3/4
Rondonópolis **41** F9; **47** F4
Ronne, gel. de **22** B14
Ronuro, r. **39** E9
Roosevelt, i. **22** A22
Roosevelt, r. **38/39** D/E7; **42** E4; **46** B1
Roraima, est. de **38/39** B7; **40/41** B7; **42** B4
Roraima, mte. **12** B4; **39** B7; **42** A4
Rosa, i. **61** D7
Rosana **58** D1
Rosana, repr. **58** D1; **60** A3
Rosario **13** F3; **48** B3
Rosário do Ivaí **60** C4
Rosário do Sul **63** C2
Rose, i. **21** F9
Roseau **11** B3
Roseira **59** D8
Ross, gel. de **22** A22
Ross, mar de **22** B22
Rostov **19** I3
Roteiro **52** B4
Rotuma, i. **20** F7
Rovno **15** B2
RUANDA **5** F11; **17** E6
Ruapehu, mte. **20** H7
Rub' Al Khali, deserto **7** E12
Rubim de Pedras, r. **55** B7
Rügen, i. **14** C2; **15** C2
Rukwa, l. **16** E7
Rurópolis **43** D6
Russas **49** C5
RÚSSIA **5** B14; **15** B2; **19** F2; **22** D6
Rússia Central, plto. da **7** C11; **18** I3
Ruvuma, r. **16** F7
Ruy Barbosa **53** D4
Ryukyu, is. **5** G16; **7** D16; **18** D4; **19** D4

S

S. *ver* São (ex.: S. Paulo *ver* São Paulo)
Saara, deserto do **6/7** D9/11; **16** B3
SAARA OCIDENTAL **4** D9; **17** B2
Saaremaa, i. **14** B2; **15** B2
Saba, i. de **10** B3
Sabana, arq. **10** F2; **11** E/F2
Sabão, r. do **61** C5
Sabará **55** D5
Sabaúdia **60** B4
Sabaúna, r. **53** C5/D6
Sabha, oásis **16** B5
Sabino **58** C4
Sable, c. **8** E12, G10
Sabugi, r. **51** C5
Saco Comprido, sa. do **53** D2
Saco, r. **48** C4
Sacramento **9** F6
Sacuriuiná, r. **46** D3
Sagres **58** C3
Sahel **16** C3
Saicã, arr. **63** BC/2
Saí Guaçu, r. **62** B7
Saí-Guaçu, i. **62** B7
Saint Anthony **9** D13
Saint Barthélemy, i. **10** B3; **11** B3
Saint Denis **15**, detalhe
Sainte-Croix, i. **10** C3; **11** B3
Saint-Étienne **15** D3
Saint Eustatius, i. **10** B3
Saint George's **11** B4
Saint John **9** E12
Saint John's **9** E13; **11** B3
Saint Louis **9** F9; **17** C2
Saint Maarten, i. **10** B3; **11** B3
Saint Paul **9** E9
Saipan, i. **20** C4
Sakami, l. **8** D11
Sakhalin, i. **5** C17; **7** C17; **18** C3; **19** C3
Sal, r. **57** C2
Salado, r. **12** F3
Salamanca **15** E3
Salamandra, sa. da **51** C5
Salerno **15** C3
Sales **58** C4
Sales Oliveira **59** B6
Salete **62** C5
Salgadinho **51** D6, D7
Salgadinho, r. **51** C7
Salgado **52** D2
Salgado, r. **49** E4; **51** B6, C6; **53** E5; **56** B3
Salgado, rch. **49** C2; **51** B7
Salgado, sa. do **53** E5
Salgueiro **41** D12; **50** E3
Salgueiro, rch. **50** E3
Salinas **9** F6
Salinas **55** B6
Salinas, r. **48** D4; **55** B6
Salinópolis **43** C8
Salitre, r. **53** C4
Salmon River, mtes. **8** E7
Salmourão **58** C3
Salomão, is. **7** F18
Salomão, mar de **20** E4
Salônica **15** B3
Salt Lake City **9** E7
Salta **13** E3
Saltinho **59** D6
Salto **13** F4; **59** E6
Salto, r. do **56** C1; **59** E8
Salto, rib. do **44** D1
Salto da Divisa **55** B7
Salto de Pirapora **59** E6
Salto do Céu **46** E2
Salto do Itararé **61** B6
Salto do Jacuí **63** B3
Salto Grande **58** D4
Salto Grande, repr. **58** D4
Salto Osório, repr. de **60** D3
Salto Santiago, repr. de **60** D3
Salto Veloso **62** B4
Salvador **13** D6
Salvador **41** E12; **53** D5
Salvador das Missões **62** B2
Salzburgo **15** C3
Samambaia **45** A1
Samambaia, córr. **45** A1
Samambaia, r. **44** C2
Samara **19** H3
Samarcanda **19** G4
Sambito, r. **48** D5
Samburá, r. **54** D4
SAMOA **21** F8
Samoa Americana, is. **21** F9
Sámos, i. de **14** B4
Sampaio, l. **43** C5
Sana **5** E12; **19** H5
San Ambrosio **13** E2
San Ambrosio, i. de **12** E2
San Andrés, i. **10** F4; **11** F4
San Angelo **9** F8
San Antonio **9** G9
San Carlos de Bariloche **13** G2
San Cristóbal **11** D3; **13** B2
San Diego **9** F7
Sandolândia **43** F7
Sandovalina **58** D2
San Félix, i. de **12** E1; **13** E1
San Fernando de Apure **13** B3
Sangão **62** D6
Sangre de Cristo, mtes. **8** F8
Sangue, r. **39** E8; **46** C2/D3
Sangue, rch. do **49** D4
Sanharó **51** E6
San Jorge, g. **12** G3; **13** G3
San José **4** E5; **11** F5
San Juan **11** C3
San Juan, mtes. **8** F8
San Lorenzo **13** B1
San Lucas, c. **8** G7
San Luis Potosí **9** G8
SAN MARINO **15** C3
San Matías, g. **12** G3; **13** G3
San Miguel **11** G4
San Miguel de Tucumán **13** E3
San Miguelito **11** E5
San Pedro **11** C3
San Pedro Sula **11** G3
San Remo **15** D3
San Salvador **4** E5; **11** G4
San Salvador, i. **10** D2; **11** D2
Santa Albertina **58** B3
Santa Amélia **61** B5
Santa Ana **11** G4
Santa Bárbara **55** D5
Santa Bárbara, rib. **59** B6
Santa Bárbara, sa. de **46** E1/2
Santa Bárbara d'Oeste **59** D6
Santa Bárbara do Leste **55** D6
Santa Branca, repr. **59** E8
Santa Carmem **46** D4
Santa Catarina, est. de **39** H9/10; **41** H9/10; **62**
Santa Catarina, i. de **62** C7
Santa Cecília do Pavão **61** B5
Santa Clara **11** E2
Santa Cruz **13** D3; **50** E2; **51** C7
Santa Cruz, is. **20** F6
Santa Cruz, r. **62** C4
Santa Cruz, rib. **54** B4
Santa Cruz Cabrália **53** F5
Santa Cruz da Baixa Verde **50** D4
Santa Cruz da Esperança **59** C6
Santa Cruz do Arari **43** C7
Santa Cruz do Capibaribe **51** D6
Santa Cruz do Escalvado **55** D6
Santa Cruz do Monte Castelo **60** A2
Santa Cruz do Piauí **48** D5
Santa Cruz do Rio Pardo **58** D4
Santa Cruz do Sul **63** B3
Santa Cruz dos Milagres **48** C5
Santa Efigênia de Minas **55** C6
Santa Elena, c. **10** G4
Santa Ernestina **59** C5
Santa Fe **13** F3
Santa Fé **60** A4
Santa Fé, sa. de **57** D1
Santa Fé de Goiás **44** C2
Santa Fé de Minas **54** B4
Santa Fé do Araguaia **43** D7
Santa Filomena **48** E3
Santa Helena **48** B3; **51** C4
Santa Helena, i. de **4** F9; **6** F9; **16** F3; **17** F3
Santa Helena de Goiás **44** D2
Santa Inês **48** B3; **60** A4
Santa Inés, i. **12** H2
Santa Inês, rch. **50** D4
Santa Isabel **44** C3; **59** E7
Santa Isabel, i. **20** E5
Santa Isabel do Ivaí **60** A2
Santa Isabel do Rio Negro **40** C7; **42** C3
Santa Joana, córr. **57** B2
Santa Joana, r. **57** C2
Santa Júlia, r. **57** C2
Santa Júlia, sa. de **57** C2
Santa Juliana **54** D3
Santa Leopoldina **57** D2
SANTA LÚCIA **4** E6; **11** B4
Santa Lúcia, i. de **10** B4
Santa Luz **48** E3; **53** C5
Santa Luzia **41** C10; **48** B3; **55** D5
Santa Luzia do Itanhy **52** E2
Santa Luzia do Norte **52** B4
Santa Luzia do Paruá **48** B3
Santa Maria **13** E4
Santa Maria **41** H9; **45** B1; **63** B3
Santa Maria, r. **44** C4; **47** H4; **51** D5; **57** C2; **63** BC/2
Santa Maria, rch. **48** E4
Santa Maria da Boa Vista **50** E3
Santa Maria da Vitória **53** D2
Santa Maria da Vitória, r. **57** D2
Santa Maria de Jetibá **57** C2
Santa Maria do Salto **55** B7
Santa Marta **13** A2
Santa Marta Grande, c. **62** D7
Santa Marta Pequeno, c. **62** D7
Santa Quitéria **49** C2
Santa Quitéria do Maranhão **48** B4
Santa Rita **51** D8
Santa Rita, pta. de **51** B7
Santa Rita, r. **48** B3
Santa Rita d'Oeste **58** B3
Santa Rita de Ibitipoca **55** E5
Santa Rita do Araguaia **44** D1
Santa Rita do Jacutinga **55** E5
Santa Rita do Pardo **47** H5
Santa Rita do Passa Quatro **59** C6
Santa Rita do Sapucaí **54** E4
Santa Rosa **11** G4; **62** A2
Santa Rosa, b. **43** B7
Santa Rosa, r. **46** B3; **62** A2
Santa Rosa da Serra **54** D4
Santa Rosa de Goiás **44** C4
Santa Rosa do Piauí **48** D4
Santa Rosa do Sul **62** E6
Santa Salete **58** B3
Santa Teresa **57** C2
Santa Teresa, r. **44** B3
Santa Teresinha **51** D5
Santa Tereza de Goiás **44** B3
Santa Tereza do Oeste **60** C2
Santa Terezinha **46** C6
Santa Vitória do Palmar **63** D3
Santana **41** C9; **43** C7; **53** D2
Santana, córr. **57** B2/3
Santana, i. de **48** B4
Santana, r. **48** C2, E4; **51** B6; **54** D4; **56** C2; **61** D6

Sant'Ana, r. 60 D4; 60/61 E3
Santana da Boa Vista 63 C3
Santana da Vargem 54 E4
Santana de Mangueira 50 D4
Santana de Parnaíba 59 E7
Santana do Acaraú 49 B2
Santana do Araguaia 43 E7
Santana do Cariri 49 F3
Santana do Ipanema 52 B2
Santana do Itararé 61 B6
Santana do Livramento 41 i9; 63 C2
Santana do Manhuaçu 55 D6
Santana do Paraíso 55 D6
Santana do Riacho 55 D5
Santana do Seridó 51 C6
Santana dos Garrotes 51 D5
Santarém 13 C4
Santarém 41 C9; 43 C6
Santiago 4 G6; 11 D3, F5; 13 F2; 63 B2
Santiago de Cuba 11 E3
Santiago del Estero 13 E3
Santo Afonso 46 E3
Santo Amaro 53 D5
Santo Amaro, pta. de 59 E8
Santo Anastácio, r. 58 C/D2
Santo André 59 E7
Santo André, rib. 54 B4
Santo Ângelo 41 H9; 62 B2
Santo Antônio 51 C7
Santo Antônio, cox. de 63 C3
Santo Antônio, pta. de 38, detalhe; 50, detalhe
Santo Antônio, r. 48 E2; 53 D4; 55 D5-6, E5; 57 B2; 60 D2; 62 D6/7
Santo Antônio, rch. 51 D6/7
Santo Antônio, rib. 44 B4
Santo Antônio da Alegria 59 C6
Santo Antônio da Patrulha 63 B4
Santo Antônio da Platina 61 B5
Santo Antônio de Jesus 53 D5
Santo Antônio de Pádua 56 B3
Santo Antônio do Aracanguá 58 B3
Santo Antônio do Aventureiro 55 E6
Santo Antônio do Caiuá 60 A3
Santo Antônio do Grama 55 D6
Santo Antônio do Içá 40 C6; 42 C2
Santo Antônio do Leverger 46 F3
Santo Antônio do Paraíso 61 B5
Santo Antônio do Pinhal 59 D8
Santo Antônio do Rio Abaixo 55 D5
Santo Antônio Russas, aç. 49 C4
Santo Cristo, pta. de 51 B7
Santo Cristo, r. 62 A/B2
Santo Eduardo, sa. de 56 A/B4
Santo Estêvão 53 D5
Santo Expedito 58 C2
Santo Hipólito 55 C5
Santo Inácio 60 A4
Santo Inácio, r. 59 E5; 60 A4
Santo Onofre, r. 53 D3
Santos 13 E5; 41 G10; 59 E7
Santos Dumont 55 E5
São Bartolomeu, r. 44 D4; 45 A2; 57 D1
São Benedito 49 C2
São Benedito, r. 43 E5
São Benedito do Sul 51 E7
São Bento 48 B3; 51 C5
São Bento, r. 44 D4; 48 C3
São Bento Abade 54 E4
São Bento do Norte 51 B7
São Bento do Sapucaí 59 D8
São Bento do Sul 62 B6
São Bento do Tocantins 43 D7
São Bento do Trairi 51 C6
São Bento do Una 51 E6
São Bernardo do Campo 59 E7
São Borja 41 H8; 63 B1
São Caetano 51 E6
São Caetano do Sul 59 E7
São Carlos 59 D6; 62 C2
São Carlos do Ivaí 60 B3
São Cristóbal, i. 20 E6
São Cristóvão 52 D2
São Cristóvão, i. de 10 B3
São Cristóvão, rch. 51 D/E4
São Cristóvão do Sul 62 C5
SÃO CRISTÓVÃO E NEVIS 4 E6; 11 C3
São Desidério 53 D2
São Domingos 4 E6; 11 C3; 44 B4; 62 B3
São Domingos, córr. 57 B2
São Domingos, r. 44 B4; 54 D2; 54/55 A4/5; 56 B4; 57 C1; 58 C5
São Domingos, rch. 51 D/E3, E4
São Domingos, sa. 49 D3
São Domingos do Araguaia 43 D7
São Domingos do Maranhão 48 C3
São Domingos do Norte 57 C2
São Domingos do Sul 63 B4
São Domingos Grande, r. 57 D1
São Domingos Pequeno, córr. 57 D1
São Félix do Araguaia 41 E9; 46 C6
São Félix do Xingu 41 D9; 43 D6
São Félix do Tocantins 43 E8
São Fernando 51 C5
São Fidélis 56 B4
São Francisco 9 F6
São Francisco 55 B5
São Francisco, i. de 62 B7
São Francisco, r. 12 C5; 13 C5; 39 D12/G10; 41 E11; 44 E2; 50 F2; 52 B2; 53 C/D3, B5; 54 D3; 54/55 D4/B5; 55 B7; 56 B3; 60 C1/2, C3, C4
São Francisco, r. de 46 C3
São Francisco, rch. 51 C4
São Francisco, sa. de 60 C2
São Francisco de Assis 63 B2
São Francisco de Goiás 44 C3
São Francisco de Paula 54 D4
São Francisco de Sales 54 D2
São Francisco do Piauí 48 D4
São Francisco do Sul 62 B7
São Gabriel 63 C2
São Gabriel da Cachoeira 40 C6; 42 C3
São Gabriel da Palha 57 B2
São Geraldo do Araguaia 43 D7
São Gonçalo 13 E5; 56 C2
São Gonçalo, aç. 51 C4
São Gonçalo, canal de 63 C/D3
São Gonçalo, r. 49 B4
São Gonçalo, sa. 49 E4; 50 D4
São Gonçalo do Abaeté 54 C4
São Gonçalo do Amarante 49 B4; 51 B7
São Gonçalo do Piauí 48 D4
São Gotardo 54 D4
São Jerônimo 63 B/C4
São Jerônimo, r. 60 D4; 61 B5
São João Batista do Glória 54 D4
São João 60 D3
São João, r. 53 E3/D4; 55 B6; 56 C3; 58 D4; 61 C5; 62 B5
São João, rch. 48 D5
São João, rib. 55 B6, D4
São João d'Aliança 44 C4
São João da Baliza 42 B4
São João da Barra 57 B4
São João da Boa Vista 59 D7
São João da Ponte 55 B5
São João da Serra 48 C5
São João de Iracema 58 B3
São João de Meriti 56 C2
São João Del Rei 55 E5
São João do Caiuá 60 A3
São João do Cariri 51 D6
São João do Jaguaribe 49 D4
São João do Manhuaçu 55 D6
São João do Manteninha 55 C6
São João do Oeste 62 C2
São João do Oriente 55 D6
São João do Paraíso 55 B6
São João do Pau d'Alho 58 C2
São João do Piauí 48 E4
São João do Tigre 51 E6
São João dos Patos 41 D11; 48 D4
São João Grande, r. 57 C2
São Joaquim 62 D6
São Joaquim da Barra 59 B6
São Jorge 63 B4
São Jorge, i. de 48 A3
São Jorge do Ivaí 60 A3
São Jorge do Patrocínio 60 B2
São José 62 C7
São José, b. de 48 B3
São José, i. de 38, detalhe; 50, detalhe
São José, r. 51 B5, C6; 57 B2
São José da Boa Vista 61 B6
São José da Coroa Grande 51 E7
São José da Lagoa Tapada 51 C4
São José da Safira 55 C6
São José da Tapera 52 B2
São José das Palmeiras 60 C2
São José de Caiana 50 D4
São José de Espinharas 51 C5
São José de Mipibu 51 C7
São José do Barreiro 59 D9
São José do Belmonte 50 D4
São José do Bonfim 51 D5
São José do Divino 48 B5; 55 C6
São José do Egito 51 D5
São José do Goiabal 55 D6
São José do Herval 63 B3
São José do Mantimento 55 D6
São José do Norte 63 D3
São José do Ouro 62 A4
São José do Peixe 48 D4
São José do Piriá 43 C8
São José do Ribamar 48 B3
São José do Rio Claro 46 D3
São José do Rio Pardo 59 C7
São José do Rio Preto 41 G10; 58 B4
São José do Seridó 51 C6
São José do Xingu 46 C5
São José dos Ausentes 63 B4
São José dos Campos 41 G10; 59 E8
São José dos Cordeiros 51 D6
São José dos Dourados, r. 58 B3/4
São José dos Pinhais 61 D6
São José ou Curral Queimado 45 A2
São Julião 48 D5
São Leopoldo 63 B4
São Lourenço 54 E4
São Lourenço da Mata 51 E8
São Lourenço do Sul 63 C3
São Lourenço, g. de 8 E12; 9 E12
São Lourenço, i. 8 C1; 9 C1
São Lourenço, r. 8 E11; 9 E11
São Lourenço, r. 39 F8/9; 47 F3; 48 E4; 58/59 C5; 62 B6
São Luís 13 C5; 41 C11; 42 B4; 48 B3
São Luís de Montes Belos 44 D2
São Luís do Paraitinga 59 E8
São Luís do Quitunde 52 B4
São Luís Gonzaga do Maranhão 48 C3
São Luís, valão 56 B4
São Luiz do Norte 44 C3
São Luiz Gonzaga 63 B2
São Mamede 51 C5
São Manuel 59 D5
São Manuel, r. 46 B3/E4
São Marcos, b. de 48 D5
São Marcos, r. 39 F10; 44 D4; 54 B3-4
São Martinho 62 D6/7
São Martinho da Serra 63 B3
São Mateus 57 B3
São Mateus, p. 56 B4
São Mateus, r. 55 C6/7; 57 B2; 58 D3
São Mateus do Maranhão 48 B3
São Mateus do Sul 61 D5
São Miguel Arcanjo 59 E6
São Miguel das Missões 63 B2
São Miguel de Taipu 51 D7
São Miguel de Touros 51 B7
São Miguel do Guamá 43 C8
São Miguel do Guaporé 42 E4
São Miguel do Passa Quatro 44 D3
São Miguel do Tapuio 48 C5
São Miguel dos Campos 52 B3
São Miguel dos Milagres 52 B4
São Miguel, r. 52 B3; 54 B4; 55 B6/7; 61 C7
São Nicolau 62 B2
São Nicolau, r. 48 C5
Saône, r. 14 D3
São Paulo 13 E5; 41 G10; 59 E7
São Paulo, est. de 39 G10; 41 G10; 58/59
São Paulo de Olivença 42 C2
São Pedro 51 B7; 59 D6
São Pedro, r. 55 B6, C6; 50 D2/E3; 56 C3
São Pedro, rib. 44 D1
São Pedro, sa. de 50 D4
São Pedro da Aldeia 56 C3
São Pedro da Cipa 46 F4
São Pedro da União 54 E4
São Pedro do Ivaí 60 B4
São Pedro do Paraná A2
São Pedro do Suaçuí 55 C6
São Pedro do Turvo 58 D4
São Pedro e São Paulo, penedos de 4 E8; 6 E8; 38, detalhe; 40, detalhe
São Petersburgo 19 I3
São Rafael 51 B6
São Rafael, cox. 63 C1/2
São Raimundo das Mangabeiras 48 D3
São Raimundo Nonato 41 D11; 48 E4
São Roque 59 E7
São Roque, c. de 6 F8; 12 C6
São Roque de Minas 54 D4
São Sebastião 45 A2; 59 E8
São Sebastião, i. de 12 E5
São Sebastião, r. 61 C7
São Sebastião da Amoreira 61 B5
São Sebastião da Bela Vista 54 E4
São Sebastião de Lagoa de Roça 51 D7
São Sebastião do Alto 56 B3
São Sebastião do Oeste 54 D4
São Sebastião do Paraíso 54 D4
São Sebastião do Passé 53 D5
São Sebastião do Rio Preto 55 D5
São Sebastião do Rio Verde 54 E4
São Sebastião do Uatumã 43 C5
São Sebastião do Umbuzeiro 51 E6
São Sepé 63 C3
São Sepé, arr. 63 B/C3
São Simão, r. 42 F4
São Simão, repr. 44 E2; 54 C2
São Tomás de Aquino 54 D3
São Tomé 60 B3
São Tomé, c. de 57 B5
São Tomé, i. de 16 D4; 17 E4
São Tomé, r. 46 B3
SÃO TOMÉ E PRÍNCIPE 17 D4
São Valentin (p.) 12 G2
São Vendelino 63 B4
São Vicente 51 C6; 59 E7
São Vicente, c. de 14 E4
São Vicente, i. de 10 B4
São Vicente, r. 48 D5
São Vicente, rib. 54 B4
São Vicente de Minas 55 E5
São Vicente do Sul 63 B2
SÃO VICENTE E GRANADINAS 4 E6; 11 B4
Sapão, r. 53 C2
Sapata, pta. da 38, detalhe; 50, detalhe
Sapé 51 D7
Sapopema 61 B5
Sapporo 19 C3
Sapucaí, r. 54 E4; 60 C2
Sapucaia 56 B3
Sapucaia do Sul 63 B4
Sapucaí-Guaçu, r. 54 E4
Sapucaí Mirim 54 E4
Sapucaí-Mirim, r. 59 B5/6
Saquarema 56 C3
Saquarema, la. de 56 C3
Sarajevo 15 C3
Sarandi 60 B4
Sarandi, arr. 63 C1
Sarandi, rib. 60 C2
Sarapuí 59 E6
Saratov 19 H3
Sardenha, i. da 5 D10; 14 D3; 15 D3
Sardoá 55 C6
Sargento, r. 62 B2
Sariri, r. 42 E3
Sarutaiá 58 E4
Saskatchewan, r. 8 D8
Saskatoon 9 D8
Satuba 52 B4
Saturno, r. 63 B3
Saudade, rib. 46 C3
Saudade, sa. da 54 C4
Saudades 62 B2
Saueruinã, r. 46 D/E2
Savaii, i. 21 F8
Savannah 9 F10
Save, r. 16 G7
Sayan, mtes. 18 F3
Scotia, mar de 12 H5; 13 H5

Seabra **53** D4
Seattle **9** E6
Sebastiana, r. **56** C3
Sebastianópolis do Sul **58** B4
Secretário, r. do **56** C2
Ségou **17** C3
Segredo **63** B3
Seixas, pta. do **51** D8
Sekondi-Takoradi **17** D3
Sela Gineta, i. **38**, detalhe; **50**, detalhe
Selbach **63** B3
Selma, rib. **60** B2
Selvíria **47** H5
Selwyn, cadeia **20** G3
Semipalatinsk **19** F3
Sena, r. **14** D3; **15** D3
Senador Amaral **54** E4
Senador Firmino **55** D5
Senador Georgino Avelino **51** C7
Senador Guiomard **42** E3
Senador José Porfírio **43** C6
Senador Pompeu **49** D3
Senador Sá **49** B2
Sena Madureira **40** D6; **42** E2
Sendai **19** C4
SENEGAL **4** E9; **17** C2
Senegal, r. **16** C2
Senhora do Porto **55** C5
Senhora dos Remédios **55** D5
Senhor do Bonfim **41** E11; **53** C4
Sentinela do Sul **63** C4
Sento Sé **53** B4
Sepatini, r. **42** D3
Sepituba, pta. **59** E8
Sepoti, r. **42** D4
Sepotuba, r. **46** E3
Sept Îles **9** D12
Serengeti, plan. **16** E7
Sergipe, est. de **39** E12; **41** E12; **52**
Sergipe, r. **52** C2
Seridó, r. **51** C5/6
Seriema, r. **49** E3
Sério **63** B3
Sernambetiba, pontal de **56** D2
Serpa **43** C5
Serra **41** G11; **57** D2
Serra Alta **62** B2
Serra Azul **59** C6
Serra Azul de Minas **55** C5
Serra Caiada **51** C7
Serra da Bocaina, p. da **39** G10; **59** D9
Serra da Graciosa, p. da **39** H10; **61** D7
Serra da Igreja, p. da **39** H10; **62** D6
Serra da Raiz **51** C7
Serra da Saudade **54** D4
Serra do Mel **51** B5/6
Serra do Navio **41** B9; **43** B6
Serra do Ramalho **53** D3
Serra do Salitre **54** D4
Serragem, r. da **59** D8
Serra Grande **50** D4
Serra Grande, pta. **53** E5
SERRA LEOA **4** E9; **17** D2
Serra Negra **59** D7
Serra Negra, r. **61** D7
Serra Negra do Norte **51** C5
Serrania **54** E4
Serranópolis **44** E2
Serranos **55** E5
Serra Redonda **51** D7
Serra Talhada **50** E4
Serrinha **41** E12; **51** C7; **53** C5
Serrinha dos Pintos **51** C5
Serrote, aç. **49** C3
Sertaneja **61** B5
Sertânia **51** E5
Sertão Santana **63** C4
Sertãozinho **59** C6
Seruini, r. **42** E3
SÉRVIA E MONTENEGRO, **5** C11; **15** B3
Sesmaria, r. **56** C1
Sete Barras **59** F6
Sete de Setembro, r. **46** D5
Sete Lagoas **55** D5
Sete Quedas, i. de **60** B1
Setúbal **15** E4
Seul **5** D16; **19** D4
Sevastopol' **15** A3
Severnaya Dvina, r. **7** B12; **18** H2
Severnaya Zemlya, is. **5** A15; **7** A15; **18** F1; **19** F1; **22** A6
Sevilha **15** E4
Seward **9** D4
Seward, pen. **8** C2
Seychelles, is. **7** F12
SEYCHELLES **5** F12; **17**, detalhe
Sfax **17** A5
Shakleton, gel. de **22** C19
Shannon, r. **14** E2
Shasta, mte. **8** E6
Shebeli, r. **16** D8
Shenyang **19** D3
Shetland, is. **14** E1; **15** E1
Shetland do Sul, is. **22** C13
Siauliai **15** B2
Sibéria **18** D/F2; **22** C6
Sibéria Central, plto. da **7** B15; **18** F2
Sibéria Ocidental, plan. da **7** B13; **18** G2
Sibéria Oriental, mar da **5** B17; **7** B17; **18** C2; **19** C2; **22** B4
Sibéria Setentrional, plan. da **18** F2
Sicília, estr. da **14** C4
Sicília, i. da **5** D10; **7** D10; **14** C4; **15** C4
Sidra, g. de **16** A5; **17** A5
Siena **15** C3
Sigefredo Pacheco **48** C5
Sikhote Alin, cadeia de **7** C16; **18** D3
Silian, l. **14** C1; **15** C1
Silveira, la. **63** D3
Silveirânia **55** E5
Silveiras **59** D9
Silves **43** C5
Simão Dias **52** C2
Simões Filho **53** D5
Simolândia **44** C4
Sinai **16** B7
Sinal, mo. do **46** C4
Sincorá, sa. do **53** D4
Sinimbu **63** B3
Sino, pedra do **56** C2
Sinop **41** E8; **46** C/D4
Sinos, r. dos **63** B4
Sioux Falls **9** E9
Siple, i. **22** B24
Siqueira Campos **61** B6
Sira, r. **14** D2
Siracusa **15** C4
Siret, r. **14** B3
SÍRIA **5** D11; **19** I4
Síria, deserto da **18** I4
Sirinhaém **51** E7
Sirinhaém, r. **51** E7
Siriri **52** C2
Sistema Ibérico (mtes.) **14** E3
Sítio, sa. do **51** E5
Sítio d'Abadia **44** C4
Sítio Novo **51** C7
Sjælland, i. **14** C2; **15** C2
Skagerrak (estr.) **14** D2; **15** D2
Skopje **15** B3
Smallwood, repr. **8** D12; **9** D12
Smyley, i. **22** B13
Snake, r. **8** E7
Snug Corner **11** D2
Sobat, r. **16** D7
Sobradinho **45** A2; **53** B4; **63** B3
Sobradinho, repr. de **39** D11; **41** D11; **53** C3/B4
Sobradinho, rib. **45** A2
Sobral **13** C5; **41** C11; **49** B2
Socavão, r. **61** C6
Sociedade, is. da **4** F2; **6** F2; **21** F10
Socorro **59** D7
Socorro do Piauí **48** D4
Socotra, i. de **5** E12; **7** E12; **18** H5; **19** H5
Soda, mtes. **16** B5
Sófia **5** C11; **15** B3
Sokoto **17** C4
Sol, p. do **39** G11; **55** D5
Solânea **51** C7
Soledade **63** B3
Soledade, aç. **51** D6
Soledade, r. **51** D6; **55** C5/6
Soledade de Minas **54** E4
Solidão **51** D5
Solimões, r. **12** C3; **38/39** C6/7; **42** C4
Solwezi **17** F6
SOMÁLIA **5** E12; **17** D8
Sombrio **62** E6
Sombrio, l. **62** E6
Somerset, i. **6** B5; **8** B9; **22** B1
Songkhla **19** E5
Sono, r. do **54** C4
Sonora **47** F4
Sonora, deserto de **8** F7
Sonsorol, is. **20** D3
Sorocaba **13** E5; **41** G10; **59** E6
Sorriso **46** D4
Sotavento, is. de **10** B3; **11** B3
Sousa **41** D12; **51** C4
Southampton **15** E2
Southampton, i. **4** B5; **6** B5; **8** C10; **9** C10; **22** D12
Souto Soares **53** D4
Spanish Town **11** E3
Spartivento, c. **14** C4
Spencer, g. de **20** H3
Split **15** C3
Springbok **17** G5
Springfield **9** F9
Sredinnyy, mtes. **18** C3
SRI LANKA **5** E14; **19** F5
Sri Lanka, i. **7** E14; **18** F5
St. *ver* Saint
Sta. *ver* Santa
Stanley **13** H4
Stanovoy, mtes. **7** C16; **18** D3
Stara Zagora **15** B3
Starbuck, i. **21** E10
Stavanger **15** D2
Stewart, i. **20** I6
Sto. *ver Santo*
Stor, l. **14** C1; **15** C1
Stuttgart **15** D3
Styr', r. **14** B2
Suaçuí Grande, r. **55** C6
SUAZILÂNDIA **5** G11; **17** G7
Sucre **13** D3
Suçuarana, sa. da **53** E2
Sucunduri, r. **43** D/E5
Suçuraca, la. **57** C3
Sucuriú, r. **39** F/G9; **47** G5
Sucuru, r. **51** D6
Sud Mennucci **58** B3
SUDÃO **5** E11; **17** C6
Sudbury **9** E10
Sudd **16** D7
Sudeste, c. **20** I4
Sudetos, mtes. **14** C2
SUÉCIA **5** B10; **15** C2; **22** C9
Suez **17** B7
Suez, canal de **16** A7; **17** A7
Suiá-Miçu, r. **46** C/D5
SUÍÇA **5** C10; **15** D3
Sukkur **19** G4
Sul, i. do **5** H18; **7** H18; **20** I6
Sul, r. do **57** B2
Sulina **60** D3
Sulu, mar de **18** D5; **19** D5
Sumaré **59** D6
Sumatra, i. de **5** E14; **7** E14; **18** E6; **19** E5
Sumaúma, r. **52** B3
Sumé, aç. **51** D6
Sundsvall **15** C1
Sununu, r. **60** C3
Superagüi, i. do **61** D7
Superior, l. **8** E10; **9** E10
Surabaya **19** E6
Surgut **19** G2
SURINAME **4** E7; **13** B4
Surtsey, i. **14**, detalhe à esq.
Surubim **51** D7
Surubim, r. **48** C4
Surucucus, sa. dos **42** B4
Suruguá, rib. **60** B3
Surumu, r. **42** B4
Suva **20** F7
Suwarrow, i. **21** F9
Suzano **59** E7
Svalbard, is. **5** B10; **7** B10; **22** B9
Sverdrup, is. **8** B8/9; **9** B8
Sydney **9** E13; **20** H5
Syktyvkar **19** H2
Szczecin **15** C2

T

Tabaporã **46** C3
Tabapuã **58** B5
Tabatinga **40** C6; **42** D2
Tabatinga, r. **55** C5
Tabatinga, rib. **45** A1
Tabatinga, sa. **42** B4
Tabatinga, sa. da **48** F3; **53** C2
Taboão da Serra **59** E7
Taboleiro Grande **51** B4
Taborda, sa. **52** B2
Tábua, laguna da **48** B4
Tabuaeran, i. **21** D10
Tabuleiro, rib. **55** B5-6
Tabuleiro, sa. do **59** D5/6; **62** C/D7
Tabuleiro do Norte **49** D4
Tacanica, r. **61** D6
Taciba **58** D2
Taciuã, l. **42** D4
Tacna **13** D2
Tacuru **47** I4
Tacutu, r. **42** B4
TADJIQUISTÃO **5** D13; **19** G4
Tagaçaba, r. **61** D7
Taguaí **58** E4
Taguatinga **45** A1
Tahanea, i. **21** F11
Tahat, mte. **16** B4
Tahuriunã, r. **46** D/E2
Taiaçu **59** C5
TAILÂNDIA **5** E15; **19** E5
Tailândia **43** C7
Tailândia, g. da **5** E15; **7** E15
Tainhas, r. **63** B4
Taió, r. **62** C5
Taiobeiras **55** B6
Taipei **5** D16; **19** D4
Taitao, pen. de **12** G2
Taiti, i. do **21** F11
Taiúva **59** C5
TAIWAN **5** D16; **19** D4
Tajamulco, vulcão de **10** H4
Tajauí, r. **43** B7
Takaroa, i. **21** F11
Takla Makan, deserto de **18** F4
Talamanca, cord. de **10** F5
Talcahuano **13** F2
Talhado, rib. do **58** B3
Tallahassee **9** F10
Tallinn **5** C11; **15** B2
Taloyoak **9** C9
Tama, i. **20** F6
Tamaduã, r. **62** B5
Tamale **17** C3
Tamanduá, arr. **60** E2
Tamanduá, córr. **45** A1
Tamanduá, rib. **59** E5
Tamanduete, r. **60** B2
Tambaú, r. **59** C6/7
Tamboril **49** C2
Tâmisa, r. **14** E2
Tamitatoala, r. **39** E9; **46** D4
Tampa **9** G10
Tampere **15** B1
Tampico **9** G9
Tana, l. **16** C7
Tanami, deserto **20** F3
Tanana, r. **8** C4
Tanezrouft **16** B3
Tanga **17** E7
Tanganica, l. **5** F11; **7** F11; **16** E7; **17** E7
Tangará **62** C4
Tangará da Serra **46** E3
Tânger **17** A3
Tanque Novo **53** D3
TANZÂNIA **5** F11; **17** E7
Taongi, i. **20** C6
Tapaiúna, rib. **46** C3
Tapajós, r. **12** C4
Tapajós, r. **39** D8; **43** D5/C6
Tapará, sa. do **43** C6
Tapauá **42** D4

Tapauá, r. **38/39** D6/7; **42** D3
Tapera, la. **57** D2
Taperoá **53** D5
Taperoá, r. **51** D5/6
Tapes **63** C4
Tapira **54** D4; **60** B2
Tapiracuí, r. **60** B2
Tapiraí **54** D4; **59** E6
Tapirapecó, sa. **42** B3
Tapuio, r. **49** D4
Tapuio, rch. do **51** B5
Tapulo, r. **48** B3
Tapurah **46** D3
Taquara **63** B4
Taquara, r. **48** E3; **57** D2
Taquaral **59** C5
Taquaral, r. **59** C5
Taquaral, sa. do **53** E3/4, D/E4
Taquara Verde, sa. **60** E4; **62** B4
Taquarembó, arr. **63** C2
Taquaretê, rib. **58** D3
Taquari **63** B4
Taquari, r. **39** F8; **41** F8; **47** G3/4; **58** F5; **63** B4
Taquari, rib. **45** A2
Taquari, sa. do **61** D7
Taquari Mirim, r. **58** F5
Taquaritinga **59** C5
Taquarivaí **58** E5
Taquaruçu, r. **47** H3/4, H5
Taquaruçu, repr. **58** D2; **60** A4
Taquaruçu, rib. **58** C2
Taquarussu **47** I5
Tarabaí **58** D2
Taranto **15** C3
Tarauacá **40** D5; **42** E2
Tarauacá, r. **38** D6
Tarawa, i. **20** D7
Tarrafas **49** E3
Tartarugalzinho **43** B7
Tartu **15** B2
Tarumã **58** D3
Tashkent **5** C13;**19** G3
Tasiilaq **9** C15
Tasmânia, i. da **5** H17; **7** H17; **20** I4
Tasmânia, mar da **5** H17; **7** G17; **20** H5
Tasso Fragoso **48** E3
Tatakoto, i. **21** F12
Tatuí **59** E6
Tatuí, r. **59** E6
Tauá **49** D2
Taubaté **59** E8
Tavares **63** C4
Taymyr, pen. de **18** E2
Tbilisi **5** C12; **19** H3
Teerã **5** D12; **19** H4
Tefé **40** C7; **42** C3
Tefé, l. **42** C3
Tefé, r. **42** C/D3
Tegucigalpa **4** E5; **11** G4
Tehuantepec, g. de **8** H9; **9** H9
Tehuantepec, istmo de **8** H9
Teixeira de Freitas **53** F5
Tejo, r. **14** E3; **15** E4
Tejupá **58** E4
Telêmaco Borba **61** C5
Teles Pires, r. **39** D8; **43** D5; **46** B3/E4
Telha **52** C3
Telha, r. da **63** B4
Temuco **13** F2
Tenente Ananias **51** C4
Tenente Laurentino Cruz **51** C6
Tenente Lira, r. **46** E3
Teodoro Sampaio **58** D2
Teófilo Otoni **13** D5; **41** F11; **55** C6
Teotônio Vilela **52** B3
Tequiá, la. **52** B4
Teraina, i. **21** D10
Terenos **47** H4
Teresina **13** C5; **41** D11; **48** C4
Teresina de Goiás **44** B4
Teresinha **51** F6
Teresópolis **56** C3
Terra de Francisco José (is.) **5** A12; **7** A12; **18** H1; **19** H1; **22** A8
Terra do Fogo **4** H6; **6** H6; **12** H3; **13** H3; **22** D13
Terra Nova **50** E3
Terra Nova, i. da **4** C7; **6** C7; **8** E13; **9** E13; **22** D11
Terra Nova, rch. da **50** E3
Terra Roxa **59** B5
Terra Santa **43** C5
Território Britânico do Oceano Índico (is.) **5** F13
Tesouras, r. **44** C2
Tesouro **46** F5
Tete **17** F7
Thabana Ntlenyana (p.) **7** G11; **16** G6
Thar, deserto de **18** G4
Thásos, i. de **14** B3
The Bight **11** E2
Thimphu **19** F4
Thjorsá, r. **14**, detalhe à esq.
Thompson **9** D9
Thunder Bay **9** E10
Thurston, i. **22** C24
Tianguá **49** B2
Tianjin **19** E4
Tibaji, r. **39** G/H9; **61** B5/D6
Tibau do Sul **51** C7
Tibesti **7** D10; **16** B5
Tibete, plto. do **7** D14; **18** F4
Tibiriçá, r. **58** C4
Tibre, r. **14** C3
Tien Shan (cadeia) **7** C14; **18** F3
Tietê **59** E6
Tietê, r. **39** G9/10; **41** G9; **58/59** B2/E8
Tigre, r. **18** H4; **19** H4
Tigre, r. do **61** B5
Tigre, rib. do **60** A2
Tijucas do Sul **61** D6
Tijucas, r. **62** C6/7
Tijuco, r. **54** C2, D3
Tijuco-Preto, córr. do **57** D2
Tiksi **19** D2
Timbaúba **51** D7
Timbaúba dos Batistas **51** C5
Timbé do Sul **62** D6
Timbira, r. **48** B3
Timbiras **48** C4
Timbó **62** B6
Timbó Grande **62** B5
Timbó, r. **62** B5
Timbuí, r. **57** C2
Timburi **58** E4
Timisoara **15** B3
Timmins **9** E10
Timoé, i. **21** G12
Timon **41** D11; **48** C4
Timonha, r. **49** B1
Timor, i. de **5** F16; **7** F16
Timor, mar de **18** D6; **19** D6; **20** F2
TIMOR LESTE **5** F16; **19** D6
Timóteo **55** D6
Tinharé, i. de **53** D5
Tinto, r. **51** C7
Tiracambu, sa. do **48** B2
Tiradentes **55** E5
Tirana **15** C3
Tiros **54** C4
Tirreno, mar **14** C4; **15** C4
Titicaca, l. **4** F6; **12** D2; **13** D2
Tiúma, rch. **51** D7
Tobago, i. de **10** B4; **11** B4
Tobi, i. **20** D3
Tobias Barreto **52** D2
Tobruk **17** A6
Tocantinópolis **43** D8
Tocantins, est. do **39** D/E10; **41** D10; **43** E7/8
Tocantins, r. **6** F7; **12** D5; **13** C5; **39** C/E10; **41** D10; **43** C/F7; **44** C3
Tocantinzinho, r. **44** C4
Tocantionópolis **41** D10
Tocobiren, sa. **42** B4
Todos os Santos, r. **55** C6 C7
TOGO **4** E10; **17** D4
Tokelau, is. **21** E8
Toledo **60** C2
Toliara **17** G8
Tombador, sa. do **46** C2/D3
Tombos **55** D6
Tombouctou **17** C3
Tomé-Açu **41** C10; **43** C7
Tonalá **9** H9
Tonantins **42** C3
TONGA **21** G8
Tongareva, i. **21** E10
Toque Toque, i. do **59** E8
Toque, pta. do **56** D1
Tóquio **5** D16; **19** C4
Tormenta, r. **60** D2
Toronto **9** E10
Toropi, r. **63** B2/3
Toropi-Mirim, r. **63** B2
Torre de Pedra **59** E5
Torrens, l. **20** H3
Torreón **9** G8
Torres **63** B5
Torres, estr. de **20** F4
Tortinho, rib. **45** A2
Torto, rib. **45** A2
Tortuga, i. **10** C4; **11** C4
Touggourt **17** A4
Toulon **15** D3
Toulouse **15** D3
Tourinho, r. **60** C2
Touros **51** B7
Touros, r. dos **63** B4
Tours **15** D3
Trabalhador, canal do **49** C4
Tracunhaém **51** D7
Traipu, r. **52** B2/3
Trairão **43** C6
Traíras, r. **44** C3
Trairi **49** B3
Trairi, r. **51** C6/C7
Tramandaí **63** C4
Trapiá, rch. **51** C4
Trapirá, pta. **49** A2
Travesseiro **63** B3
Tremembé **59** D8
Três Corações **54** E4
Três de Maio **62** A2
Três Forquilhas, r. **63** B4
Três Fronteiras **58** B3
Três Irmãos, pta. dos **51** B7
Três Irmãos, repr. **58** B3
Três Lagoas **41** G9; **47** H5
Tres Marías, is. **8** G8; **9** G8
Três Marias, repr. **54** C4
Três Passos **62** A3
Três Pontas **54** E4
Três Ranchos **44** E3
Três Rios **41** G11; **56** C2
Treze de Maio **62** D6
Treze Tílias **62** C4
Tributos, mo. dos **62** C5
Tricolor, r. **60** C2
Trieste **15** C3
Trindade **44** D3
Trindade, i. da **4** F8; **6** F8; **38**, detalhe; **40**, detalhe
Trindade, pta. da **59** E9
Trinidad, i. de **10** B4; **11** B4
TRINIDAD E TOBAGO **4** E6; **11** B4
31 de Março, p. **38** B6; **42** B3
Trípoli **5** D10; **17** A5
Tristão da Cunha, is. **4** G9; **6** G9; **16** H2; **17** H2
Triunfo **51** C4
Triunfo Potiguar **51** B5
Trombetas, r. **39** B8; **43** C5
Trombudo Central **62** C6
Trombudo, r. **62** C6
Tromelin, i. **16**, detalhe; **17**, detalhe
Tromsø **15**, detalhe à dir.
Trondheim **15**, detalhe à dir.
Tronqueira, rch. **53** B3
Tronqueiras, r. **55** C6
Trujillo **11** G3; **13** C2
Tsumeb **17** F5
Tuamotu, arq. de **4** F2; **6** F2; **21** F11
Tubarão **41** H10; **62** D6
Tubarão, pta. do **51** B6
Tubarão, r. **51** B6
Tubuai, i. **21** G11
Tucano **53** C5
Tucano, sa. **42** B4
Tucson **9** F7
Tucumã **43** D7
Tucunduba, r. **49** B2
Tucuruí **41** C10; **43** C7
Tucuruí, repr. **39** C10; **41** C10; **43** D7
Tucuruvi, rib. **58** C3
Tueré, r. **39** C9
Tuiuti **59** D7
Tulcea **15** B3
Tumiritinga **55** C6
Tumucumaque, sa. de **12** B4; **39** B8/9; **43** B6
Tunápolis **62** B2
Tunas **63** B3
Tunas, cox. das **63** C3
Tunguska Inferior, r. **18** F2
Túnis **5** D10; **17** A5
TUNÍSIA **5** D10; **17** A5
Tuntum **48** C3
Tupã **58** C3
Tupaciguara **54** C3
Tupanci do Sul **62** A4
Tuparendi **62** A2
Tuparetama **51** D5
Tupãssi **60** C2
Tupequém, sa. **42** B4
TURCOMENISTÃO **5** D12; **19** H3
Turiaçu **48** A3
Turiaçu, b. de **48** A3
Turiaçu, r. **48** A/B3
Turim **15** D3
Turiúba **58** B4
Turkana, l. **5** E11; **7** E11; **16** D7
Turks e Caicos, is. **4** D6; **10** D2; **11** D2
Turku **15** B1
Turmalina **58** B3
Turneffe, is. **10** G3; **11** G3
TURQUIA **5** D11; **15** A4; **19** I4
Tururu **49** B3
Turvânia **44** D2
Turvelândia **44** D2
Turvo, r. **44** D2; **56** C1; **58** B4/C5, D4/5; **59** E6, E6/F6, F5/G5, F6; **61** C6, D5; **62** A3
Turvolândia **54** E4
Tutóia **41** C11; **48** B4
Tutuila, i. **21** F8
TUVALU **20** E7

U

Uagadugu **4** E9; **17** C3
Uaicurapá, l. **43** C5
Uaitã, r. **42** A4
Uarini **42** C3
Uaru, sa. **42** A4
Uatatás, r. **42** B4
Uatumã, r. **39** C8; **43** C5
Uauá **53** B5
Uauaris, r. **42** B4
Uaupés, r. **38** B6
Ubá **55** E6
Ubajara **49** B2
Ubangui, r. **16** D6
Ubaporanga **55** D6
Ubarana **58** C4
Ubatã **53** E5
Ubatuba **59** E9
Uberaba **13** D5; **41** F10; **54** D3
Uberaba, la. **47** F3
Uberaba, r. **54** D3
Uberlândia **13** D5; **41** F10; **54** C3
Ubirajara **58** D4
Ubiratã **60** C3
Ucayali, r. **12** C2; **13** C2
Uchôa **58** B4
UCRÂNIA **5** C11; **15** B3
Uele, r. **7** E11
Ufa **19** H3
UGANDA **5** E11; **17** D7
Uíca, r. **48** D4
Uirapuru **44** C3
Uiraúna **51** C4
Ujelang, i. **20** D5
Ulan Bator **5** C15; **19** E3
Ulianópolis **43** C8
Ulithi, i. **20** C4
Uluru (mte.) **20** G2
Uma, r. **57** D2
Umari **49** E4
Umari, r. do **51** B5
Umbaúba **52** D2

Umburanas **53** C4
Umburanas, sa. das **51** D6
Umburatiba **55** C6
Umbuzeiro **51** D7
Umbuzeiro, r. **51** B5/6, D6
Umeå **15**, detalhe à dir.
Umuarama **41** G9; **60** B2
Una **53** E5
Una, pta. de **59** F7
Una, r. **51** D7, E6/7; **53** D5
Una do Prelado, r. **59** F6/7
Unaí **54** B4
Ungava, b. de **8** D12; **9** D12
Ungava, pen. de **6** C6; **8** D11; **22** C12
União **48** C4
União da Vitória **60** E4
União dos Palmares **52** B3
União Paulista **58** B4
Uniflor **60** B3
Unini, r. **42** C4
Upanema **51** B5
Uppsala **15** C2
Urais, mtes. **7** C12; **18** H3
Urânia **58** B3
Uraricaá, r. **42** B4
Urariqüera, r. **38/39** B7; **42** B4
Urini, r. **42** C3
Ursos, i. dos **22** B9
Urtiqueira, sa. do **60** C3/4
Uru **58** C4
Uru, r. **44** C3
Uruaçu **44** C3
Uruará **43** C6
Urubaxi, r. **42** C3
Urubici **62** D6
Urubu, r. **43** C5; **51** C7; **56** B4
Uruburetama, s **49** B3
Uruçanga, r. **62** D6
Uruçu, r. **42** D3
Uruçuca **53** E5
Uruçuí, sa. **48** E3
Uruçuí Preto, r. **48** D3
Uruçuí Vermelho, r. **48** E3
Urucuia **54** B4
Urucuia, r. **39** H9; **54** B4
URUGUAI **4** G7; **13** F4
Uruguai, r. **12** E4; **13** E4; **62** A2/3, C2/4
Uruguaiana **41** H8; **63** B1
Urumqi **19** F3
Urupá, r. **42** E4
Urupema **62** C/D6
Urussanga **62** D6
Urutaí **44** D3
USBEQUISTÃO **5** C12; **19** G3
Ushuaia **13** H3
Ústí **15** C2
Ustyurt, platô de **18** H3
Utirik, i. **20** C7
Uummannarsuaq, c. **6** C7; **8** D14; **22** D11

V

Vaal, r. **16** G6
Vaasa **15** B1
Vacacaí, r. **63** B3/C2
Vacaraí-Mirim, arr. **63** B3
Vacaria **41** H9; **63** B4
Vacaria, r. **47** H4; **55** B6; **63** B3
Vaduz **15** D3
Valdés, pen. **12** G3
Valdivia **13** F2
Vale do Sol **63** B3
Valença **53** D5; **56** C2
Valencia **13** A3
Valência **15** E4
Valentim, sa. do **48** D4; **57** D1
Valinhos **59** D7
Valladolid **15** E3
Valletta **15** C4
Valparaíso **13** F2; **58** C3
Van **19** H4
Vanavana, i. **21** G11
Vancouver **9** E6
Vancouver, i. **4** C3; **6** C3; **8** E6; **9** E6
Vänern, l. **14** C2
Vanikoro, i. **20** F6
Vanini **63** B4
Vanua Levu, i. **20** F7
VANUATU **5** F18; **20** F6
Vanuatu, is. **7** F18
Varati, rch. **51** C5
Vardar, r. **14** B3
Vargeão **62** B3
Vargem **59** D7; **62** C5
Vargem, r. **61** D5
Vargem Alta **57** D2
Vargem Bonita **54** D4
Vargem Grande **48** B4
Vargem Grande do Sul **59** C7
Varginha **41** G10; **54** E4
Varjota **49** C2
Varna **15** B3
Varre-Sai **56** A4
Varsóvia **5** C11; **15** B2
Várzea **51** C6, C7
Várzea, r. da **61** D6; **62** B3
Várzea Alegre **49** E3
Várzea da Palma **55** C5
Várzea Grande **41** F8; **46** E3; **48** D4
Várzea Paulista **59** E7
Várzeas **45** A2
Varzelândia **55** B5
Vassouras, sa. das **51** D/E3
Våsterdal, r. **14** C1
VATICANO **5** C10; **15** C3
Vatnajökull, gel. **14**, detalhe à esq.
Vattern, l. **14** C2; **15** C2
Vaupés, r. **12** B2
Vaza-Barris, r. **39** E12; **52** C2; **53** C5
Veadeiros, chap. dos **44** B/C4
Veado, r. **57** D1; **60** B2
Veado, rib. do **58** C2
Veados, rib. dos **59** E5
Veja, i. **14**, detalhe à dir.
Velhaco do Sul, arr. **63** C4
Velhas, r. das **39** F11; **54** D3; **55** C5
Venâncio Aires **63** B3
Vendéia, Colinas da **14** E3
Veneza **15** C3
VENEZUELA **4** E6; **13** B3
Venezuela, g. da **12** A2; **13** A2
Venha Ver **51** C4
Venta, r. **14** B2
Vento, sa. do **52** B2
Vera Cruz **51** C7; **53** D5
Veracruz **9** G9
Verde, c. **16** C1
Verde, r. **39** F9; **44** B2, C3, D1/E2, D2, D4/5; **46** D3, E1; **47** G/H5; **53** C3; **54** D2, E4; **58** E/F5; **60** C2
Verde, sa. **51** B6; **52** B3
Verde Grande, r. **39** F11; **53** E3; **55** A5, B5
Verdejante **50** D4
Verde Pequeno, r. **53** E3; **55** A5
Verdinho, r. **44** D2
Veríssimo **54** D3
Veríssimo, r. **44** D3
Verkhoyansk, mtes. **7** B16; **18** D2
Vermelha, b. **47** G3
Vermelha, sa. **48** D4/E3, E3/4, **51** D5
Vermelho, mar **5** D11; **7** D11; **16** B7; **17** B7; **18** I4; **19** I4
Vermelho, r. **8** E9, F8; **39** D10; **43** E8; **44** C2, C4
Vermelho, rib. **60** B4
Verona **15** C3
Vertente do Lério **51** D7
Vertentes, sa. das **49** B3
Vespasiano **55** D5
Vesterålen, i. **14**, detalhe à dir.
Viadutos **62** A3
Viamão **63** C4
Viana **48** B3; **57** D2
Vianez, i. do **63** C4
Vianópolis **44** D3
Vicência **51** D7
Vicente Dutra **62** A3
Vicentinópolis **44** D3
Viçosa **51** C5; **52** B3; **55** D6
Viçosa, r. **57** D1
Viçosa do Ceará **49** B1
Victoria **5** F12; **17**, detalhe
Victoria, mte. **20** E4
Victoria de las Tunas **11** E2
Vidal Ramos **62** C6
Videira **62** C4
Viedma **13** G3
Vieiras **55** D6
Vieiras, r. dos **60** C2
Viena **5** C10; **15** C3
Vientiane **5** E15; **19** E5
VIETNÃ **5** E15; **19** E5
Vigia **43** C7
Vigo **15** E3
Vila Bela da Santíssima Trindade **46** E2
Vila Boa **44** C4
Vila dos Remédios **38**, detalhe; **50**, detalhe
Vila Flor **51** C7
Vila Flores **63** B4
Vila Nova do Sul **63** C3
Vila Nova, r. **43** B7
Vila Pavão **57** B2
Vila Rica **46** C6
Vila Velha **41** G11; **57** D2
Vilhena **41** E8; **42** F4
Villahermosa **9** H9
Vilnius **5** C11; **15** B2
Viña Del Mar **13** F2
Vinhedo **59** E7
Vinnitsa **15** B3
Virgem da Lapa **55** B6
Virgens, is. **10** B3; **11** B3
Virgolândia **55** C6
Viri, r. **60** D2
Visconde do Rio Branco **55** D6
Viseu **41** C10; **43** C8
Vista Alegre **62** A3
Vista Alegre do Prata **63** B4
Vista Serrana **51** C5
Vístula, r. **14** C2; **15** C2
Vitebsk **15** A2
Viti Levu, i. **20** F7
Vitor Meireles **62** B6
Vitória **13** E5; **41** G11; **57** D2
Vitória, cataratas de **16** F6
Vitória, i. **4** B4; **6** B4; **8** B7; **9** B7; **22** B1
Vitória, i. da **59** E9
Vitória, i. de **57** D2
Vitória, l. **5** F11; **7** F11; **16** E7; **17** E7
Vitória, terra de **22** B21
Vitória da Conquista **41** F11; **53** E4
Vitória das Missões **62** B2
Vitória de Santo Antão **51** E7
Vitória do Mearim **48** B3
Vitória do Xingu **43** C6
Vitorino **60** E3
Vitorino, r. **60** E3
Vitorino Freire **48** C3
Vladivostok **19** D3
Vlorë **15** C3
Volga, r. **7** C12; **18** H3; **19** H3
Volgogrado **19** H3
Volta, l. **16** D3
Volta Grande, repr. **54** D3; **59** B6
Volta Redonda **41** G11; **56** C1
Von Den Steinen, r. **46** D4
Vorá, r. **60** B4
Vorkuta **19** G2
Voronezh **19** I3
Vosges (cadeia) **14** D3
Votorantim **59** E6
Votuporanga **58** B4
Vulcão, is. do **5** D17; **7** D17

W

Wad Medani **17** C7
Waddington, mte. **8** D6
Wadi Halfa **17** B7
Wake, i. **20** C6
Wallis, is. **21** F8
Walvis Bay **17** G5
Wanderlândia **43** D7
Warta, r. **14** C2
Washington **4** D6; **9** F11
Watling, i. **10** D2; **11** D2
Wau **17** D6
Weddell, mar de **22** B14
Wellington **5** H18; **20** I7
Wellington, i. **12** G2; **13** G2
Wenzhou **19** D4
Weser, r. **14** D2
Whitehorse **9** C5
Whitney, mte. **8** F7
Wichita **9** F9
Wight, i. de **14** E2
Wilhelm, mte. **20** E4
Wilkes, terra de **22** B20
Williston **9** E8
Windhoek **5** G10; **17** G5
Winnipeg **9** D8
Winnipeg, l. **4** C5; **6** C5; **8** D9; **9** D9
Winnipegosis, l. **8** D8; **9** D8
Witmarsum **62** B/C6
Woodruffe, mte. **20** G3
Wrangel, i. **18** A2; **19** A2; **22** B4
Wroclaw **15** C2
Wuhan **19** E4
Wuyi Shan (cadeia) **7** D15; **18** E4
Wyndham **20** F2

X

Xai Xai **17** G7
Xambré **60** B2
Xambré, r. **60** B2
Xambrê, rib. **60** B2
Xangai **19** D4
Xangri-Lá **63** B4
Xangu, r. **60** D3
Xanxerê **62** B3
Xapuri **40** E6; **42** E2
Xavantina **62** C3
Xi'an **19** E4
Xiamen **19** E4
Xingó, usina de **52** B2; **53** B6
Xingu, r. **12** C4; **39** C/D9; **41** D9; **43** D/E6; **46** C5
Xinguara **43** D7
Xique-Xique **53** C3
Xiruá, r. **42** D3
Xué, r. **42** D3
Xuí, arr. **63** D3

Y

Yablonovyy, mtes. **18** E3
Yakutsk **19** D2
Yamal, pen. **18** G2
Yamoussoukro **4** E9; **17** D3
Yangtze, r. **18** E4; **19** E4
Yangun **5** E14; **19** F5
Yap, i. **20** D3
Yaqui, r. **8** G7
Yaren **20** E6
Yekaterinburg **19** G3
Yellowknife **9** C7
Yellowstone, r. **8** E8
Yokohama **19** D4
Yonne, r. **14** D3
York, c. **20** F4
Yucatán, canal de **8** G10; **9** G10; **10** G2; **11** G2
Yucatán, pen. de **6** D5; **8** G10
Yukagir, plto. de **7** B17; **18** C2
Yukon, r. **6** B2; **8** C2/4; **9** C2/4
Yuma **9** F7
Yuzhno-Sakhalinsk **19** C3

Z

Zacarias **58** C4
Zagreb **15** C3
Zagros, mtes. **7** D12; **18** H4
Zambeze, r. **7** F11; **16** F6/7; **17** F6
ZÂMBIA **5** F11; **17** F6
Zanzibar **17** E7
Zanzibar, i. de **16** E8
Zapala **13** F3
Zaporozh'ye **15** A3
Zaragoza **15** E3
Zé Doca **48** B3
Zeil, mte. **20** G3
Zhengzhou **19** E4
Zhitomir **15** B2
ZIMBÁBUE **5** F11; **17** F6
Zinder **17** C4
Zumbi, pta. do **48** A3
Zurique **15** D3
Zutiuá, r. **48** C3